教育部人文社会科学研究专项任务项目（高校思想政治工作）：

"微观叙事"视阈下高校思政理论课有效性研究（16JDSZ2015）

高校思政课
微观叙事教学研究

桑华月○著

ZHEJIANG UNIVERSITY PRESS
浙江大学出版社
·杭州·

作者简介：

桑华月，女，1979 年生，思想政治教育专业硕士，浙江旅游职业学院副教授，主要从事高校思政课教学和思想政治教育研究。先后主持教育部人文社会科学研究项目"'微观叙事'视阈下高校思政理论课有效性研究"、浙江省高等教育"十三五"第二批教学改革研究项目"微观叙事视阈下高职课程思政有效性研究"、浙江省社科规划课题"新时代高校思政课'微观叙事'话语转换研究"等省部级科研和教改项目，在《黑龙江高教研究》等期刊发表高校思政课微观叙事教学的相关论文近 10 篇。获全国高校思想政治理论课教学骨干(2017)、浙江省教科研先进个人(2017)、浙江省高职院校教学能力比赛公共基础课程组一等奖(2021,2023)等荣誉。

目　录

绪 论

习近平总书记在党的二十大报告中强调,牢牢掌握党对意识形态工作领导权,巩固壮大奋进新时代的主流思想舆论,塑造主流舆论新格局,加快构建中国话语和中国叙事体系,讲好中国故事。① 叙事既是高校思政课的教学内容,也是教学手段和方法,在思想政治教育过程中扮演着重要的角色。"叙事话语作为解读、阐释、传播核心价值观的重要力量之一,在新时代肩负着提升思想引领力和话语主导权的重要使命"。② 高校思政课的叙事主体、叙事客体、叙事内容和叙事方法等,是一线高校教师和专家学者关注的热点话题之一。时至今日,叙事使命的重要性、叙事环境的复杂性和叙事媒介的挑战性使得高校思政课叙事教学研究更加重要、紧迫,也更加棘手。

其一,从思想政治教育的有效性来看,新时期党的意识形态话语主导权赋予思政课叙事话语更重要的责任和担当,高校思政课叙事的使命更加重要。"思想政治理论课是落实立德树人根本任务的关键课程"③,是高校开展大学生思想政治教育的主阵地、主渠道。党的十八大以来,我国意识形态领域发生全局性和根本性的变革,尤其是 2019 年 3 月 18 日习近平总书记主持召开学校思想政治理论课教师座谈会并发表重要讲话以来,高校意识形态工作有了明显改观,曾经一度出现的马克思主义被边缘化、空心化和弱化的局面有了根本性扭转。不过,当前主流意识形态建设的形势依然严峻,与历史虚无主义、拜金主义、享乐主义和极端个人主义等"反叙事"的斗争和较量

---

① 习近平.高举中国特色社会主义伟大旗帜 为全面建设社会主义现代化国家而团结奋斗:在中国共产党第二十次全国代表大会上的报告[M].北京:人民出版社,2022.

② 马忠.思想政治教育叙事话语研究[M].北京:人民出版社,2021:87.

③ 习近平.习近平谈治国理政:第 3 卷[M].北京:外文出版社,2020:329.

有时非常尖锐。面对新时代的新形势和新任务,直面后现代思潮对宏大叙事的解构,如何切实履行高校思政课意识形态工作的使命,牢牢掌握当代大学生的意识形态工作领导权,如何在维护和塑造主流意识形态和社会主义核心价值观的征程中,提高高校思政课的针对性和吸引力,把握"三势""三因""三全"的新理念,打造"融入式、嵌入式、渗入式"的思政理论课新模式,就成为时代赋予高校思政课叙事话语的时代使命。

其二,从思想政治教育的育人环境来看,高校思政课叙事语境更加复杂。随着中国的快速发展和迅速崛起,百年未有之大变局的深刻影响愈发明显,国际舆论格局中"西强我弱"的总体格局还没有根本改变,地缘政治的对立和冲突日益加剧。除了政治、经济、军事等各方面的遏制和竞争,西方还不遗余力炮制和散播"产能过剩""人为低价""市场倾销""中国威胁论""中国崩溃论"等有关中国制造业、国家形象、国家统一和未来发展前景的负面叙事、虚假叙事、污名化叙事,甚至妖魔化叙事,压制积极的中国叙事,污蔑抹黑中国,挑起文明冲突,加剧意识形态对抗,利用信息优势和舆论霸权丑化中国形象。当前,西方政宣机器正在不遗余力地重塑中国产业叙事,继续贴标签抹黑中国制造业,以"防止第二次中国冲击"为幌子,抹黑中国,制造中国对供应链"卡脖子"等恐慌氛围,鼓动全球市场对中国拉上贸易铁幕,将中国孤立在世界贸易体系和产业链之外,千方百计地遏制中国的经济发展,阻碍中华民族的复兴大业。在此情况下,如何完善高校思政课的叙事机制,构建具有战略定力和国际视野的思想政治叙事话语体系就成为当务之急。

其三,从思想政治教育的内容来看,高校思政课叙事的任务更加艰巨。生成式人工智能日益成为当代知识生产、传播和分发的中枢。支撑人工智能的算法并不是中立的工具,其不可避免地嵌入了作为开发者的科技巨头和资本集团的意识形态、商业利益和技术逻辑,算法歧视和"黑箱"也不可避免地影响大学生的知识获取和价值观念。[①] 曾经被西方后现代主义批判的宏大叙事,已经从启蒙主义、历史进步主义和解放叙事,逐步演变为由数据

---

① 潘建红,祝玲玲.生成式人工智能赋能高校思政课的风险生成及规避[J].思想政治教育研究,2024,40(3):94-100.

独裁、算法黑箱和算力霸权建构的"硅幕叙事"。高校思政课教学体系不仅要直面形形色色的后现代思潮，更要和人类新一轮科技革命输出的新技术形态与时俱进，如何趋利避害，合理使用人工智能技术，这就向高校思政课教师提出了严峻挑战。

鉴于以上三点，高校思政课的叙事教学，或曰高校思政课教师如何讲好新时代故事，成为学术界和高校思政课一线教师关注的焦点之一。当前，人工智能时代思政课教学改革创新研究、高校思政课教学模式与方法创新研究、高校思政课教学话语转型研究、提升思政课针对性和吸引力的教学创新研究等，是国家社会科学基金高校思政课研究专项课题的热点和重点之一。学术界和高校思政课一线教师的关注焦点与党和国家的意识形态工作一直同频共振。"思政课作为对学生进行马克思主义和思想政治教育的主阵地，集中彰显了学校的社会主义办学方向和立德树人的根本任务。高校通过课程建设和课堂教学向大学生传授党的创新理论，是思想政治工作的首要使命，更是办学治校和立德树人的重中之重。"①2024年5月11日，在北京召开的新时代学校思政课建设推进会传达了习近平总书记对学校思政课建设的重要指示，要不断开创新时代思政教育新局面，努力培养更多让党放心爱国奉献担当民族复兴重任的时代新人。推进会强调，要立足新时代伟大实践，不断推动思政课改革创新，丰富思政课教学内容，讲好新时代故事，引导学生感悟党的创新理论的实践伟力。② 在此背景下，高校思政课的叙事教学研究更成题中应有之义了。

一、"叙事帝国主义"的崛起：叙事的意识形态塑造功能

高校思政课微观叙事教学这一研究论题的核心关键词是微观叙事。微观叙事不是西方概念，但叙事却是舶来品。"学科意义上的叙事学兴起

① 韩旭.高校要坚持思政课建设与党的创新理论武装同步推进[N].中国社会科学报，2025-01-15(1).

② 习近平对学校思政课建设作出重要指示强调：不断开创新时代思政教育新局面努力培养更多让党放心爱国奉献担当民族复兴重任的时代新人[EB/OL].[2025-02-27].https://www.gov.cn/yaowen/liebiao/202405/content_6950473.htm.

于西方，我们对叙事的定义与相关表达，基本上都还遵循着西方叙事学的话语逻辑。"①叙事，英语译为 narrative，叙事疗法、叙事教育学、宏大叙事等词汇都是建立在叙事概念基础上的。西方文化语境中的"叙事"最早来源于拉丁语中的 narrativus 和 narrāre（英文为 narrate），即"讲述一个故事"（telling a story），narrate 有叙述、告知（relate，tell）之意。②"叙事是人类社会的一种普遍现象，它既是一种话语方式，也是一种思维方式。"③西方学界对叙事内涵的阐释有多个维度，其最贴近本论题的定义是："对某种境况或一系列事件的呈现或理解方式，这种方式能够反映并促成某种特定的观点和价值观念的形成"。韦氏词典的这一定义，指出了叙事的核心目标具有鲜明的舆论和价值观塑造功能。

意识形态和价值观属性是叙事概念的本质属性，并不是其引申义。叙事在价值观塑造功能维度的含义与其名词的基本含义"故事"同时出现于 15 世纪的英语世界。叙事的价值观塑造功能是其概念的原始内涵，却因为其表面的"讲故事"文学属性而被很多叙事学研究者忽略了。学科意义上叙事学是舶来品，这并不意味着对叙事内涵的解读必须遵循西方的话语，因为叙事的语义源流与人类的本质属性息息相关。韦氏词典的这一词条恰恰指出了叙事活动与巩固主流意识形态话语主导权、高校思政课担负的时代使命之间的最直接关联。这也就不难理解为何外国学者将叙事和"帝国主义"勾连，提出"叙事帝国主义"（narrative imperialism）④，也不难理解有国内学者将叙事视为思想政治教育的重要抓手，指出思想政治教育叙事"关乎国家治理理念的传播和形象的建构，关乎社会价值观念的宣传和弘扬，关乎个体的成长和发展"。⑤ 叙事同高校思政课之间的紧密关联，不仅仅因为叙事就是

---

① 傅修延.人类是"叙事人"吗？——何谓叙事、叙事何为与叙事学向何处去[J].北京师范大学学报（社会科学版），2023（1）：86-101.

② CHANTRELL G. The Oxford Dictionary of Word Histories[M]. Oxford：Oxford University Press，2002：339.

③ 陈然兴.叙事与意识形态[M].北京：人民出版社，2013：1.

④ PHELAN J. Who's Here? Thoughts on Narrative Identity and Narrative Imperialism [J]. Narrative，2005，13（3）：205-210.

⑤ 蒋雪莲.思想政治教育叙事的基本功能及其策略优化[J].理论导刊，2020（9）：118-122.

讲故事,更因为人类社会意识形态的建构进程就是叙事的漫长历史。某种意义上,高校思政课的授课进程,就是高校师生讲述中华优秀传统文化故事、红色革命文化故事、社会主义先进文化故事的叙事过程。

叙事的存在源远流长,要探讨叙事在人类精神成长谱系中扮演着怎样的角色,要从叙事的原始语义出发。当国内意识形态领域出现"讲好中国故事""构建中国叙述话语体系""讲好新时代故事"等表述方式时,当思想政治教育研究领域不时出现"叙事""叙述"等关键词时,就有学者指出叙事这一概念的文学研究属性。人类为什么喜欢讲故事、听故事,除了茶余饭后的谈资和消遣,更多的是为了收获教益,为了完善自己的人生。这就是为什么瓦尔特·本雅明认为故事的讲述者更多时候被视为智者或者人生导师,其回溯人生、铺陈生命、展示智慧。① 的确,当我们将叙事理解为讲故事时,就可以把小说、戏剧等所有带有虚构或非虚构故事情节的文学文本称为叙事,在此背景下叙事这一概念当然属于文学范畴。如果我们将视野稍加扩展,就会发现,叙事疗法已经成为心理学和教育学领域促进个体脱困和成长的重要应用手段,教育叙事学或者思想政治教育叙事学正朝着更加系统化、实践化和多元化的方向发展,为教育改革和创新提供了新的思路和方法。

叙事的早期源流并未被归入文学、历史学或哲学的任一学科。"叙事遍存于一切时代、一切地方、一切社会。"②叙事学在文学、哲学、历史学、教育学、心理学、传播学、政治学等各领域的广泛应用,不是叙事概念的扩张,而是叙事内涵的原始还原。"叙事本就是无时不在和无远弗届的,不存在什么跨界和扩张","叙事并非少数人文学科的专属领地,任何人都有权将自身的工作'叙事化',即把一系列精心挑选的事件用时间线索与因果逻辑串联起来,让意义通过叙事自然展开或呈现"。③"叙事被应用于认知、情感、心理治

---

① ［德］汉娜·阿伦特.启迪:本雅明文选［M］.张旭东,王斑,译.北京:生活·读书·新知三联书店,2014:118.

② 罗兰·巴特.叙事作品结构分析导论［M］//张寅德.叙述学研究.北京:中国社会科学出版社,1989:2.

③ 傅修延.人类是"叙事人"吗?——何谓叙事、叙事何为与叙事学向何处去［J］.北京师范大学学报(社会科学版),2023(1):86-101.

疗、人格等各种心理学领域,在心理学以外,叙事也被广泛地应用于组织行为、环境、教育策略、文化价值等领域的研究。"①正是在此背景下,教育叙事学成为高校思政课教学改革的重要抓手和突破口。

叙事是人的本质属性之一。随着学界对叙事本质和功能的理解更加深入,人们发现,叙事是人类作为在这一地球上最智慧的高等动物突出特性之一。我们独有的两个关键特性:"一个是宗教,另一个是讲故事。"②人类甚至可以从"智人"(homo sapiens)改名为"叙事人"(homo narrans)。③ 如果我们说,后者更能凸显人类的特征,也完全成立。讲故事是人们的天性和本质,"我们的经验是用故事形式转换和记录的……人类学家和所有人,都在故事化情景中过着故事化的生活"。④ 叙事不仅是人类认知与表达世界的基本途径,它通过故事、传说、神话及行动理由等形式,将个体的经验与记忆系统化。⑤ 更重要的是,叙事过程能够促使我们对世界产生新的理解,借助故事投射与话语投射等心理活动,推动心智的成长,并有效锻炼、强化和提升个体的认知能力。⑥ 正如萨特所说,一个人永远是讲故事者,他生活在自己的故事和别人的故事之中,通过故事来看他所遭遇的一切,而且努力像他所讲的那样去生活。⑦ 叙事塑造我们的记忆,改变我们的生活方式,连接素不相识的人们组成各种类型的理念共同体。法国学者罗兰·巴特在其著作《叙事结构分析导论》中提出,故事犹如生活本身,能够超越国界、历史和文化的限制而存在。叙事不仅是人类社会生活中不可或缺的一部分,是人们表达

---

① 马一波,钟华.叙事心理学[M].上海:上海教育出版社,2006:219-220.

② [英]罗宾·邓巴.人类的演化[M].余彬,译.上海:上海文艺出版社,2016:20.

③ FISHER R W. Narration as a Human Communication Paradigm:The Case of Public Moral Argument[J]. Communication Monographs,1984,51(1):1-22.

④ [加]D.简·克兰迪宁,F.迈克尔·康纳利.叙事探究:质的研究中的经验和故事[M].张园,译.北京:北京大学出版社,2008:10.

⑤ HERMAN D. Narrative Theory and the Cognitive Sciences[C]. CSLI Publications: Center for the Study of Language and Information,2003:164.

⑥ HERMAN D. Narrative Theory and the Cognitive Sciences[C]. CSLI Publications: Center for the Study of Language and Information,2003:13.

⑦ [法]让-保尔·萨特.恶心[M]//沈志明,艾珉.萨特文集:小说卷Ⅰ.桂裕芳,译.北京:人民文学出版社,2000:49.

思想的工具,更是一种独特的思维方式。① 人类学家罗宾·邓巴指出,讲故事无论涉及历史事件、祖先事迹、身份起源、远方人群的生活,还是未曾亲历的灵性世界,都能营造出一种群体归属感,将共享相同世界观的人们编织进同一个社会网络中。② 无论是部落、族群还是国家,所有"想象的共同体"的构建与维持,都离不开故事的讲述。

　　叙事是人类建立合作关系的纽带,是人类社会发展的助推剂和粘合剂。人类从出生那一刻开始就伴随着叙事。英国学者马克·柯里认为人是天生的叙事动物,叙事是一种文化解说和传承的形式。③ 叙述是人类最基本的言语活动和话语事件,无处不在,这种"泛叙事"观点,逐步成为一种学界共识。人类能够战胜比自己强大的竞争对手,关键在于能够通过叙事推动精诚合作。人类为什么要叙事?因为叙事是人类为了某种意义而实施的显示自己价值的活动,人们通过讲故事来满足对意义的渴求。叙事过程中,讲述者的思考和价值理念通过故事的形式得以展现,实现听众的感受、情感和理解与讲述者之间的交融互渗,进而实现讲述者和聆听者的彼此接纳和认同。"叙事就是一种话语组织方式,它把人们生活中各种各样的事件、经历和行动组织成主题统一的、指向目标的有意识的活动。"④尤瓦尔·赫拉利在《人类简史》中,用生动的例子说明价值观是合作的基础:两名互不认识的塞尔维亚人,只要都相信塞尔维亚的国家主体、国土、国旗确实存在,就可能冒着生命危险拯救彼此。⑤ 叙事归根结底是人的行动,属于有情感温度的互动交流,因此才被人类学家视为群体内的抱团取暖。"人类只能在叙事的模式中建

　　① ［法］罗兰·巴特.叙事结构分析导论［M］.李幼蒸,译.北京:中国人民大学出版社,2008:105.
　　② ［英］罗宾·邓巴.人类的演化［M］.余彬,译.上海:上海文艺出版社,2016:274.
　　③ ［英］马克·柯里.后现代叙事理论［M］.宁一中,译.北京:北京大学出版社,2003:4.
　　④ ［英］艾沃·古德森,等.叙事学习［M］.方玺,译.北京:北京师范大学出版社,2019:11.
　　⑤ ［以色列］尤瓦尔·赫拉利.人类简史:从动物到上帝［M］.林俊宏,译.北京:中信出版社,2014:29.

构认同,并在文化中找到他的位置。"①叙事不仅事关如何建构我们的身份,叙事本身就代表了我们的身份。詹姆斯提出了"意识形态叙事"理论,他认为叙事是一种社会象征行为,叙事存在的可能性就是表现意识形态,叙事具有解决社会矛盾的意义。意识形态叙事不仅是社会批判的重要材料,还是人们认识自身并最终达到社会目的的一种举措。②

叙事的竞争,就是话语权的竞争,也是意识形态的竞争。"新时代社会主义建设者和接班人,不仅要有中国情怀,而且要有世界眼光和国际视野。"③当前,从西方到东方,比任何时代都更加关注叙事,也更加努力地塑造符合自己价值观的叙事。相应的,西方也不遗余力地利用他们掌控的压倒性传媒体系,炮制、传播中国的污名化叙事,使得所谓的"中国叙事"成为全面遏制中国战略的一部分。"争取国际话语权是我们必须解决好的一个重大问题"④。话语方式的创新关系到中国在国际上的话语竞争,也关系到国内思想政治教育工作的话语成效。习近平总书记在全国宣传思想工作会议上指出:"要加强传播手段和话语方式创新,让党的创新理论'飞入寻常百姓家'。"⑤高校思政课授课进程就是叙事进程,教师通过叙事活动提升、影响和塑造大学生的认知水平、情绪情感、思维逻辑、推理习惯、价值偏好等。如此,重新认识人类通过记录或者讲述故事来传递知识和价值的叙事活动,重新思考人类讲故事的行为和叙事话语的生成及流播机制,重新审视新形势下中国高校思政课叙事话语体系的有效性,就成为极为紧迫和重要的课题了。

叙事是高校思政课教师必备能力素养之一。中文语境中的"叙"指涉动作,即叙述、讲述,"事"意即故事、事件,组合而成的"叙事"一词为动宾结构,

① BRUNER J. The Culture of Education[M]. Cambridge:Harvard University Press. 1996:42.

② [美]弗雷德里克·詹姆斯. 政治无意识[M]. 王逢振,译. 北京:中国人民大学出版社,2004:69.

③ 习近平. 论教育[M]. 北京:中央文献出版社,2024:10.

④ 习近平. 在全国党校工作会议上的讲话[M]. 北京:人民出版社,2016:20.

⑤ 习近平. 举旗帜 聚民心 育新人 兴文化 展形象 更好完成新形势下宣传思想工作使命任务[N]. 人民日报,2018-08-23(01).

涵盖叙述行为和叙述内容两个层面。① 叙事的中文和英文释义并不完全贴合，但两种表述方式都是指用故事来记述的人类活动，即"讲故事"。讲故事是人类最常见的生活经验，发生在任何时间、地点和社会结构中。叙事是"人们理解自己生活和经历的方式"②，"是一种讲述性的、表演性的行为事件，是编故事、讲故事的过程"③。作为名词的叙事有两个含义。其一，作为文学艺术范畴内某种故事的讲述方式和表现形式，即讲故事的艺术。罗兰·巴特指出："叙事可以用口头或书面的有声语言、固定或活动的图像、手势以及所有这一切井然有序的混合体来表现；它存在于神话、传说、寓言、故事、小说、史诗、历史、悲剧、正剧、喜剧、哑剧、图画、玻璃窗彩绘、电影、连环漫画、社会新闻、交谈之中。"④其二，叙事作为名词的第二个维度是故事，这个故事不是单一的事件，而是关于某个特定对象的故事，是一系列故事，叙事通过故事之间的关联和符号化表达来实现意义的勾连和话语再现。叙事学家将"事"界定为至少两件互相关联的真实或虚构的事件。⑤ 叙事者根据不同的叙事目的和叙事对象，讲述具有特定叙事指向并且符合接受人群的故事。从这个意义上说，高校思政课的叙事，就是思政课教师为了提升社会主义主流价值观的思想引领力和话语主导权而向大学生讲述的具有特定内涵的故事。

作为动词的叙事指向一种行动，意指讲故事。所谓叙事，"就是叙述事情"，"即通过语言或其他媒介来再现发生在特定时间和空间里的事件"。⑥ 叙事通常被理解为"讲故事"，而"叙事是最核心、最基本的表达与理解方式"。⑦

① 祖国颂，等.叙事学的中国之路：全国首届叙事学学术研讨会论文集[C].北京：中国社会科学出版社，2006：序1.
② 李明，杨广学.叙事心理治疗导论[M].济南：山东人民出版社，2005：36.
③ [美]诺曼·K.邓金.解释性交往行动主义：个人经历的叙事、倾听与理解[M].周勇，译.重庆：重庆大学出版社，2004：64.
④ [法]热拉尔·热奈特.叙事话语 新叙事话语[M].王文融，译.北京：中国社会科学出版社，1990：译者前言2.
⑤ [美]杰拉德·普林斯.叙述学词典[M].上海：上海译文出版社，2016：136.
⑥ 申丹，王丽亚.西方叙事学：经典与后经典[M].2版.北京：北京大学出版社，2023：2.
⑦ 祝克懿."叙事"概念的现代意义[J].复旦学报(社会科学版)，2007(4)：96-104.

随着叙事的功能和作用被越来越多的人认识，讲故事已经被看作现代人至关重要的能力。"人们可以通过叙事'理解'世界，也可以通过叙事'讲述'世界"①。未来学家罗尔斯·耶森曾预测，21 世纪最有价值的人将是擅长讲故事的人。各类专业人士，如广告创作者、教师、企业家、政治家和运动员等，其价值将取决于他们吸引听众的能力。的确，讲故事不仅是文学家的专长，各个领域都有优秀的故事讲述者。一场科技新品发布会需要一位能够精确展示产品科技内核和未来愿景的故事讲述者，直播间更需要一位能够引起观众的情感共鸣、擅长与观众互动的会讲故事的网红主播，医院门诊里最有效的医患互动进程可能也要依靠一位既能治疗患者身体又能治愈心灵的叙事疗法(narrative therapy)和叙事医学(narrative medicine)专家的支撑，高校思政课堂的讲台上更需要一位有效传递社会主义核心价值观并激发学生的思想共鸣的新时代故事讲述者。

二、"宏大叙述"的惆怅：教育叙事研究的演进路径

探讨叙事与高校思政课教学之间的关系，首先要从学界对叙事的研究，尤其是教育叙事和叙事教学概念进入国内的进程开始。叙事伴随着人类文明传承和发展的全部历史，对叙事的研究也上溯到远古的时代。人类从远古时代的神话故事到有记载以来的史诗和历史编纂，到现代的电影、舞台、网络甚至人工智能时代的文字、图像和视频生成，都属于广义上的叙事。古希腊经典文献就已经关注到叙事的功能，亚里士多德认为叙事就是一种描述的方式，即"描述按照可然律和必然律可能发生的事"②。不过，将叙事作为一门学问进行研究，直到 20 世纪中叶以后才发生。深受 20 世纪 20 年代俄国形式主义研究代表人物弗·雅·普罗普的影响，叙事学(narratology)一词最早出现在 1969 年法国学者茨维坦·托多罗夫的《〈十日谈〉语法》一书中。③ 20 世纪 60 年代以来，西方各种文学、哲学思潮流派对叙事的研究一直

---

① ［美］阿瑟·伯格.通俗文化、媒介和日常生活中的叙事[M].姚媛,译.南京:南京大学出版社,2000:5.

② ［古希腊］亚里士多德.诗学[M].罗念生,译.北京:人民文学出版社,1988:28.

③ 张寅德.叙述学研究[M].北京:中国社会科学出版社,1989:编选者序 1-2.

乐此不疲,除了普罗普、托多罗夫之外,洛克哈特、李斯特、列维·斯特劳斯、格雷马斯、福斯特等西方学者也分别对叙事的外延、内涵及其综合定义进行阐释。法国结构主义哲学家热拉尔·热奈特对叙事定义的研究影响最广,认为叙事是叙述一个或一系列事件的口头或书面的话语,还把叙事分为叙事话语(口头或书面)、叙述内容(真实或虚构)、叙述行为等三层含义。① 随着研究的逐步深入,西方叙事学已经从文学、语言学领域拓展到其他人文社科领域,从文本研究和语用学研究变成教育人们和传达思想的有力方式的功能性和应用性研究。

　　随着叙事媒介和技术手段的更新迭代,研究者更为关注"叙述者通过一定的媒介和方式进行的故事叙述过程"②,于是叙事的道德功能、教育功能乃至意识形态建构功能日益凸显。叙事承担起社会关系建构和话语接受者意识形态塑型的重要职能,通过提供一种具有丰富的时间、空间、人物甚至对生活的建议的丰富多彩的画面,故事的结构给我们提供了想象、陈述和隐喻的空间,使我们在道德上产生共鸣,促进我们对他人、世界和自己的认识。③至今,叙事学成为一门显学,且因叙事研究与教育指导人们价值理念之间的紧密关联,叙事教学成为教育者和被教育者互相沟通及交流不可或缺的手段。《剑桥叙事学导论》《叙事指南》《叙事理论百科全书》《叙事学手册》《当代叙事理论指南》等各种代表性研究成果陆续面世。中国知网数据库显示,国内叙事研究起始于 20 世纪 80 年代,英语语言文学专家鲍屡平对济慈叙事诗《伊莎贝拉》的分析为国内学界第一篇叙事研究的成果。④ 而从比较文学与世界文学视野引入西方结构主义叙事学的学者是张隆溪,他在 1983 年发表的《故事下面的故事》中将列维-斯特劳斯、普罗普、格莱麦、托多罗夫等西方学者的叙事理论和方法首次介绍到国内,文中把人定义为"说话的动物"

---

① ［法］热拉尔·热奈特.叙事话语 新叙事话语［M］.王文融,译.北京:中国社会科学出版社,1990:6.

② 丁锦宏.道德叙事:当代学校道德教育方式的一种走向［J］.中国教育学刊,2003,18(11):1-4.

③ WITHERELL C S. Narrative and the Moral Realm:Tales of Caring and Justice［J］. Journal of Moral Education,1991,20(3):237-242.

④ 鲍屡平.济慈叙事诗《伊莎贝拉》的分析研究［J］.杭州大学学报(哲学社会科学版),1980(1):60-77.

(homo loquens)令人印象深刻。① 此后,户晓辉对《奥德修纪》和《尤利西斯》中尤利西斯神话母题进行的叙事形态批评则是90年代初叙事研究的代表性成果。② 21世纪以前,中国知网数据库仅有145篇以"叙事学"为主题的中文论文。21世纪后,国内的叙事学研究逐步升温,截至2025年2月,知网数据库中以"叙事学"为主题的中外文献共计23929篇,中文文献14390篇,中文文献包括57部专著、474篇博士学位论文和6671篇硕士学位论文。国内叙事研究在2018年前后达到顶峰,近年来一直持续不衰,主要集中在中国文学、世界文学、新闻传媒、戏剧电影与电视艺术等相关学科。应用型研究成果居多,主题集中在叙事研究、叙事策略、叙事艺术、叙事分析、小说叙事、叙事特征、电影叙事、空间叙事等文化领域。以山东师范大学、湖南师范大学和华中师范大学等为主,代表性学者有申丹、尚必武、谭君强、傅修延、龙迪勇、江守义等。国内的叙事学研究不仅成为一门显学,且和国际接轨。

国内的叙事教学研究是在教育叙事热潮出现之后才逐步建构的。从广义上说,教育叙事是叙事的一种,也就是关于教育的故事,或者教育故事的讲述艺术。教育叙事研究属于叙事研究的一脉,之后逐渐成为独立且具有特殊内涵的研究领域。叙事进入教育教学领域并不是教育者的偶然发现,而是因为叙事负载的生动形式、隐性价值和丰厚意义一直为中西方教育界所倚重。叙事伴随人类的发展而演进,中国传统教育重视神话与历史口传故事的价值,西方社会也很早就采用讲故事的方式进行记录和教育。西方对叙事教育功能的探讨始于柏拉图,在《理想国》中,他认为诗人即为讲故事者,叙事能塑造人们的观念,教育的本质就是讲故事。这是对叙事教育功能最早的、也是最基础的认识。鉴于故事对儿童观念形成的重要性,讲述者需精心审查和选择故事,因此故事塑造儿童心灵比塑造其身体更为重要且耗时费力。③ 可以说,叙事是古今中外家庭教育、社会教育、学校教育乃至自我教育领域的重要形式。20世纪90年代,加拿大学者迈克尔·康纳利、简·

---

① 张隆溪.故事下面的故事——论结构主义叙事学[J].读书,1983(11):107-118.

② 户晓辉.尤利西斯主题:神话与叙事的分析[J].新疆大学学报(哲学社会科学版),1991(4):76-83.

③ [古希腊]柏拉图.文艺对话集[M].朱光潜,译.北京:人民文学出版社,1963:22-23.

克莱丁宁等就提出"教育叙事"(educational narrative)这一概念。

国内的教育叙事研究则在 21 世纪后由学者丁钢教授发起。《教育研究》2003 年第 2 期发表了丁钢的《教育经验的理论方式》,该文倡导改变先前以一种预先设定的理论框架统摄教育经验的思维模式,提出用叙事的方式回归教育时空中各种具体的人物、机构及事件,关注叙事本身所揭示的各种教育存在方式或行为关系。① 紧接着,《全球教育展望》2003 年第 3 期发表了丁钢翻译的《叙事探究》,文章首次向国内学界推介迈克尔·康纳利和简·克莱丁宁的教育叙事理论及其方法论,②值得一提的是,译文未出现"教育叙事"的概念。该刊同期推出了一组有关教师叙事研究的论文,在国内正式拉开了教育叙事研究的序幕。丁钢虽在《教育经验的理论方式》一文中提出了"教育叙事"的概念,但并未对这一概念进行界定,他还使用"教育叙述""教育叙事探究"等表述,将教育叙事探究定义为从质化而不是科学化出发,"强调与人类经验的联系,并以叙事来描述人们的经验、行为以及作为群体和个体的生活方式"③。刘良华也对教育叙事进行了描述:"叙事即讲故事,教师把日常的教育教学经验组织成有价值结构的事件,串缀成有现实意义的链条,从而将看似平凡、普通、单调、重复的活动赋予独特的体验和韵味,教育叙事研究就是对这些富有价值的教育事件和具有意义的教学活动的描述与揭示。"④丁钢在 2008 年将教育叙事定义为"表达人们在教育生活实践中所获得的教育经验、体验、知识和意义的有效方式,教育叙事研究就是探究如何才能准确表达和诠释教育经验、教育意义"⑤。截至 2025 年 2 月,中国知网数据库共收录以"教育叙事"为主题的论文 3323 篇,其中包括 693 篇学位论文。国内的教育叙事研究在 2006 年达到顶峰,以华东师范大学、西南大学、西北师范大学为主,代表性学者除了丁钢、刘良华之外,还有陈向明、黎家厚、温小平等。从学科分布来看,教育叙事研究以教育理论和教育管理学科为最盛,高等教育学科对教育叙事的关注度名列中等教育学科和初等教育学科之后。

---

① 丁钢.教育经验的理论方式[J].教育研究,2003(2):22-27.
② [加]康纳利,克莱丁宁.叙事探究[J].丁钢,译.全球教育展望,2003,32(4):6-10.
③ 丁钢.教育经验的理论方式[J].教育研究,2003(2):22-27.
④ 刘良华.什么是教育叙事[J].广东教育,2004(3):23-25.
⑤ 丁钢.教育叙事的理论探究[J].高等教育研究,2008(1):32-37,64.

行文至此，可能会产生一个疑问：高校思政课的微观叙事教学论题，为何要追溯"教育叙事"在国内的源起和发展进程。除了溯源微观叙事教学的理论源流之外，更在于"教育叙事"范式的提出，其出发点与当前高校思政课教学领域持续探讨的"消除高校思想政治理论课失语的现实困境"①问题高度贴合。只不过，随着教育叙事研究和"叙事教学热"迅速升温，研究者似乎逐渐忽略了提出教育叙事这一概念的出发点。值得注意的是，从进入中国学界伊始，教育叙事研究范式就对宏大叙事保持一定的反思视角，将客观世界的宏大叙事和"微不足道"的"经验事实"的顺序进行倒置。如果我们回看丁钢教授在国内首次提出教育叙事话题的那篇论文《教育经验的理论方式》，就会发现，教育叙事概念的提出，正是为了缓和那种外在客观世界预先设定的"宏大叙述"与个体和群体内在主观世界"经验叙述"之间的紧张关系。该文深受后现代哲学家让-弗朗索瓦·利奥塔（下文简称利奥塔）在其1979年出版的《后现代状态：关于知识的报告》一书中提出的反思"元叙事"理论启发，②从人类知识建构的合法性这一命题出发，提出人类的叙事形态可以分为宏大叙述和经验叙述，二者是一对带有紧张关系的、此消彼长、二律背反的和平等对话的叙事形态，丁钢将这种叙事样态称为"叙述紧张"。宏大叙述是总体的、完整的、同一性和同质性的理论形态，而经验叙述是生活的、现实的、细节的、复杂的、多样的。"面对思辨的宏大叙事、实证哲学，那种过分信赖只凭经验分析的范式、过分依赖技术理性和为实践开处方，以及专家引导、自上而下的学术与改革等方向的危机"③，教育与人类经验的联系越来越少。丁钢借用安东尼·吉登斯对现代社会的判断指出，现代社会之所以被称为"风险社会"，重要的原因是政治学意义上的单一的社会政策，要求全体公民来承担，从而造成决策、责任和结果的不一致，进而导致教育

① 季海群.融媒体时代高校思想政治理论课话语体系的重构[J].江苏高教,2022(7):82-86.

② 该书引用的作者译名出自让-弗朗索瓦·利奥塔,为了统一译文,借用学界使用频率更高的译名利奥塔,不另注。该书的中文名《后现代状况:关于知识的报告》也为学界所使用。参见:[法]让-弗朗索瓦·利奥塔.后现代状态:关于知识的报告[M].车槿山,译.南京:南京大学出版社,2011.该书的另一译本,参见:[法]让-弗朗索瓦·利奥塔.后现代状况:关于知识的报告[M].岛子,译.长沙:湖南美术出版社,1996.

③ 丁钢.教育经验的理论方式[J].教育研究,2003(2):22-27.

学意义上的自我判断及其结果的不一致。

丁钢指出，那种归纳、演绎、思辨的知识体系，试图安排人类精神和现实生活的"宏大叙述"，往往会有意无意地将那些直接关注现实和实践细节的叙事忽略或过滤掉了。于是，"那种强调完整性、同一性和同质性的理论形态，面对实践的多样性，多少显得有些虚幻而惆怅"①。这种"虚幻而惆怅"的局面，正是当前高校思政课教学体系面临的困境："高校思政课工具理性话语具有灌输性、技术性、控制性等特质"，导致了高校思政课的失语。② 虽然丁钢并未将论述转向高校思政课教学，但不得不承认，提出教育叙事的出发点和问题意识，对新时代高校思政课教学有效性的话语生产机制、反思高校思政课主流意识形态的理论体系与现实教学活动的"叙述紧张"问题而言，依然切中肯綮。

正是为了缓解宏大叙述和经验叙述之间的紧张关系，教育界才提出了教育叙事的方法论。那么，如何处理宏大叙述和经验叙述，也就是科学话语和经验话语之间的关系，就成为教育叙事所需要深入探讨的问题。这里要强调的是，高校思政课教师必须高度留意知识和经验的区别。所谓"读过很多书却过不好一生"，"纸上得来终觉浅，绝知此事要躬行"，别人告诉你的是知识，经验却是教育者和受教育者本人积累的，对于教育实践和个体的生活实践而言，经验可能比知识更重要。换言之，对于高校思政课教学而言，大学生的人生经验积累或者人际经验传递，可能比单纯通过读书获得的知识更重要。教育叙事研究是一种以意义诠释为核心的教育经验的理论方式，而不是单纯关注知识传授的理论方式，所关注的是教育实践经验的复杂性、丰富性与多样性。③ 在《教育叙事的理论探究》一文中，丁钢提出了教育叙事研究的"前台和后台"问题，从人类认识世界的思维方式、时空关系、逻辑范式和存在状态四个方面探究教育叙事的理论基础，主张将人文思维、序列时空、诠释逻辑和主观存在，置于科学思维、位置时空、解释逻辑和客观存在之

---

① 丁钢.教育经验的理论方式[J].教育研究，2003(2):22-27.

② 季海群.融媒体时代高校思想政治理论课话语体系的重构[J].江苏高教，2022(7):82-86.

③ 丁钢.教育经验的理论方式[J].教育研究，2003(2):22-27.

前。一般情况下,人们通常会将客观世界置于前台,主观经验和体验服从与服务于客观世界,为客观世界的解释和因果推理提供依据。因为经验叙事没有经过逻辑推理和理论提炼,人类的经验叙事就隐藏在客观世界后。其结果就是,人们首先看到的是形形色色的知识、判断、结论和观点,而个体和群体的经验、体验叙事就变得微不足道了。以至于当人们开始讲述个人体验、群体经验或者事件流脉时,往往被认为是一种形而下的描述和总结,不值得被置于理论研究的范畴内。

教育叙事强调根据教育研究的独特属性,采用不同于宏大叙事或思辨研究的理论视角和方法,"将主观经验世界推向前台,通过对经验事实的深度描述和深度诠释,呈现实践视野中的教育意义"①。于是,客观世界和经验世界,或者科学叙事与经验叙事之间的关系出现倒置,主观经验是主线,客观事实是伏线,二者相互印证。"在教育叙事研究中,经验世界是显性的,而客观世界是隐性的。"②

可见,教育叙事在中国学界的发轫期,就是沿着经验事实而非宏大叙事的理路进行的。教育叙事的研究范式主张将经验事实作为显性的、前台的话语方式,把主流意识形态的宏大叙事置于隐性的后台;将实践驱动的、以学生为中心、以人为出发点的方式置于前台,宏大规划、理想与项目驱动的方式置于后台。当然,这种逻辑方式并不是要用个人体验取代理论思辨、用经验事实取代宏大叙事,与宏大叙事背道而驰,因为总结教育经验的理论依旧是以宏大叙事呈现的。

三、"微观叙事"的凸显:直面高校思政课教学"失语症"

教育叙事学经验事实前置、宏大叙事后置的理论范式,在高校思政课教学实践中会遇到一定的挑战。其原因是多方面的,既有高校思政课教材体系的属性,又受制于教师课堂教学的话语方式。首先,高校思政课教材体系的话语结构总体上是宏大叙事,微观层面的事实经验是隐性支撑,这种逻辑

---

① 丁钢.教育叙事的理论探究[J].高等教育研究,2008,29(1):32-37,64.
② 丁钢.教育叙事的理论探究[J].高等教育研究,2008,29(1):32-37,64.

结构和教育叙事学提倡的逻辑是相反的。在必修课程体系中，"习近平新时代中国特色社会主义思想概论""马克思主义基本原理""毛泽东思想和中国特色社会主义理论体系概论""中国近现代史纲要""思想道德与法治"等各门课程的教材叙事方式都是宏大叙事引领。例如，《习近平新时代中国特色社会主义思想概论》教材的宏大叙事特征非常明显。"一个民族要走在时代前列就不能没有理论思维，一个国家要实现繁荣富强、人民幸福就不能没有科学理论指引。"①教材开篇首句就明确指出习近平新时代中国特色社会主义思想作为一种科学理论体系的指引功能。"中国近现代史，就其主流和本质来说，是中国人民为救亡图存和实现中华民族伟大复兴而英勇奋斗、艰辛探索并不断取得伟大成就的历史。尤其是全国各族人民在中国共产党领导下，进行艰苦卓绝的斗争，经过新民主主义革命，赢得民族独立、人民解放，建立中华人民共和国的历史；经过社会主义革命、建设、改革，把极度贫穷落后的中国逐步改变成持续走向繁荣富强、充满生机活力的社会主义中国的历史。"②这种历史观是典型的民族解放叙事和历史进步叙事，也就是宏大叙事。

其次，教育叙事学经验事实前置、宏大叙事后置的理论范式的实施在实际教学中还受到了教师话语方式的制约。思政课教师教学话语不及时、不及物、效果弱、精准度差，这种现象被研究者称为"高校思想政治理论课的失语"③。具体表现为以下几点。第一，教育视野狭窄固化，对国内外负面叙事反应迟滞，疏离思政课教学的时效性原则。思政课教材一般滞后当下语境，概念抽象悬置，难以及时回应国内外突发热点、敏感点，如果教师授课时"因事而化"能力弱，就会导致思政课教学与大学生信息接受场脱域。第二，教育话语过于抽象宽泛，内容侧重于理论推导，话题聚焦于宏观层面，忽略了思想政治教育的潜移默化功能。传统思想政治教育往往用宏大叙事来定格与描述历史重大事件和重要人物的言行，以"必须""应该"等规范性表述来

---

① 本书编写组.习近平新时代中国特色社会主义思想概论[M].北京：高等教育出版社，北京：人民出版社，2023：1.

② 本书编写组.中国近现代史纲要[M].9版.北京：高等教育出版社，2023：1.

③ 季海群.融媒体时代高校思想政治理论课话语体系的重构[J].江苏高教，2022(7)：82-86.

主导个人表达，形成了板结的文本话语、精英话语、传统话语和说事话语。第三，教育目标设定过于宏观，侧重于知识传输，而忽视了价值观教育的培养功能。一些教师对渴望平等交流的 Z 世代大学生灌输说教，造成师生身份隔膜。第四，教育对象同质化，民族国家集体话语在教学过程中未能转化为具有温度的个体话语，在一定程度上遮蔽了大学生社会生活实际和生命体验。高校思政课一般大班教学，受教学条件限制，兼顾大学生个体的专业背景、教育经历、认知水平和个体心智特征较为困难，个体差异性未能及时转化为个人能动性，难以实现教育内容的精准供给和教育对象的精准投射。

党的二十大报告明确指出，用社会主义核心价值观铸魂育人，完善思想政治工作体系，加快构建中国话语和中国叙事体系，讲好中国故事、传播好中国声音。[①] 新时代高校思政课话语是宏大叙事和微观叙事的交融，其内容是以其宏大的建制表现宏大历史，追求叙事的完整性和目的性，其形式是教师从教材转换的思政话语勾连大学生的生存体验，由此实现给定历史与现实存在的内在意义。贴近"00 后"大学生日常生活的教育要求微观叙事，高校思政课的价值引领与政治认同功能要求宏大叙事，由此形成思政课宏大叙事与微观叙事的内在张力。如何处理宏大叙事内容和微观叙事形式之间的关系，成为提升新时代高校思政课有效性亟待解决的核心问题之一。[②]

鉴于高校思政课话语体系面临的宏大叙事使命和微观叙事实践之间的矛盾，广大思政课教师和研究者应尝试寻找教学话语体系与学生学习、生活实际的链接点，实现宏大叙事与微观叙事有机结合，巩固社会主义意识形态在宏大叙事话语权中的主导地位，更新和改善当前思政课板结固化的话语体系。宏大叙事概念，是 20 世纪 50 年代后席卷全球的解构主义文化思潮的关键词。在解构主义对宏大叙事的批判中产生了宏大叙事相关理论，其代表人物是法国思想家利奥塔。宏大叙事是科学、理性、线性、进步和占据主导地位的叙事，通过高大的英雄形象、明确的社会阶层划分和全景式的再现来对社会、历史提出一种权威的解释，其对立面就是被宏大叙事压抑和遮蔽

① 习近平.高举中国特色社会主义伟大旗帜 为全面建设社会主义现代化国家而团结奋斗：在中国共产党第二十次全国代表大会上的报告[M].北京：人民出版社,2022.
② 周丽.新时代思想政治教育话语体系创新研究[D].徐州：中国矿业大学,2022.

的个人日常和琐屑叙事。① 批判并没有摧毁宏大叙事,反而凸显了宏大叙事的合法性与合理性。宏大叙事和微观叙事不是二元对立的关系,而是互为表里、互相支撑的有机整体,而思政课必须直面宏大叙事的内容本质与其教学形式之间存在的尖锐矛盾。综观其他学科或研究领域,文化传播学者建议"从宏大叙事到个体叙事"②,历史教育学者建议"将微观心理融入宏观叙事中,兼重宏大叙事与微观特写"③,这些思路和方法都为思政课教学话语转型提供了有益的参考。还有高校思政课研究者建议采用"宏大叙事与个人言说有机结合的授课视角"④。不过,如何将宏大叙事和微观叙事融合在高校思政课教育目标中,用宏大叙事统领微观叙事,用微观叙事建构宏大叙事,研究成果暂付阙如。要解决高校思政课话语体系存在的这种矛盾,直面各种挑战和隐忧,就要在坚守宏大叙事核心使命的前提下,凸显微观叙事的话语功能,实施微观叙事建构宏大叙事的话语转型。

高校思政课微观叙事教学法作为思政教育创新范式,指将意识形态话语体系解构为生活化叙事单元,通过个人认知介入、个体经验激活及多元话语编码等策略,实现价值传导的认知效能。该范式基于对思政课理论形态超验性和具象性张力的重构,旨在破解传统教学"宏大叙事悬浮"困境。其一,建构生活化叙事模态,以在场性话语策略消解理论悬浮困境,通过日常情境的认知图式转化增强价值渗透效度;其二,确立主体间对话机制,将群体化认知惯性转向个体化价值内化,推动抽象价值理念向个体实践转化;其三,实施多维、多元话语编码策略,运用微观经验叙事,破解宏大话语的能指和所指的断裂,构建理论阐释、情感共鸣和行为外化的认知路径。

习近平总书记指出:"一种价值观要真正发挥作用,必须融入社会生活,让人们在实践中感知它、领悟它。要注意把我们所提倡的与人们日常生活

① ［德］胡塞尔.逻辑研究:第 2 卷:第二部分[M].倪梁康,译.上海:上海译文出版社,1998:27.

② 马立明,高雨宁.从宏大叙事到个体叙事:"乌卡时代"全球赛事建构国家形象的全新维度——以 2022 年卡塔尔世界杯足球赛为例[J].对外传播,2023(2):33-37.

③ 姚鑫强.中学历史教学应兼重宏大叙事与微观特写——以《罗马城邦和罗马帝国》一课为例[J].山东教育,2023(Z2):110-112.

④ 侯彦杰.思想政治理论课的宏大叙事与个人言说[J].思想政治教育研究,2019,35(3):64-68.

紧密联系起来,在落细、落小、落实上下功夫。"①社会主义核心价值观教育的有效程度取决于其核心价值与青年主体间性的三重建构:认知相遇、价值相知与实践相守。在价值共鸣的集体与个体复调结构中,个体愿景构成意识形态再生产的情感基质,通过集体意向性的叠加共振,最终聚合为民族复兴的精神力量。教育者运用微观叙事策略并非消解现代化进程的宏观逻辑,而是借助社会热点的解读与成长轨迹的个案映射等生活化符号编码,实现意识形态话语的认知转化,构建从国家叙事到个体经验的意义通道。当前高校思政课教学创新实践改革的成功案例普遍遵循叙事具象、情感共在和价值外化的传导规律。通过个体话语转译与生存视阈融合,将抽象理论转化为可触达的认知界面。这印证了微观叙事作为宏大话语再生产路径的可行性:在保持马克思主义理论整体性的前提下,经由主体间性的意义协商机制,完成意识形态从系统真理到生活智慧的认知转型。鉴于此,教育者要善于将日常、个体和多元的话语策略渗透到传统思想政治教育体系中。由浅入深,用日常阐释抽象,用形而下的日常生活叙事压实形而上的理论;化整为零,用个体拱卫集体,用可触摸的个体生命叙事累积群体差异共识;由小到大,用多元维护主流,用有机细小实体叙事对抗信息茧房和算法逻辑。简言之,通过生活化叙事实现理论具象化,借助主体经验激活共同体认同机制,系统提升思政课的认知效能,最终实现主流话语在大学生价值体系观念中的多维渗透与结构性内化。

---

① 习近平.把培育和弘扬社会主义核心价值观作为凝魂聚气强基固本的基础工程[N].人民日报,2014-2-26(01).

第一章 高校思政课叙事教学的多维面向及其可能性

西方的教育叙事研究及品格养成教育中使用的叙事教学法研究，是相对纯粹的语言学、叙事学或教学法研究，与后现代思潮对宏大叙事的反思并无直接关系。由于时空叠加的关系，中国学界在20世纪末和21世纪初吸收、译介、引进并陆续开展的教育叙事、叙事教学法研究进程，是西方宏大叙事反思和批判思潮进入国内之后才发生的。鉴于此，许多学者和高校思政课一线任课教师将新时期高校思政课教学的"失语症"问题与宏大叙事联系在一起。我们可以发现，国内学界提出教育叙事和叙事教学法研究范式的发轫期，就带有明显的宏大叙事反思印记，这种印记在高校思政课叙事教学研究领域尤为明显。那么，高校思政课教学体系、教材体系的话语特征和内容是不是宏大叙事？如果答案是肯定的，那么这一特征是不是当前高校思政课教学"失语症"的内在原因之一？这是高校思政课教学时效性改革的肯綮问题。进而要追问的是：我国高校思政课宏大叙事的教学内容如何在教学活动中进行知识传递和价值赓续？作为一种话语形态，宏大叙事和高校思政课教学话语形态之间是什么关系？高校思政课叙事教学除了宏大叙事的话语形式之外还有哪些话语形态？这些问题关系到高校思政课教学目标的实现、教学内容的落实及教学实效的达成。

第一节 高校思政课叙事教学理论的价值和逻辑

教育叙事与宏大叙事之间本来并无直接关系，一旦教育叙事逐步向"叙事教学"这种教学方法演变时，叙事教学理论和宏大叙事理论之间的关联，就成为我国高校思政课叙事教学研究无法回避的问题。秉持用叙事视角诠释世界、用经验认识世界的方法论，叙事教学凸显了用故事建构生活的意义和价值，从而促进了叙事教学从"宏大叙述"到"平凡叙事"的转型，进而提出了高校思政课宏大叙事教学内容的教学策略问题。

一、用经验诠释世界：叙事教学的理论依据

教育叙事是一种话语形式、思维模式、言语现象或者研究范式，是对教育生活中富有价值的教育事件和具有意义的教育现象的描述与揭示。教育叙事具体到某一种学科领域的教学，或者某一教学进程的细节，就会具象为"叙事教学"。国内学界最早在 2007 年前后出现以"叙事教学"为关键词的研究成果，但是这种研究集中在叙事疗法的心理学范畴，将叙事运用在教学活动中，用于问题学生的心理矫正或者道德叙事的心理解构和建构。[1] 比如，"道德叙事教学"，其目的是使讲故事的儿童和听故事的儿童能通过故事发现新角度，产生新态度，从而产生新的重建力量。[2] 2010 年，邓达、熊沐清两位学者首次对"教育叙事"和"叙事教学"两个概念的关系进行了探讨，指出教育叙事研究不应仅仅停留在教育过程的某一方面，而应关注教育全过程，成为教学的方法论指导。故而，他们从教学论的视角切入"叙事教学"概念，将叙事作为一种教学策略和方法，在此基础上提出了"教育叙事的教学论转向"，即"叙事性外语教学"的叙事教学法。这种叙事教学法，"根据语言知识的意义性与关系性属性，充分运用叙事、推理的方式，通过叙述者与听叙者之间倾听、对话、激发与分享，以促进语言认知水平的提升，不断增强意义潜势，达成与世界的沟通与释解。"[3]这种研究理路，实际上是在教学过程中审视教育叙事的方法论意义，寻求叙事性教学的本质规定及其策略选择，从而完成了教育叙事的教学论转型。

---

① 何树德.朋辈叙事教学:加速大学新生灰色心理白色化[J].太原城市职业技术学院学报,2007(2):80-81.
② 郑信军.从"听"故事到"说"故事——道德叙事的心理解构和建构[J].课程·教材·教法,2007,27(9):43-48.
③ 邓达,熊沐清.外语教学的叙事表达:一种教学论视角[J].外国语文,2010,26(3):105-110.

自此，学界的叙事研究从文学向教育领域逐步迁移，再从"教育故事研究"或"教育叙事探究"的质化研究转变为教学论研究。之后，学界对叙事教学的研究开始逐步升温，出现了叙事教学的教学法专题研究①和具体课程的叙事教学研究成果②。

叙事教学既是一种教学理念和思路，也是一种教学方法。叙事教学理念强调将教学的某一过程或者教材尽可能以叙事的形式设计和呈现，"营造出一个真实的情境或可能世界，使学生在身心方面最大程度地投入学习情境，充分而协调地发挥语言、情感、想象、创造等心智能力"，而作为一种教学方法的"叙事教学法"是与叙事相关的具体教学方法和技巧的统称，是"Approach、Method 和 Technique 有机融合的综合体"。③ 作为一种特定的教学方法，叙事教学首先要解决的是理论支撑问题。大致而言，人类学、认知心理学、认知语言学和叙事学四个维度，都可以发现叙事教学的理论支撑。

首先，从人类学视角来看，人类认识世界的思维方式与叙事模式具有内在暗合关系。人类学家把人的思维方式分为范式思维（paradigmatic mode of thought）和叙事思维（narrative mode of thought）两种类型，前者又被称为科学思维。"叙事、推理是两个基本的、普遍的人类认知模式之一。……逻辑-科学模式寻求普遍真实性的条件，而叙事模式寻求事件之间的特殊联系。叙事模式中的解释包含在上下文之中，而逻辑-科学模式解释则是自时间与空间事件之中推断而来。两种模式都是形成意义的'理性'方式。"④换言之，人类思考问题的方式有两种，一种是科学逻辑，另一种是经验逻辑。科学逻辑依靠因果关系的推定和演绎得以解释，而叙事思维依靠故事的隐喻得以诠释。解释倚重因果关系，诠释倚重经验的传递。科学和叙事，解释和诠释之间存在张力：科学不能穷尽叙事，叙事不能穷尽科学；解释不能穷尽诠释，反之亦然。科学是对因果的解释，叙事是对人类经验的诠释。叙事

---

① 张凌南.叙事教学及其实现方式研究[D].金华:浙江师范大学,2011.

② 刘杨.思想政治课叙事教学研究[D].南京:南京师范大学,2013.

③ 熊沐清,邓达.叙事教学法论纲[J].外国语文,2010,26(6):104-113.

④ BRUNER J. Actual Minds, Possible Worlds[M]. Cambridge：Harvard University Press,1986:118.

既是生活，也是学习。"一个教育系统必须使文化中的成长者在该文化中寻得一套认同。如果没有的话，那些成长者就会在追寻意义的途中绊倒。人类只能在叙事的模式中建构认同，并在文化中找到它的位置。学校必须栽植这种模式，好好培育它，不要再把它当作家常便饭而不加理睬。"①人类通过隐喻来思考，通过故事来学习。叙事是呈现和理解经验最好的方法，经验就是我们所研究的东西。叙事的思考是经验的一个关键形式，也是撰写和思考经验的关键方法。叙事是一种学习方法，也是学习手段和媒介。科学和叙事在人类知识的追寻路途中扮演着不同的角色，二者可以互相启示，但不可以互相替代。

其次，从认识心理学视角来看，人类心智活动的认知和情感合一性原则在叙事教学进程中得到充分展示。人类面对几个独立的画面或者词汇时，总是试图采用故事的情节来寻找它们彼此之间的关联。叙事心理学奠基人萨宾认为，"人类思考、知觉、想象以及进行道德抉择都是依据叙事的结构"②，"个体的生活体验是在叙事的过程中得以建构的，而叙事同时也反映了个体对生活现实的体验"③。人类生活是一种故事化的进程，人类用讲故事的方式来反思自己的人生，并逐步达到心理成熟。认知心理学指出，人最基本的心理过程包括感觉、知觉、记忆、想象、思维、语言等，人类的认知活动与情感、情绪和意志之间存在彼此依存的关系，是不能彼此割裂的。"在我们的日常生活中，认知与情绪之间经常存在交互作用。因此，任何忽略情绪作用的认知理论都很可能是不充分的。"④这就意味着人类的学习行为，不能仅仅聚焦单一的知识传授。叙事教学的特点之一，就是将认知学习与情感、想象、创造等心理过程有机结合起来。

再次，从认知语言学视角来看，语言的意义生产机制和叙事的话语机制

① BRUNER J. The Culture of Education [M]. Cambridge：Harvard University Press：1996：42.

② SARBIN T R. Narrative Psychology：The Storied Nature of Human Conduct[M]. New York：Praeger Publisher，1986：8.

③ 马一波，钟华. 叙事心理学[M]. 上海：上海教育出版社，2006：218.

④ [英]M. W. 艾森克，[爱尔兰]M. T. 基恩. 认知心理学[M]. 高定国，肖晓云，译. 上海：华东师范大学出版社，2004：749.

具有内在的统一关系。语言学家发现,叙事性话语的核心参与者一般都是人类主角,叙事话语也一般占据一长串句群的中心话题位置。① 人类语言的产生和发展机制,依赖人对外在世界的感知,源于对叙事的理解和陈述。"在掌握语言的过程中,人们一定首先学会陈述的用法,因为字词与它所指的事物之间的联想一定通过两者的同时出现形成。"②单纯的词汇和事物之间的对应关系并不是语言的意义产生机制。即便人类能够将某种词汇与某种具体的事物相联系,也不能产生语言的全部意义,只有这个事物或者词汇参与了某件叙事环节,语言才能形成有意义的话语。"要生成意义,一开始仅靠生产陈述和把陈述组合成话语是不行的;叙述结构将在中途接力,并生产由陈述连接而成的话语。"③叙事性话语比非叙事性话语更能引起学习者的兴趣,能够吸引长时间的注意力,有利于知识的学习和认知的巩固。

最后,就叙事学视角而言,"叙事化""小空间故事"等叙事理论实际上即为阐释叙事教学的方法。"恰当运用叙事的丰富形式组织教学,引导学生创造或进入一个真实的情境或可能的世界,成为其中的创造者或参与者,身临其境地进行认知活动,充分而协调地发挥语言、情感、记忆、想像、创造等心智能力",创造一种生活化或艺术化的认知环境,学生的学习动机就不再仅仅是单一的工具性或者功利性动机,而是融合性动机。④ 叙事教学法"既关乎智力又涉及情感,有助于增加学习动力,促进个人发展;……它鼓励移情和批判性、创造性思维;它有助于扩大世界知识(world knowledge);它能够提高学生对人类情境与冲突的认识"⑤。叙事学专家对对叙事在语言习得方面的研究结论,直接论证了叙事教学方法的实际效能。

---

① [美]兰盖克.认知语法基础:Ⅱ:描写应用[M].影印本.北京:北京大学出版社,2004:393.

② [英]罗素.罗素文集:第9卷 人类的知识[M].张金言,译.北京:商务印书馆,2012:96.

③ [法]A. J. 格雷马斯.论意义:符号学论文集[M].吴泓缈,冯学俊,译.天津:百花文艺出版社,2005:167.

④ COOK V. Second Language Learning and Language Teaching[M].Beijing:Foreign Language Teaching and Research Press,2000:97.

⑤ UR P. A Course in Language Teaching:Practice and Theory[M].Beijing:Foreign Language Teaching and Research Press,2000:201.

二、用故事建构生活：叙事教学的价值意蕴

学界对叙事教学的性质和内涵的理解，大致从教学理念、教学方式、教学进程和教学有效性方面展开。

首先，在教学理念上，教育和社会实践紧密融合。教育来自生活、启发生活、立足生活，最后回归生活。人类的生活与经验息息相关，教育目的之一是学生通过感受和实践，懂得生活、学会生活，并将所学运用于生活。"教育研究的困境之一，即教育研究越是精确，其与人类经验的联系则越少。"① 叙事教学有利于记载和传播人类的教育经验和生活实践，符合教育的实践性特征。"叙述和讲述代表一种思想，这种思想设计人类经验的性质，设计经验怎样被学习被表达，以及如何在科学-人文这两极之间选择一条中间道路。"② 叙事是一种思维模式，和科学思维并列为人类学视阈下的人类思维两大模式。有学者强调，叙事是对人类基本生活经验的表达和诠释方式，"教育叙事是表达人们在教育生活实践中所获得的教育经验、体验、知识和意义的有效方式。"③ 叙事思维和科学思维的不同之处在于，叙事思维更注重以故事的方式传递知识和经验。教育本质是关于人类生活实践的学科，"叙事就是人类生活经验的基本表达方式"④。叙事教学的两大优势：其一，能更好地融合学科知识和生活实践；其二，更好地促进学生学习认知和学习体验的有机统一。还有学者认为叙事教学衍生于认知教学的理念，⑤比以往的教学法有了更大的进步和完善。叙事教学就是用叙事将教育者和被教育者勾连起来，用叙事记录和表达人对现实世界的理解和感受，传递生活实践的经验，促进了教学向生活世界回归，向人本回归。

其次，在教学方法上，教育者和教育对象之间在平等对话基础上实现价

---

① 丁钢. 教育经验的理论方式[J]. 教育研究,2003(2):22-27.

② HUSEN T, POSTLETHWAITE N. The International Encyclopedia of Education: Volum 7[M]. Oxford:Pergamon Press,1994:4046-4051.

③ 丁钢. 教育叙事的理论探究[J]. 高等教育研究,2008(1):32-37,64.

④ 丁钢. 教育经验的理论方式[J]. 教育研究,2003(2):22-27.

⑤ 熊沐清,邓达. 叙事教学法论纲[J]. 外国语文,2010,26(6):104-113.

值观传递。内容理解和视野融合是激发和调动教育对象主动性和积极性的前提。叙事教学将教育对象置于教育的核心，与教育对象平等分享故事，用叙事的方式呈现教育内容，用故事牵引理论知识体系，课堂教学的组织和编排灵活多变，形式新颖别致。有学者提出，叙事教学是一种充分融合教育对象知、情、意、行的综合式教学方法，这种方法更加注重人文关怀，更能从学生学习的角度增进教学体验。① 还有学者认为，叙事教学法包括各种具体的教学方法与技巧，是思路、方法和技巧有机融合的综合体。这是教育界和外语界研究者立足教学实践，从教学过程、教学内容、教学材料和教学目的等各个维度检验叙事教学效能之后得出的结论。

再次，对于教学进程而言，教学活动是教育者和受教育者的全方位交流、沟通和反思过程，也是受教育者的自我建构过程。某种程度上，无论教育者还是受教育者，大家都生活在故事里。当我们呱呱坠地时，故事里就承载着家人、同辈、民族、国家、文化乃至文明；当离开这个世界时，只要我们的故事在他人故事中得以延续，我们就不曾真正离开。我们在故事中回忆过去，憧憬未来，感受彼此存在，领会他人的价值观念。故事告诉我们身在哪里，故事告诉他人我们是什么样的人。教师讲故事的过程，就是实现知识、能力和价值教学目标的过程。"故事不仅是我们认识自己的窗口，在很大程度上，故事就是我们自己。"②简短趣闻、精炼轶事、客观回忆、描述性经历，一个事件、一段经历、一种际遇或者是一个人，叙事教学的教授方和接收方在故事中表达自我，实现了与他人交流、与自己交流的目的。当我们在讲述故事的同时，反思和评价也同步进行，我们在讲故事的时候反思我们的行为方式和抉择，在讲述故事的时候也在重新寻找意义和方向，并把这种反思和重估交流给他人，这也是学习的核心进程。"故事的建构（construction）——讲述生活和自我的故事——是整个学习过程的核心要素。"③这种学习过程被

---

① 潘莉，欧阳菁菁.高校思想政治理论课叙事教学法内涵、过程及实施策略[J].学校党建与思想教育，2017(19):66-69.

② [英]艾沃·古德森，等.叙事学习[M].方玺，译.北京:北京师范大学出版社，2019:1.

③ [英]艾沃·古德森，等.叙事学习[M].方玺，译.北京:北京师范大学出版社，2019:2-3.

学者称为"叙事学习"。叙事学习概念的提出,揭示了叙事学被教育学领域特别倚重的内在原因:与其说叙事是一种教师的主动建构进程,不如说是学生在叙事中自我学习的进程,这一进程全方位体现了以学生为中心的教学原则。

最后,在教学有效性上,教学的知识目标、能力目标和价值目标三个维度中,价值目标的达成比前两者更困难且不易检验实效。在课堂教学中,价值目标是课堂教学总体目标的难点和关键点,之所以达成目标需要介入程度更深、花费时间更久,这是因为知识目标可以通过测试得以检验,能力目标可以通过实践设计得以训练,价值目标却难以通过科学理论或逻辑实证的方式得以检验,而需要通过对意义的诠释来获得。"作为一种思维模式,叙事是一种意义的诠释。"①叙事诠释的知识体系建立在理解基础上,而不是在因果关系基础上。解释是建立在因果关系上的思维模式,通过科学的理论和严密的逻辑论证得出可经得起检验的结论;诠释是建立在理解基础上的思维模式,把不能够完全检验的命题经验化和脉络化之后获得结果。叙事就是包含一系列事件的诠释链条,序列本身就带有意义。故事只能诠释,不能解释,我们可以通过讲故事来诠释和理解这个世界,不能通过故事来解释和论证这个世界。正如布鲁纳的一个生动的比喻:我们可以用定律和数学公式解释万有引力定律,却不能解释那颗苹果砸到牛顿的脑袋时牛顿在思考什么。② 叙事教学在以故事为点缀、以故事为起点和故事化教学方式的基础上,进一步完善教学过程,从叙事主体、叙事客体、叙事语言、叙事媒介、叙事视角等多维度深入介入教学进程,用故事的串联、辐射和延伸,展现理论知识、思想观念、情感道德维度,让学生在接受知识的同时,获得人生体验和情感的共鸣,完成道德和生命智慧的提升,实现教学内容和价值宗旨的有效达成。叙事教学能够满足学生听故事的好奇心,还可以为学生提供广阔的想象力空间。③ 叙事把人类世界的过去、现在和未来联系起来,为我们理解这个世界提供一种直接进入的通道。

---

① 丁钢.教育经验的理论方式[J].教育研究,2003(2):22-27.

② BRUNER J. The Culture of Education[M]. Cambridge:Harvard University Press,1996:122.

③ EGAN K. Narrative and Learning:A Voyage of Implications[M]// MCEWAN H, EGAN K. Narrative in Teaching,Learning and Research. New York:Teachers College Press,1995:116-123.

三、"平凡叙事"的转型：高校思政课叙事教学的逻辑起点

学界对高校思政课叙事教学的研究包括两种维度：其一，思想政治教育叙事研究；其二，高校思政课叙事教学研究。这两种研究都出现在 2010 年前后，两类研究的格局和特征，与教育叙事和叙事教学的关系非常相似，前者是一种叙事话语方式，后者是一种教学法，两种研究理路的外延有区隔，但是内涵互为补充，互相支撑。

首先，思想政治教育叙事研究。现代场域中由主体的生存困境所引发的意识形态传导效度弱化，本质上是思想政治教育传统范式中宏大叙事体系的阐释力式微。蒋红群 2011 年首次提出思想政治教育叙事转型的问题："思想政治教育对真理与权威，道德与规范的高度宣扬，使思想政治教育在教育内容和叙事形式上都成为一种宏大叙事。"①值得注意的是，国内最先探讨思想政治教育叙事的论文，直接绕过叙事、教育叙事和思想政治教育叙事等关键词的界定，而是从思想政治教育的有效性角度出发，反思现代性困境中教育话语中的宏大叙事危机，进而提出思想政治教育话语亟须实现从宏大叙事向平凡叙事的转换。这一带有鲜明问题意识的论点，不仅仅出于教育学的理论探讨，更出于对思想政治教育领域棘手问题的直接回应。

如果联系丁钢在国内首次提出"教育叙事"论题的时代背景，就会发现，学界虽然关于思想政治教育叙事问题的提出比教育叙事概念的提出晚了几年，但是两者的出发点如出一辙。有学者提出了一个非常尖锐的问题，"传统的主客体之间单向度的教育模式导致了人们对思想政治教育目的的理解偏差。即要求受教育者接受国家意识形态而被同质化，成了思想政治教育的现实功能，人的个性发展并没有真正成为思想政治教育的目的"②。如果说丁钢提出教育叙事主要着眼于教育研究中将科学逻辑和叙事逻辑进行倒置，将诠释置于前台，而将解释置于后台，还原被完整性、同一性和同质性的

---

① 蒋红群.论现代性困境下思想政治教育叙事形式的转换[J].思想教育研究，2011(9)：26-28.

② 蒋红群.论现代性困境下思想政治教育叙事形式的转换[J].思想教育研究，2011(9)：26-28.

"宏大叙述"遮蔽的多元的、生活的、现实的、细节的、复杂的、多样的"经验叙述"的话,那么,蒋红群提出思想政治教育叙事论题,则聚焦于如何将强调人的终极价值的"宏大叙事"转变为回归人的生活世界、关注现代人的内心体验和精神困境、日常生活的"平凡叙事"。无论是丁钢的"经验叙述"还是蒋红群的"平凡叙事",都是相对于宏大叙事而言;这两位也分别是最早提出"教育叙事"和"思想政治教育叙事"的学者,其直面的现实问题和提出的方案别无二致。

　　学界意识到教育叙事在思想政治教育工作中的重要作用之后,有关思想政治教育叙事的研究开始升温。思想政治教育、高等教育、教育理论与管理、新闻与传媒、马克思主义等学科的研究者均开始关注这一话题。胡朝①、刘洋②、王玉婷③、温小平和何华珍④、陈华洲和魏代文⑤等探讨了思想政治教育叙事的功能、特征、价值意蕴、建构原则和实践理路。刘宏宇⑥、温小平和符成彦⑦、张宇帆⑧、雷长稳和王习胜⑨、涂刚鹏和段港回⑩、刘永梅⑪等从新闻传媒或新媒体技术的角度探讨思想政治教育叙事的网络形态、国际传

① 胡朝.从宏大走向平凡——论现代性困境视阈下思想政治教育叙事方式的转换[J].延安大学学报(社会科学版),2013,35(5):120-124.

② 刘洋.探析思想政治教育叙事的功能[J].湖北经济学院学报(人文社会科学版),2014,11(2):142-143.

③ 王玉婷.高校思想政治教育叙事及其实现路径[D].西安:西北大学,2015.

④ 温小平,何华珍.社会记忆与思想政治教育叙事建构、挑战及优化[J].思想教育研究,2021(8):64-69;温小平,张末含.中国式现代化视阈下优化思想政治教育叙事的实践理路[J].学校党建与思想教育,2024(10):37-39.

⑤ 陈华洲,魏代文.思想政治教育叙事的价值意蕴、主要特征与构建原则[J].教育理论与实践,2024,44(27):33-39.

⑥ 刘宏宇.网络思想政治教育叙事方式问题研究[D].成都:电子科技大学,2015.

⑦ 温小平,符成彦.思想政治教育叙事转向与国际传播[J].思想教育研究,2018(5):37-41.

⑧ 张宇帆.新媒体视阈下高校思想政治教育叙事研究[D].西安:西北大学,2020.

⑨ 雷长稳,王习胜.元宇宙视阈下思想政治教育叙事的危与机[J].重庆邮电大学学报(社会科学版),2023,35(3):73-81.

⑩ 涂刚鹏,段港回.算法时代思想政治教育叙事的转向与优化[J].思想教育研究,2023(7):37-42.

⑪ 刘永梅.网络短视频思想政治教育叙事的困境及其纾解[J].学校党建与思想教育,2024(6):16-19.

播、元宇宙变革、算法优化及视频传播机制等问题。唐锦琳①、张丽静②、唐良虎和高盛楠③、钟启东④等研究了延安时期中国共产党的思想政治教育叙事、毛泽东的思想政治教育叙事及历史唯物主义的思想政治教育叙事。温小平⑤、李维军⑥等则探讨了思想政治教育叙事的文本和图像维度。

与此同时,学界也在关注叙事教学在思想政治教育领域,尤其是高校思政课领域的应用研究。当然,叙事教学在思想政治教育领域的应用,在国外也不鲜见。20世纪80年代中后期,西方叙事教学研究领域最早在美国的儿童品格教育(character education)中出现。品格教育中的叙事教学,又被称为道德叙事教学,即教育者用讲故事的方式促进受教育者的道德成长和个性发展。与科学的实证逻辑不同,道德叙事教学坚持用人类认识世界的经验叙事,也就是体验和诠释方法,激发学生的个体体验和感悟,因为道德叙事教学的实施路径与道德养成教育的本质是相通的。⑦ 道德叙事因其"故事的丰富、理论的隐寓及其与现实生活的紧密相连,使其在思想政治教育中具有情感激发、行为体验、思维启迪等独特价值"⑧,已成为当代学校道德叙事教育的新范式与新趋势,适用于中小学的道德叙事教育,也可被用于高校思政课教学。⑨ 国内在思想政治教育领域探讨叙事教学问题的研究成果也出现在了儿童品格教育领域,郑信军最早探讨了儿童道德建构中的

────────────

① 唐锦琳.延安时期思想政治教育叙事模式研究[D].西安:西北大学,2017.

② 张丽静.毛泽东思想政治教育叙事研究[D].西安:西北大学,2017.

③ 唐良虎,高盛楠.延安时期毛泽东的思想政治教育叙事:场景、载体与现实启示[J].毛泽东思想研究,2022,39(5):76-84.

④ 钟启东.历史唯物主义的思想政治教育叙事[J].北京社会科学,2023(12):18-28.

⑤ 温小平.文本·图像·记忆:思想政治教育叙事转向与社会认同[J].思想教育研究,2017(8):26-30.

⑥ 李维军.语图互文:思想政治教育叙事的二元进阶[J].思想教育研究,2024(4):24-31.

⑦ 丁锦宏.道德叙事:当代学校道德教育方式的一种走向[J].中国教育学刊,2003(11):1-4.

⑧ 潘莉,王翔.道德叙事在思想政治教育中的价值和运用探析[J].学校党建与思想教育,2014(2):10-12.

⑨ 亓光,邵珍珍.思想政治教育学的叙事学论证:演进路径、研究转向与知识境遇[J].思想政治教育研究,2003,39(4):34-40.

叙事功能。① 2016年潘莉、代长彬编著的《高校思想政治理论课叙事教学法研究》是首部关于高校思政课叙事教学的研究著作，著者在绪论中提出，与课堂讲授法、互动教学法、体验教学法等其他教学方法相比，"叙事教学法是一种能够有效融合知、情、意、行的教育方法"②。该著提出高校思政理论课教学法的缘起，主要是出于对教学法实际效能的考量，而并未反思高校思政课教学的话语特征和失语症问题。

学界以"思想政治教育叙事"为核心关键词的首部专著《高校思想政治教育叙事研究》在2019年付梓时，作者的立论就带有浓重的现实考量。"一种价值观要真正发挥作用，必须融入社会生活，让人们在实践中感知它、领悟它。"③作者依照习近平总书记对社会主义核心价值观教育的重要指示，在选题缘由中直陈高校思想政治教育工作的若干"时弊"。比如，人们往往关注"大人物"的教育事例，而忽视大多数普通人身上发生的日常生活故事；越来越多的人心灵空虚、精神贫乏、信仰缺失，一成不变的传统教育模式无法应对多变的精神需求和思想危机；以说教为主、强调理论的彻底性和教育的灌输性的传统教育模式，往往会演变为话语霸权，忽略了学生的主观能动性；教育过程中思想和语言的错位、理论与实践的脱节，学术话语、文件套语压制了生活话语和灵动话语，出现理论悬置和不接地气现象等。"高校思想政治教育对叙事传统呈现出忽视和遗忘的状态，表现为知识化倾向，将生活化的道理变成教条的理论陈述。"④高校思想政治教育"配方"比较陈旧，"工艺"比较粗糙，"包装"不那么时尚，导致亲和力不佳。⑤ 该著研究的对象虽然聚焦高校思想政治教育，但是也关注了高校思政课教学领域，希望通过教育叙事在高校思想政治教育工作中的应用，探索一条行之有效、可操作性

---

① 郑信军.从"听"故事到"说"故事——道德叙事的心理解构和建构[J].课程·教材·教法,2007(9):43-48.

② 潘莉,代长彬.高校思想政治理论课叙事教学法研究[M].合肥:合肥工业大学出版社,2016:1.

③ 习近平.把培育和弘扬社会主义核心价值观作为凝魂聚气强基固本的基础工程[N].人民日报,2014-02-26(01).

④ 王强.高校思想政治教育叙事研究[M].北京:中国社会科学出版社,2019:4.

⑤ 十二届全国人大五次会议举行记者会陈宝生就"教育改革"答记者问[N].中国教育报,2017-03-13(01).

强的高校思想政治教育叙事教学方法。王强虽然没有直接提出"宏大叙事"的反思话题，也未像丁钢那样提出"经验叙述"，或者像蒋红群那样提出"平凡叙事"，但是作者所指出的高校思想政治教育话语体系中的"大人物"叙事、以说教为主的灌输性"话语霸权"、"彻底性"的理论、不接地气的"文件语言""学术语言"就是宏大叙事的主要表征，而"平常的大多数人身上的故事""复杂多变的精神需求""人们多样化的需求""我们的生活故事"等则是"经验叙述"和"平凡叙事"的另一种表述。

第二节　高校思政课教学话语体系内在张力及其缓解路径

思政课教学方法是一种课堂教学法，更是一种意识形态教学法，具有教学法的特殊性。一方面，高校思政课的教学目的、内容设置和社会功能表明其具有塑造社会主流价值观的宏大叙事特征，有别于其他专业课程围绕专业知识、技术和应用展开，其最终目标是建构国家的、集体的、民族的、一体化的宏大叙事话语认同，不是个体的、日常的、琐碎的叙事。另一方面，高校思政课的教学模式、评价方式和课程组织等，有别于其他专业课程的传统授课方式、标准化学术成绩量化和精细化专门化的学科细分，要在互动教学的基础上鼓励学生参与和思考，增强对思想政治理论的理解和应用，以聚焦教学有效性为前提，这就需要对宏大叙事的话语体系保持清醒的认知，将抽象的、悬置的、同质化的理论体系转化为日常的、个体的、多元的叙事话语。这意味着高校思政课教学话语体系的两种特征之间存在二律背反的矛盾，解决这种矛盾可能就是缓解高校思政课"失语症"的药方之一。

一、一体两翼：高校思政课教学话语体系的内在张力

作为国家意识形态教育的核心载体和国家意识形态建设的制度化实践，高校思政课通过政治话语的学理转化与生活嵌入，通过"主渠道""制度

化设计""灌输与启发的辩证统一"等路径实现价值塑造与认知建构的双重教育功能。这就决定了高校思政课在政治性、意识形态引导功能、课程刚性要求、实践育人特征等方面具有特殊性。高校思政课的特殊性，是由高校思想政治教育学科的特殊性决定的。高校思政课程的关键使命在于借助系统化的理论教学，帮助学生构建马克思主义指导下的世界观、人生观与价值观，引导学生树立马克思主义中国化时代化的坚定信仰。"思想政治教育学科发展的特殊性既是思想政治教育以马克思主义理论为指导的学科属性的要求，又体现党的思想政治工作实践的特殊性。"①高校思政课既然是普遍意义上的大学课程，当然可以从纯粹教育学的角度进行教法研究，也可以用探讨人类社会普遍存在的思想政治教育方法和规律来研究。当然，高校思政课也并非一般性的大学课程，其课程体系既涵盖了马克思主义思想政治教育的独特性，也体现了社会主义思想政治教育及中国共产党思想政治教育的鲜明特点。

可以从高校思政课教学体系与其他大学课程的主要区别来凸显前者的特殊性。如果将这种特殊性看作一个整体的话，那么这个整体有两个维度，可称为高校思政课教学话语体系的"两翼"。首先来看第一翼，即宏观理念维度，这一维度包括三个方面的特性。

第一，在政治属性方面，以马克思主义理论体系为指导，通过制度化教学实现主流意识形态的个体内化与社会整合。高校思政课的政治属性体现在其以马克思主义理论体系为唯一指导，通过体制化教学体系设计实现主流意识形态的个体内化。一方面，作为具有鲜明价值传导属性的特殊课程，思政教育区别于传统学科的知识中立特质，其本质职能在于实现政治社会化。课程体系以马克思主义理论架构、中国特色社会主义发展范式及政党政策解析为认知框架，着力构建青年群体对中国特色社会主义发展路径、理论创新、制度优势及文化基因的体系化认同。此类课程兼具知识传授与意识形态传导的双重属性，既是高等教育课程群的有机组成部分，更承担着社会价值共识聚合与主流价值范式传播的关键职能，在国家政治社会化工程

---

① 余双好.改革开放以来思想政治教育学科发展的回溯与展望[J].社会科学辑刊，2024(3):69-75.

中具有价值整合与社会动员的战略地位。另一方面,思政课程通过建制化教育机制形成稳定传导路径。依托统编教材体系、标准化课程框架及量化评估系统,构建意识形态传播的制度保障,有效规避学术场域价值多元化潜在风险。其教育模式突破传统知识传递范式,构建认知-认同-践行的三维培养结构,推动个体在价值认知层面主动接纳主流意识形态,实现价值观的内化重构,借助群体认同机制与社会化实践,促进个体价值取向与社会整体目标的协同整合。这种以马克思主义理论为内核、建制化教育为载体的特殊课程形态,确立了其在高等教育体系中的政治整合功能与实践导向价值。

第二,意识形态引导功能方面,作为国家意识形态教育的核心载体,兼具价值引领与知识传授的双重使命。思政课通过系统化的马克思主义理论教育,帮助学生掌握科学的世界观和方法论,增强对中国特色社会主义的道路自信、理论自信、制度自信、文化自信。不同于一般学科侧重于学术探讨和技能培养,思政课的核心任务是巩固主流意识形态、增强政治认同,通过对马克思主义基本原理、中国特色社会主义理论体系、国家政策方针的系统化讲授,使学生在理论层面理解国家意识形态的合理性与必要性。这种独特的功能使其在高校课程体系中具有不可替代的地位,不仅为学生提供知识传授,而且通过价值塑造和政治认同,为国家培养具有坚定理想信念和高度社会责任感的时代新人。

第三,在课程刚性要求方面,高校思政课教学体系既在课程设置和考核制度上具有全国统一的刚性要求,师资、教材、备课制度、教学资源等也都具有相对严格的规范性和统一性。其一,高校思政课教师队伍建设受到严格管理。思政课教师需具备马克思主义理论相关背景,并经过专门培训,以确保教师政治立场坚定、教学内容准确。教育部《新时代高等学校思想政治理论课教师队伍建设规定》指出:"思政课教师是指承担高等学校思政课教育教学和研究职责的专兼职教师,是高等学校教师队伍中承担开展马克思主义理论教育、用习近平新时代中国特色社会主义思想铸魂育人的中坚力量。"①高校思政课教师不仅需要具备扎实的理论功底,还必须在政治立场、

---

① 　新时代高等学校思想政治理论课教师队伍建设规定[EB/OL]. [2025-02-27]. http://www.moe.gov.cn/srcsite/A02/s5911/moe_621/202002/t20200207_418877.html.

道德修养和职业操守上成为学生的榜样。其二,教材实行统一编审制度。全国高校思政课使用由教育部组织编写、审核通过的指定教材,各高校不得随意更换或修改,以保持课程内容的权威性和一致性。高校思政课内容通常涵盖马克思主义哲学、政治经济学、科学社会主义、道德与法治、习近平新时代中国特色社会主义思想等板块,围绕马克思主义理论、中国特色社会主义理论体系等展开,具有高度的理论性和系统性。其三,备课制度严格规范。教育部关于印发《新时代高校思想政治理论课教学工作基本要求》中对"统一实行集体备课"制度进行了规范化要求。[①] 思政课教师还定期开展教学研讨、参加教学比赛和培训,提升专业能力,确保课程内容紧跟最新理论成果和国家政策,与一般学科教师备课相比,具有更强的统一性和规范性。其四,教学资源的建设和应用也受到严格监管。各类教学平台、在线课程、教学案例均需经过审核,确保传播正确的意识形态和价值观念。这种全方位的规范性和统一性,使高校思政课在教学体系中展现出更强的政治属性和制度刚性,区别于普通专业课程的相对灵活性。

其次来看第二翼。高校思政课教学体系的实践维度也有三个方面的特征。第一,就教学策略而言,思政课教师需要按照政治性和学理性相统一、理论性和实践性相统一等要求,增强思政课的思想性、理论性和亲和力。教师要积极探索现代信息技术在教学中的应用,创新教学方式方法,强调教学互动性、参与性和实践性。采用线上线下混合式教学、实践教学、案例分析等方式,让学生在具体的活动中理解和内化理论,鼓励学生参与和思考,增强对思政理论的理解和应用。第二,就评价方式而言,不同于其他大学课程更加偏重学术成绩,以考试和作业等标准化的方式进行评价,为了全面评估学生的思想政治认识水平和实践应用能力,高校思政课的评价方式不仅包括期末考试,还注重平时表现,课堂参与、思想汇报和反馈等多元化评价方式。第三,就教学话语而言,系统化的理论灌输与生活化的实践转化塑造学生的政治认同。高校思政课注重将理论与生活实践相结合,通过实践转化

---

① 教育部关于印发《新时代高校思想政治理论课教学工作基本要求》的通知[EB/OL].[2025-02-27].http://www.moe.gov.cn/srcsite/A13/moe_772/201804/t20180424_334099.html.

引导学生将主流意识形态内化为个人的价值追求，并外化为自觉行动。思政课不仅局限于课堂上的理论灌输，还强调生活化的实践转化，通过社会调研、红色文化研学、志愿服务等方式，让学生在现实情境中深化对社会主义核心价值观的认同，实现从被动接受到主动践行的转变。这种理论灌输与实践转化的结合，使思政课不仅塑造学生的世界观、人生观、价值观，还通过内化认同来确保国家意识形态的延续和社会稳定。

以上所述高校思政课的两个特殊性维度是一张纸的两面，宏观的理论层面和微观的实操层面互为依托，前者制约后者，后者服务前者。但是在教学实践中，意识形态教育内在张力呈现为这种宏大叙事与微观叙事之间的矛盾。这种矛盾源于思政课既要完成国家和社会赋予的宏大使命，又要适应教育规律和学生个体发展的需求，本质上是整体目标与个体体验之间的张力。这种张力结构可以从以下几个角度进一步梳理。首先，高校思政课教学话语体系存在宏大叙事和微观叙事范式的冲突。政治话语的崇高性建构需要维持理论逻辑的抽象性，通过如人类命运共同体这样的概念体系实现意识形态的超越性。这种话语体系具有时间维度的历史纵深感和空间维度的普遍性诉求。而教育话语的个体性转化要求将理论悬置转化为情境嵌入，当我们用外卖骑手劳动权益案例解析生产关系变革，以饭圈文化治理诠释文化领导权理论时，这种转化必然带来叙事单元的微观化和意义生成的离散化。换言之，高校思政课需要传递统一的、抽象的主流价值观，而教学实践又要求贴近学生个体的实际需求，关注学生多样化的思想状态。高校思政课承担着塑造国家和社会主流价值观的重任，强调集体性、民族性和国家认同，这些宏大叙事往往是同质化、抽象的，旨在建构一体化价值认同的结构体系，其最终目的是通过统一的国家意识形态建构来强化学生对社会主义主流价值观的认同。与此同时，这种宏大叙事是通过课堂对个体实施的教育活动，学生作为独立的个体，有不可取代的生活经验和生存背景，他们的知、情、意、行等状态和个人价值诉求也是多元的。要让宏大的理论体系真正触及大学生个体，必须通过日常生活叙事、个体经验叙事等微观的话语结构让理论生动起来。因此，高校思政课教学不仅仅是传授统一的理论体系或者价值理念，更要引导学生将个人体验与社会、国家的宏大叙事相结合。

其次，高校思政课体系存在结构功能的双重矛盾，即国家意识形态教育的统摄模式与教育主体性觉醒所要求的个体经验整合教学模式之间的矛盾。国家意识形态再生产机制要求思政课必须保持理论体系的完整性、权威性和规范性，通过"自上而下"的认知框架建构集体记忆。这种刚性要求体现为教材体系的同质化、教学目标的统一性。在高校思政课教学进程中，强调统一性的宏大叙事往往要求通过统一的教材、一体化的考评体系和统一性的理论阐释模式来实现。这种同质性、统一性有助于确保国家意识形态教育的安全性和可控性。但是，安全和可控并不等于有效。教育主体性觉醒趋势迫使教学实践必须转向"自下而上"的个体经验整合。00后数字原住民的话语偏好呈现碎片化、圈层化特征，倒逼教学话语向具象化、生活化转型。为了提高教学的有效性，思政课往往通过各种互动性的教学来激发学生的主动性和参与度，这种教学模式必须尊重学生个体的自主理解和自我表达。每个学生参与课程的深度不一，理解的程度不一，自我的表达和阐释也不一，这样就与宏大叙事话语的统一性产生了张力。

最后，价值引导的规训与批判性思维的平衡。高校思政课的核心任务是引导学生树立正确的价值观，强化大学生对社会主义核心价值观和国家主流意识形态的认同，通过马克思主义理论体系的传授，实现对主流意识形态的价值引导和规范化塑造，需要用宏大叙事进行引导、疏解和规训。同时，现代教育注重培养学生的独立品格和批判性思维，而思政课的刚性要求和价值引导功能可能在一定程度上被视为对学术自由的规训，导致部分学生产生抵触心理。尊重并培养学生的独立判断和反思能力，这就要求教师在引导学生树立主流价值观认同的同时，也要切实倾听并兼顾学生个人化叙事和私人表达。因此，维护宏大叙事的统一性与鼓励学生的创新性表达之间存在一定的矛盾。如何在确保思政课发挥意识形态引领功能的同时，引导学生在批判性思维的框架内理解和认同中国特色社会主义道路，是思政课教学面临的重要现实挑战。

二、守正创新：高校思政课叙事教学的原则

高校思政课话语结构"一体两翼"之间的矛盾并非无解，而是可以通过动态的平衡加以处理，其关键在于思政课教师如何处理宏大叙事与微观叙

事之间的关系。宏大叙事和微观叙事不是对立的,而是互相补充的。宏大叙事提供了国家、社会发展的总体框架、脉络、发展理念和指导思想,微观叙事则是链接宏大理论与大学生个体经验的桥梁和"中间物"。通过日常生活叙事、个体叙事和多元叙事,思政课教师可以将理论具象化、具体化、生活化,让大学生感受到宏大叙事和自身生活的密切关联,从而增强他们对宏大叙事和国家主流价值观念的认同。立足于此,我们可以对各种教学方法进行尝试、择取、判定和检验,观察高校思政课叙事教学研究领域相关成果的特色,也可以在此基础上寻找高校思政课叙事教学研究的新路径和可能性。综观当前学界在高校思政课叙事教学法上的研究成果,以下两种倾向需要引起足够关注。

第一种倾向,可称之为"选择性无视",即秉持教学法研究的理路,规避高校思政课的现实困境。例如,专著《高校思想政治理论课叙事教学法研究》将中国传统叙事理论、马克思主义意识形态理论、对话教学理论和叙事心理治疗理论作为高校思想政治理论课叙事教学法的理论基础,切入叙事教学的实施过程和教学策略。此外,《高校思想政治理论课教学叙事艺术》从教学论角度切入高校思政理论课教学,聚焦叙事方法和艺术。[①] 这一类成果从叙事理论出发,就教学法路径而言,已经构成了自给自足的逻辑闭环。这种纯教育学的研究方法,不凸显当前高校思政课教学中所面临的主流意识形态的理论体系与现实教学活动"叙述紧张"的痛点,也不涉及西方后现代主义解构宏大叙事思潮对高校思政课教学带来的现实影响。

第二种倾向,可称之为"矫枉过正",即深受后现代思潮批判宏大叙事的影响,朝着宏大叙事的逆向车道疾驰而去。通过前文对学术史的梳理可见,无论是"教育叙事"的滥觞,"叙事教学"的提出,抑或"思想政治教育叙事"的升温,还是"高校思政课叙事教学"研究的逐步深入,大都肇始于对宏大叙事的反思,这种方法论带有某种"反宏大叙事"的思想倾向。的确,自 20 世纪 70 年代西方后现代主义思想家提出宏大叙事的命题以来,后工业化时代的知识生产模式和合法性备受质疑,这种质疑有着深刻的社会历史背景。利奥塔等后现代思想家在批判宏大叙事多年以后,宏大叙事是否真正被解构,

---

① 　侯玉娟.高校思想政治理论课教学叙事艺术[M].北京:北京教育出版社,2024.

这个问题纷争不断。宏大叙事的反思，对新时代中国高校思政课教学的意义不仅是危机和困境，也有积极的方法论意义，使得学界从后现代的视角审视人类的生存状态和精神困境。这种倾向在许多学者的研究成果中有非常鲜明的印记。除了丁钢在译介教育叙事概念时提出"宏大叙述"和"经验叙述"的张力结构，还有蒋红群从人类的现代性生存困境出发，反思高校思政课教学中一元叙事和权威叙事对学生个体的、偶然的、异质的、多元的和差异叙事的遮蔽。① 王强的《高校思想政治教育叙事研究》把思想政治教育与叙事两大概念范畴相结合，探讨把叙事应用于高校思想政治教育过程的具体路径。② 此外，季海群等学者对高校思政课工具理性话语灌输性、技术性、控制性等特质与失语危机之间关系的探讨。③ 这些建立在强烈的危机意识和问题意识基础上的探讨都是有建设意义的，但如果沿着宏大叙事的"逆向车道"疾驰，继而"一去不返"，那么高校思政课教学叙事探究最终目的并非维护宏大叙事的主流地位，而是彻底走向琐屑的、细小的、个人的叙事模式。这就不仅忽略了学界提出教育叙事及高校思政课叙事教学命题的初衷，更是对高校思想政治教育的目的、功能和内容体系的解构。

鉴于以上两种研究理路存在的隐忧，高校思政课叙事教学研究可尝试遵循以下原则。

第一，前置问题意识。高校思政课教法研究需尊重思政课的特殊性，不能将高校思政课看作普通的大学课程体系，而要特别留意思政课宏大叙事教育的核心使命，关注社会主义主流价值观教育过程中出现的"失语症"问题。随着时代的发展，高校思政课教学的国内思潮和国际形势都在发生巨大转变，思政课授课的话语效能也在发生变化，传统的教学方法出现了思政课话语的悬置化、空洞化和板结化，这些问题是将教育叙事、叙事教学法等范式引入高校思政课教学法研究视阈的逻辑起点。高校思政课教学改革的出发点是实践中遇到了痛点，而不是出现了某一种理论。也就是说，高校思

---

① 蒋红群.论现代性困境下思想政治教育叙事形式的转换[J].思想教育研究,2011(9):26-28.

② 王强.高校思想政治教育叙事研究[M].北京:中国社会科学出版社,2019.

③ 季海群.融媒体时代高校思想政治理论课话语体系的重构[J].江苏高教,2022(7):82-86.

政课面临的时效性问题,以及这些问题背后的原因,是教法研究的初始性、第一性问题,理论体系和方法论都是为了解决教学痛点服务的。问题牵引,聚焦困境,着眼于提高高校思政课教学话语体系的有效性,才是思政课教法探索的皈依。研究者应从高校思政课的失语问题出发,反思高校思政课教学有效性的话语生产机制,提出改进教学话语效能、建构主流话语体系的路径和策略。

第二,守正基础上创新。高校思政课教学方法的创新有多个维度,也有多个可能性路径,但是无论哪种创新、哪种路径,都必须在守正的前提下展开。"对文化建设来说,守正才能不迷失自我、不迷失方向,创新才能把握时代、引领时代。守正,守的是马克思主义在意识形态领域指导地位的根本制度,守的是'两个结合'的根本要求,守的是中国共产党的文化领导权和中华民族的文化主体性。创新,创的是新思路、新话语、新机制、新形式,要在马克思主义指导下真正做到古为今用、洋为中用、辩证取舍、推陈出新,实现传统与现代的有机衔接。"①高校思政课教学的"守正"就是任何时候都要坚定不移地维护教学使命、教学目的和社会功能,坚守塑造大学生社会主义核心价值观和主流价值认同,增强社会责任感和使命感。教学方法、教学评价方式、教学进程的组织模式可以改良,教学内容、目标和社会功能不能变。有些建立在后现代思潮对宏大叙事的批判基础上的改革探索、教学策略和实施进程并未最终返回主流意识形态,这种"创新"有矫枉过正倾向。宏大叙事是支撑当代中国主流意识形态的核心话语,要充分认识宏大叙事建构的重要性和紧迫性。教师在教学过程中应注意将宏大叙事融入学生的日常生活中,通过个体化、生活化的案例帮助学生理解宏大的社会和国家命运与个人命运之间的联系;在讨论过程中,引导他们用马克思主义的视角去分析现实问题,帮助他们在多样化的叙事中找到与宏大叙事的契合点。

第三,凸显一线教师实践。目前,学界对思想政治教育的叙事话语、高校思政课叙事话语的研究中,有很多基础理论研究,即便像聚焦理论研究的《思想政治教育叙事话语研究》也在强调一线教育实践的重要性。在这部主要从道德叙事出发、思考当代中国的意识形态话语体系的专著中,作者指

---

① 习近平.在文化传承发展座谈会上的讲话[M].北京:人民出版社,2023:11.

出,思想政治教育要实现主流意识形态的有效传播,必须打破理论演绎的局限性,注重实践性,通过运用思想政治教育叙事的话语策略和资源,解决时代所提出的实际问题,在进一步把握思想政治教育叙事的话语策略、话语接受和资源运用中回应与解决时代对思想政治教育工作者提出的问题。① 高校思政课教学不仅要传授理论,还要培养学生运用这些理论分析现实、解决实际问题的能力。通过案例分析、社会实践等方式,把抽象的理论变得"可操作",更贴近学生的日常生活。教育部启动实施高校思想政治理论课教学方法改革项目"择优推广计划"指出,要激发思政课教师的积极性、主动性和创造性。② 中共中央宣传部、教育部关于印发《新时代学校思想政治理论课改革创新实施方案》的通知要求广大一线思政课教师创新教学方法,推动思政课在改进中加强、在创新中提高。③ 广大高校思政课一线教师应努力激活思政课教学方法,总结教学实践经验,为新时期加强和改进思想政治教育工作的实际效能提供第一手的素材、思路和方案。

三、微观叙事:高校思政课叙事教学的可能路径

如前所述,国内教育界引入"教育叙事"和"叙事教学"理论,思想政治教育研究领域"思想政治教育叙事"和"高校思政课叙事教学"研究的升温,与西方后现代主义思潮、尤其是宏大叙事批判思潮的涌入有密切的关联。借鉴后现代主义的方法论来观察高校思政课教学存在的问题,且在此基础上力求改进教学效能,并不是要用后现代主义思潮来解构当前的思政教育体系,更不是要将后现代主义作为高校思政课教学改革的指导思想,而是借用后现代主义对现代性的解构和反思的思维方式,来反思当前的高校思政教育体系,找到维护和巩固主流意识形态的更为有效的思政教育方式。后现

---

① 马忠.思想政治教育叙事话语研究[M].北京:人民出版社,2021:14.

② 教育部社科司关于印发《高校思想政治理论课教学方法改革项目"择优推广计划"实施方案》的通知[EB/OL].[2025-02-27].http://www.moe.gov.cn/s78/A13/tongzhi/201309/t20130925_157852.html.

③ 中共中央宣传部 教育部关于印发《新时代学校思想政治理论课改革创新实施方案》的通知[EB/OL].[2025-02-27].https://www.moe.gov.cn/srcsite/A26/jcj_kcjcgh/202012/t20201231_508361.html.

代主义思潮对高校思政课教学改革的方法论意义,并不意味着后现代思想家的理论具有真理性的价值,而是由当前高校思政课教学话语体系的特征所赋予的。如前所述,当前高校思政课教学话语体系存在的"失语的现实困境"①,正是由教学话语板结固化造成的。反思高校思政课的"失语症",可以从利奥塔宏大叙事的反思逻辑中寻找到可资借鉴的方法论,尝试解决当前思政教育领域以"历史虚无主义"为代表的"无本质""无根基""无中心""无整体""无历史"倾向。

　　这里必须指出的是,一种教育策略受到后现代思想的启发,并不能说这种策略就是后现代的,就是和主流意识形态相对立的。"微观叙事"概念的提出的确有应对后现代思潮造成的宏大叙事解构风险之目的,并且借鉴了利奥塔解构逻辑的反向路径,但"微观叙事"的内涵不属于后现代主义范畴。总体而言,叙事有三种含义:故事、讲故事的艺术、价值观的宣传方式。第一种是最基础的名词含义,第二种是文学专有名词,第三种是最深层的本质内涵,即特定价值观的传递方式。叙事是高校思想政治教育的内核,呈现或理解能够反映和宣传特定观点、特殊价值理念的情形或方式。后现代主义思潮并未给宏大叙事解构之后的叙事命名为任何叙事形态,在解构宏大叙事之后,并未提出任何解决问题的方案,解构本身就是目的。实际上,后现代主义反对宏大叙事,反对叙事,反对一切通过叙事来传递整体价值观念的做法。利奥塔在反思"宏大叙事"时指出,历史是"千千万万微不足道的和郑重其事的故事",提倡"小叙事"(petits récits)。②"宏大叙事"的定义来自后现代主义,而"微观叙事"却不由后现代主义定义,历史学、文学和哲学都有自己的"微观叙事"概念,不能用后现代主义的"反现代性"来阐释"微观"。利奥塔所说的"小叙事"和"微观叙事"却并不相同。

　　首先,从概念内涵来看,利奥塔的小叙事是边缘化、碎片化、离散化的叙事,"后现代学者只能适应并认可知识的非合法化状态,并依靠大量边缘性、局部性'小型叙事'去机动地发明新规则,倡举并发展争异而非同一性,在此

---

　　①　季海群.融媒体时代高校思想政治理论课话语体系的重构[J].江苏高教,2022(7):82-86.

　　②　LYOTARD F. Instructions Paiennes[M].Paris:Galilee,1977:39.

基础上确立一种利奥塔称作'谬误推理'(paralogie)的后现代合法方式"①。本论题的"宏大叙事"特指高校思政课教学体系中不同于传统民族国家现代性教育方式的日常性、个体性、多元性叙事,分别对应传统思政课教学体系的抽象性、群体性、宏大性的话语方式,和利奥塔意义上的边缘化、碎片化、离散化叙事的内涵并不相同。

其次,从概念的思维方式来看,利奥塔的"小叙事"是解构主义,"微观叙事"是建构主义。"'解构'思维从一开始就是向统一性和确定性下手的,其取径是用各种意义上的相对性消解确定性;用差异性消解统一性;用主观性消解客观性;用底层消解上层;用边缘消解中心;用文本性消解真实性;用艺术性消解科学性。"②利奥塔提出"小叙事"是为了达到相对性、差异性、主观性、底层、边缘的目的,而高校教育叙事学视阈下的"微观叙事"则为了维护、拱卫和建构主流的、中心的、核心的、本质的社会主义宏大叙事服务。

高校思政课话语体系的内在张力结构,是任何一种教学方法都必须要直面的现实。高校思政课教学方法的选择和实施,既要考虑到课程本质特征的宏大叙事话语特征,为新时代社会主义主流价值观服务,又要兼顾到一种悬置抽象的话语体系如何在教学实践中得以切实铺展和真正落地。高校思政课教师既不能以课程宏大叙事的话语形态而忽略大学生的个体能动性,又不能单纯为了追求思政课堂形式的活泼、氛围的活跃、学生参与的踊跃而把课堂变成师生脱口秀,却忽略了课堂宏大叙事话语和塑造主流价值观使命。这种"既要又要""既不能又不能",像是高空走钢丝,的确是高校思政课教师"不能承受之重"。高校思政课教学话语体系中存在的二律背反恰恰构成了思政课改革的内在动力。但是,宏大叙事特征与个体化、日常化教学方法之间的关系,并非简单的二律背反,而是目标与手段的矛盾统一。在教学中保持对宏大叙事的清醒认知,结合日常生活叙事的温度、个体叙事的灵活度和多元叙事的渗透度,可以最大限度支撑思政课教学话语的信度和效度。

---

① 赵一凡.利奥塔与后现代主义论争[J].读书,1990(6):54-63.
② 赵轶峰.明清史宏观研究的问题意识[J].社会科学战线,2022(7):98-107,282.

第三节　高校思政课的微观叙事话语转换[①]

思政课程作为意识形态传导的核心场域,在高等教育课程生态中占据枢纽地位。党的十八大以来,党中央、国务院及各级党政宣传部门一直高度重视高校思政理论课教学改革问题。[②] 习近平总书记指出:"思想政治理论课要坚持在改进中加强,提升思想政治教育亲和力和针对性,满足学生成长发展需求和期待。"[③]数字化浪潮驱动下,社会运行机制正经历智能化重构,产业融合、学科互渗与微观权力弥散趋向愈加明显。哲学社会科学领域呈现宏大叙事理论范式的统摄性地位弱化与微观阐释范式勃兴的认知转向。在此语境下,思政课教学体系需实施范式调适,在保持传统宏大叙事框架基础上建构微观叙事新范式。虽然已有研究者从宏大叙事和微观心理融合的角度探讨思政教育的有效性问题,[④]但关于思想政治教育微观叙事问题的研究尚处于起步阶段。

一、从宏大到微观:高校思政课需要直面的现实

微观叙事范式源于知识谱系的结构性变革。信息化进程重构了文化整合机制,消解了工业社会的专业壁垒与学科边界,推动了跨领域要素重组与界面融合。在此过程中,传统权威体系在物质生产与精神生产领域同步弱化。社会结构呈现去中心化与边界消融特征,文化价值领域形成多元共生

---

① 收入本书时有修订。桑华月. 高校思政理论课"微观叙事"话语转换研究[J]. 浙江理工大学学报(社会科学版),2017,38(3):280-284.

② 2016 年 12 月 8 日,习近平在全国高校思想政治工作会议上发表重要讲话。中组部、中宣部、教育部联合研究制定《关于加强和改进新形势下高校思想政治工作的意见》,落实党中央对加强高校思想政治工作作出的一系列重大部署。随后,各级地方政府召开了高校思想政治专题工作会议,部署该项工作。

③ 习近平在全国高校思想政治工作会议上强调:把思想政治工作贯穿教育教学全过程 开创我国高等教育事业发展新局面[N]. 人民日报,2016-12-09(01).

④ 马语莲. 宏大叙事与微观心理融合视阈下高校思政课实效性提升路径研究[J]. 佳木斯职业学院学报,2015(10):108-109.

格局。新媒体赋权重塑教育主客体关系,唯有形成广泛个体认同的价值共识方能在全球化语境中获得传播效能。这要求意识形态教育创新传导机制,传统教学模式亟须建构与信息时代适配的话语竞争策略。新媒体平台与即时通信技术让精神文化成果的创造、传播和消费空前普及化和平民化,"导致了政治的非神秘化和公开化,导致了哲学精神活动领域的非神圣化"①。与此相适应,当代文化权力领导权控制和我国思想政治教育的关键策略,也要在传统的宏观管控基础上凸显微观叙事方法论。

20世纪下半叶以降,伴随后现代思潮对历史哲学领域总体性阐释范式的解构和质疑,新兴民族国家的认同建构呈现大历史框架与微观叙事并置的局面,宏观社会发展理论和微观社会发展现实之间也存在话语冲突。② 利奥塔把一个时代某些占据主导地位的叙事,称之为"宏大叙事",并对此持怀疑态度,认为"科学""思辨理性"和"人性解放"的现代性宏大叙事,压抑了"小叙事"。"人的历史不过是千千万万微不足道的和郑重其事的故事的堆积,时而其中的某些被吸引在一起构成宏大叙事。"③利奥塔提出宏大叙事概念,并不是着眼于叙事学的考量,而是用其描述一种知识合法性。"微观叙事"看似是和"宏大叙事"相对立的概念,实际上却是叙事学专业术语。虽然也有人将利奥塔的"小叙事"翻译为"微观叙事",且此概念在叙事学、文学和文化领域的使用情境的确与后现代哲学思潮有一定的关联,但微观叙事并不是一个后现代主义概念。这是因为,利奥塔等后现代思想家的目的是对宏大叙事进行彻底的解构,却从未提出一个和宏大叙事相对立,或者能取代宏大叙事的微观叙事概念。微观叙事是一种建立在叙事学基础上的概念,是一种与科学并列,用演绎和经验观察及认识世界的方式,即面对某一整体事物,先从微观的、底层的部分着手,选择与传统思维定势相反的思考向度,采用从边缘到核心、从部分到整体的方法论。

胡塞尔现象学揭示,破解总体性认识论困境需摒弃传统超验性思维。

---

① 衣俊卿.历史唯物主义与当代社会历史现实[J].中国社会科学,2011(3):40-51.

② 王加丰.从西方宏大叙事变迁看当代宏大叙事走向[J].世界历史,2013(1):4-14,157.

③ LYOTARD F. Instructions Paiennes[M]. Paris:Galilee,1977:39.

首先,去把握它所能达及的认识问题的相对而言最简单的形式。后现代哲学思潮的生成逻辑与当代社会治理范式转型存在结构性耦合关系。思政课程体系经长期意识形态话语建构,已形成宏大叙事与微观叙事模态重组的局面。当前主流话语遭遇的解构性冲击,本质上是经济全球化、产业智能化与媒介技术革命引发的物质和精神双重场域裂变的必然产物,这构成了高校思政课教学必须回应的话语权挑战。

进入21世纪以来,哲学、历史学的微观叙事转向已经成为一种普遍而显著的趋势。这种趋势在20世纪西方历史学传统中就已经初见端倪。秉持"大历史观"的黄仁宇,其诸如《万历十五年》这样的史学研究聚焦的对象,已从精英的、英雄的历史,转向地方社会、小人物和老百姓的日常生活,从大时代里发掘小细节,从帝王将相、文人才子的宏大历史中凸显普通人,从国家的、制度的、宏观的、整体的、中央集权的大历史转向边缘和底层叙事,这种叙事方式在读者群中引起越来越多的共情和共鸣。史学领域的史料拓展和历史重构悄然发生,小人物的正名、底层个体日常生活的还原成为历史研究的新热点。古代官方审定和出版的传统权威文献以外的历史素材被重新发掘、整理和研究,重新评估原来不受重视的个人化和个性化的笔记、书信、日记、墓志、碑刻、谱牒、方志、券契、文书的价值,相关研究方兴未艾。曾经被视为不具有确定性史料价值的图像、建筑、仪式、节日、考古发现和日常生活研究在当代中国的历史学领域蔚然成风。那些曾经被宏大历史叙事遮蔽的微不足道的小人物的历史,一个微观叙事的凸显或者辩护,被放在一个大时代的历史背景中,就显示出一定的价值和意义。

研究大时代、大历史、大问题视阈下的边缘人、普通人的生存与哀乐,用微观叙事建构宏大叙事,成为当下中国史学界的新热点。新世纪以来给中国历史学研究带来新的活力的研究成果中,就包括大量微观叙事作品。《中国新闻周刊》2023年年度学者、北京大学魏晋南北朝史和北方民族史的历史学家罗新教授就是其中的代表性学者。从《新出魏晋南北朝墓志疏证》《历史的高原游牧》《黑毡上的北魏皇帝》到《从大都到上都:在古道上重新发现中国》《有所不为的反叛者:批判、怀疑与想象力》《漫长的余生:一个北魏宫女和她的时代》,诸如此系列研究在当代中国史学界引发了强烈的反响。《漫长的余生:一个北魏宫女和她的时代》以独特的史学视角重构了北魏宫廷的微观记忆。通过解析宫女王钟儿墓志与传世典籍的互文关系,作品编织出跨越三朝的命运长卷,将个体生命经验与王朝嬗变有机熔铸。作者以延兴至武泰年间的政治变迁为经,以掖庭宫人的生存图景为纬,在宫人近八十载的时间跨度中,开创了别具一格的历史叙事范式。有别于传统史传的庙堂视角,该作通过宫女群体这个特殊历史介质,破除了权力中心主义的叙事窠臼。在呈现献文帝禅位疑云、孝文帝汉化改革、宣武灵太后摄政等重大事件时,始终保持着对历史褶皱中微弱声线的倾听。这种"微观史学"的实践,不仅颠覆了以帝王将相为主轴的史观架构,更揭示了制度齿轮下个体生命的能动性:看似被动的宫掖群体,实则通过生育抚养、信息传递等隐秘方式参与着帝国机器的运作。

从政治哲学视角看,传统历史哲学都是以国家权力运作、政治制度安排密切相关的政治理念为主导的宏大叙事为主线,社会生活的日常层面、个体诉求和多元微观权力被视为微不足道的附属物。而实际上,从古希腊哲学开始,人类历史上就存在理论哲学和实践哲学两种范式,前者是思辨的、普遍的理论哲学范式,后者是关注生命价值和意义的实践哲学范式。政治哲学本应属于实践哲学范式,却在传统哲学强大的话语权裹挟下,成为理论哲学的附庸,逐渐放弃了展示人类社会生活世界丰富内涵的本职使命。到了后现代主义思潮出现以后,众多思想家强调宏观政治哲学对微观政治权力结构的忽视而产生的重大局限,将此指认为现代性的危机表征。此后,西方马克思主义阵营开始考察微观政治哲学实践范式和多元历史观。

马克思主义从宏观角度探讨人类社会的演变,但是拒斥哲学的体系化、普遍化特征,把现实生活生产作为历史发展的基础,反对脱离日常生活的历史观。"历史总是遵照在它之外的某种尺度来编写的;现实的生活生产被看成是某种非历史的东西,而历史的东西则被看成是某种脱离日常生活的东西,某种处于世界之外和超乎世界之上的东西。"①马克思主义认为人的本质

---

① 中共中央马克思恩格斯列宁斯大林著作编译局.马克思恩格斯选集:第 1 卷 [M].2 版.北京:人民出版社,1995:93.

"是一切社会关系的总和"①,但同时又从劳动、生产、交换、工资、地租、利润、价格、市场等具体要素去研究社会生活的运行规律,用具体的方法和微观的视角去阐释抽象,"具体之所以具体,因为它是许多规定的综合,因而是多样性的统一"②。马克思主义具体化的方法论是微观政治哲学确立的重要依据:"我们生活在一个由于理性的危机而重新审视日常生活的意义和价值的时代,生活在社会结构、社会分层、社会机制日益多元差异,非中心化的微观政治权力和文化权力结构日益发展凸显的时代,自觉地开辟微观政治哲学的领地,显然是对马克思实践哲学的新发展。"③马克思主义的实践哲学,就是具体化的微观政治哲学和宏大叙事视阈相结合的社会历史观。

微观政治哲学的范式转型对哲学回归人类的日常生活世界具有重要的意义和价值。哲学社会科学的日常生活批判只有回到具体的历史时空和生活场景中才能发挥效能,反之,也只有在具体的时空维度、充满个体温度和生活气息的日常世界演绎出的生存经验中,才能诞生真正的日常生活批判范式和实践政治哲学。同时,民主、自由、法治、平等、正义、权利等抽象、悬置和宏观的政治理念,只有在日常生活的微观层面转化为个体认同和生活经验,才能避免沦为空洞的口号或泛化的宏大叙事。微观政治哲学首先解构了广为流传的宏大叙事框架,转而将政治置于人类社会历史的多元背景下加以考察,形成了多角度、多层次的社会历史理论体系。其次,在分析政治现象与实体时,尤为关注边缘化、微观化、形态多样及多元差异的权力运作方式,推动了微观与宏观视角的融合。进而,微观政治哲学通过探究多样化的微观权力机制,深入日常生活肌理,揭示政治与文化的紧密关联,从而在一定程度上呈现生活世界回归的文化哲学取向。"建立微观视阈同宏观视阈相结合的社会历史理论对于我们根据变化了的历史条件而发展马克思主义的社会历史理论,对于坚持用马克思的方法论指导我们的理论创

---

① 中共中央马克思恩格斯列宁斯大林著作编译局.马克思恩格斯选集:第1卷[M].2版.北京:人民出版社,1995:56.

② 中共中央马克思恩格斯列宁斯大林著作编译局.马克思恩格斯选集:第2卷[M].2版.北京:人民出版社,1995:18.

③ 衣俊卿.论微观政治哲学的研究范式[J].中国社会科学,2006(6):23-28,202-203.

新,都具有重要的意义。"①这是提出用微观叙事建构宏大叙事,实现微观叙事和宏大叙事互相支撑的高校思政课教学话语体系的立论依据。

二、非"零和游戏":宏大叙事和微观叙事的辩证关系

当前高校思政课教学话语中宏大叙事和微观叙事并存的现实,进一步促使我们思考宏大叙事和微观叙事关系。后现代思想家对宏大叙事的解构路径,给我们提供了跳出微观叙事与宏大叙事非此即彼、二元对立思维的可能路径。正如历史学者所说的那样:"历史学研究人类以往之事,往事有巨有细,都是人类经验,都与现实关联,都可启发今人思考。史家研究或者书写之上品,皆于宏微之际印证参酌,以成通识别裁,并无必取其一之理。近人有将'宏大'与'微观'做接近对立观说法者,大多言过其实。"②只有先摒弃宏大叙事和微观叙事相对立的思维,才能深入探讨二者之间的辩证关系。

利奥塔认为,在后工业时代支撑现代性的宏大叙事失去了逻辑合法性,变得不可信赖,而且没落了,取而代之的是"小叙事","依靠大叙事的做法被排除了,因此我们在寻找后现代科学话语的有效性时不能依靠精神辩证法,甚至也不能依靠人类解放。但我们刚才看到,'小叙事'依然是富有想象力的发明创造特别喜欢采用的形式"。③虽然利奥塔"宏大叙事没落"的判断值得商榷,但是他提出的"小叙事"对高校思政课教学来说,并非毫无意义。从利奥塔的视角而言,和宏大叙事的超越性、世界性的行为目的相比,小叙事更关注日常经验世界的行为方式。"'后现代'蕴涵的乃是无超越层面、无宏大目的的、具体的、实用性的知识,因而'细小的叙事'将会取代'宏大的叙事'。"④利奥塔强调后现代主义的非本质化和多元化,却使用了极其本质化和二元性的思维模式:大与小。"宏大"和"细小"的对立概念,恰恰展现了利

---

① 衣俊卿.论微观政治哲学的研究范式[J].中国社会科学,2006(6):23-28,202-203.

② 赵轶峰.明清史宏观研究的问题意识[J].社会科学战线,2022(7):98-107,282.

③ [法]让-弗朗索瓦·利奥塔.后现代状态:关于知识的报告[M].车槿山,译.南京:南京大学出版社,2011:213.

④ 俞吾金."宏大的叙事"会消失吗?[N].中国社会科学报,2010-04-27(06).

奥塔"后现代"标签下的"现代性"逻辑。因为"大"与"小"本来就是相对的概念，没有大，就没有小，反之也成立。如果宏大叙事崩塌了，那么所有的叙事都是"细小"的，所谓的"小叙事"也就不存在。

相对于主流的宏大叙事而言，日常的、个体的、多元的微观叙事，并不是利奥塔所倡导的异质的、边缘的、地方的"小叙事"。微观叙事建构宏大叙事，"小叙事"解构宏大叙事。当然，微观叙事和利奥塔所说的"小叙事"都是相对宏大叙事而言的，两者虽然有一定的内涵差异，不是宏大叙事解构之后的对立面，但是所指向的逻辑是一致的。宏大叙事赋予微观叙事意义，反过来，微观叙事也赋予宏大叙事意义。"任何叙事都是纷争和共识的一个不断统一和分裂的过程。"[①]宏大叙事和微观叙事都是相对的，宏大叙事和微观叙事之间可以互相转换。没有绝对的一成不变的宏大叙事，也不存在绝对的一成不变的微观叙事。在一定的条件下，曾经的宏大叙事会随着历史和时代的变化而成为微观叙事，而曾经不是历史主流的微观叙事，在一定的历史条件下会演变成为宏大叙事。微观叙事也是一种叙事，微观叙事不反对宏大叙事，仅仅是宏大叙事的微观存在状态，是宏大叙事的有机组成部分。所以，宏大叙事和微观叙事也是一对相辅相成、互为依存的概念。

微观建构的方法论创新为思政课教学改革提供认知框架重构路径。我们可以这样观察宏大叙事和微观叙事这两种阐释范式的特质差异：宏大叙事依托超验性逻辑，通过语境抽离构建线性历史目的论，其阐释框架具有价值统摄性、系统整合性与历史必然性表征，常以国家现代化进程为总体性视阈，弱化个体经验在场性。微观叙事则采取个体化经验聚焦策略，通过对历史肌理中离散元素的叙事拼图，揭示社会变革的复调图景，在弥合宏大叙事阐释裂隙的同时，实现从个体生命史到文明演进史的意义勾连。

在现象层面，主流意识形态话语与亚文化群体存在价值张力，微观叙事的确对传统权威阐释模式构成解构效应，呈现对既有话语秩序的挑战姿态。但实质上，二者构成意识形态再生产的辩证共生关系。缺失微观叙事对群

---

① 安昊楠.资本、叙事与现代性：马克思与利奥塔的思想对话[J].马克思主义哲学论丛,2020(2):94-105.

体经验的价值反馈与意义调适,宏大叙事易陷入理论悬浮状态,丧失对社会实践的阐释效能。历史经验表明,单一化的元话语垄断易导致意识形态传导机制僵化,而微观叙事通过具象解码与个性化转译,既能增强主流话语的实践适配性,也能通过批判性质询推动话语体系迭代更新。特定阶级的文化领导权必须建立动态调适机制,微观场域的多元话语共振恰为主流意识形态提供自我革新的认知平台,通过持续的话语协商保持对社会议题的定义权和设置权。可以预见,我国思政教育体系将在相当长时期内维系两种叙事形态的张力平衡,其互构机制的有效性将成为评估意识形态传导效能的核心观测维度。

以社会主义核心价值观为例,其理论建构具有系统性整合特征,同时蕴含着多层级阐释空间。首先,该体系的叙事逻辑遵循梯度化展开路径:国家维度(富强、民主、文明、和谐)确立文明发展坐标,社会维度(自由、平等、公正、法治)构建秩序规范框架,公民维度(爱国、敬业、诚信、友善)锚定个体实践准则,形成从宏观架构到中观规范再到微观实践的完整链条。其次,该体系的十二项价值要素均具备独立阐释空间,每个概念既是对人类共同价值的凝练,又可进行个性化转译与具象化延伸。这种结构特征赋予其独特的微观叙事机制:其一,叙事单元具象化,通过具体生活场景实现价值解码;其二,价值解码精准适配,形成国家愿景、社会规范与个体准则的层级映射;其三,实践路径主体化,将意识形态内化为日常行为自觉。这种认同建构需突破单向灌输模式,形成双向机制,既需要制度化的价值引领,更依赖个体在生活实践中完成价值再生产,最终实现集体精神图谱与个体生命意义的深度融合。

提升社会主义核心价值观教学实效性,需在理论体系建构基础上实施生活化议题重构,建立大学生认知图式与价值体系的实践联结。这涉及系统性符码转译工程,包括教育主体从理论阐释者转向价值引导者的角色调适、教学内容将宏观命题转化为可触达的认知单元的精细化处理、教学对象从群体覆盖转向个体赋能的主体性激活及理论载体实现抽象概念向生活情境符号转化的具象迁移。中共中央办公厅、国务院办公厅印发的《关于进一步加强和改进新形势下高校宣传思想工作的意见》,强化了高等教育机构作为价值传导枢纽的战略定位,为话语体系创新提供了政策指引。当前思政课改革虽在亲和力提升方面取得阶段性成果,但依然面临代际认知鸿沟与传播效能衰减的深层挑战,教学话语体系创新已成为范式转型的核心命题。在此背景下,微观叙事作为认知界面重构策略,或将成为破解意识形态教育"最后一公里"难题的关键路径。

三、直面隐忧:高校思政课教学的话语转型

思政课话语体系的微观叙事转向属于方法论创新而非价值目标重构,其本质是通过教育策略调适实现意识形态传导效能提升。这种转型采取非否定性调适路径,既保持对主流价值体系结构完整性的遵循,又创造性吸收后现代思维的批判性张力。教育者需秉持理论自觉,将教材体系的超验性逻辑转化为具象化的认知界面,通过生活世界嵌入与异质性经验统合,完成马克思主义理论从抽象范式到实践智慧的符号转译,最终实现意识形态话语的认知适配与传播增效。具体说来,从以下三方面入手。

第一,建构日常性叙事模式,实现理论认知的具象渗透。该模式聚焦生活世界的微观经验,通过具象化叙事单元揭示社会变革的宏观逻辑,为提升意识形态话语的认知浸润效能提供方法论启示。思想政治理论"既是知识体系,又是价值观念;既是一门学科,又是意识形态"[①],兼具知识架构与价值传导的双重属性,既是学科建制又是意识形态实践载体,其本质功能在于通过价值浸润机制完成主体品格形塑与信仰体系建构。如同盐分的代谢需依托食物载体,人体需要盐分,但不能光吃盐,价值传导亦需嵌入生活实践场域方能实现有效内化。思政教育效能的实现,有赖于将课堂教学的理论架构延展至学生日常生活的实践界面。教育者若忽视大学生生活世界的经验,缺乏对师生日常行为模式的解构性反思,将导致价值传导机制与时代语境的认知错位,进而引发教育实效性的代际衰减。过度依赖超验性宏大叙事易造成课堂教学与生活实践的认知裂隙,致使学生难以在理论框架与现实经验间建立意义联结。

当前高校思政工作体系对大学生生活世界的认知建构尚存局限,日常

———————

① 刘川生.切实加强和改进高校思想政治理论课[N].光明日报,2015-02-14(03).

生活场域在青年价值形塑中的实践效能仍未充分激活。思政课教学仍以课堂空间为主导范式,在教学设计向生活实践的延伸维度缺乏系统化的实践延伸机制。虽然思政教育体系在目标设定、内容架构层面保持统摄性框架,但是实施层级需实现具象化调适,整体下移教育活动的视角和重心,推动教育视角从宏大叙事向日常教育生态的微观叙事迁移。包括人际交往、消费实践、学习规划与休闲活动在内的大学生日常实践,是社会关系的具象化表征,虽呈现个体离散性、事件偶发性与行为非理性等特征,却构成人类生存论意义上的存在基底,既是社会关系的微观镜像,也是历史叙事在当代的共时性展演,承载着个体的知识结构、文化习惯与价值取向。相较于社会群体,高校场域内学生生活实践具有更强的周期律动与规范特质,其未来社会服务所需的核心价值正是在此场域中完成预演与建构。这要求教师在课程设计中建立教学模块与生活经验的认知联结,通过热点议题导入实现理论阐释的生活化转码,将教材体系的抽象逻辑转化为可感知的经验叙事,最终达成理论认知向价值自觉的实践转化。

第二,建构个体性叙事模式,实现从群体覆盖到精准传导的效能提升。微观叙事采取主体间性视角,区别于传统宏大叙事的全景式俯瞰,强调在具体情境中激活个体主体性。当前思政课教学仍存留规训性话语惯性,侧重通过集体规范约束个体行为,这种传导模式与社会主义核心价值观培育的内在机理存在张力。新媒体时代信息传播呈现超域化、瞬时化与圈层化特征,大学生认知场域已从传统媒体迁移至移动终端、自媒体平台及沉浸式媒介构成的数字生态。宏观审视新媒体场域可以发现价值离散特征愈发明显,微观聚焦信息接收主体则能看到越来越突出的个性特征。这要求思政课教学重构话语竞争策略,从说教式灌输转向培育式引导,其过程需从粗放式灌溉转向精准滴灌。鉴于学生群体的地域文化差异、代际特征分化及就业竞争压力与信息甄别困境造成的社会化焦虑,传统大班授课模式易陷入内容同质化与情感疏离化困局,难以回应个体化认知需求。教育者需深度把握青年生存境遇,通过兼具思想导师、心理顾问与职业规划师等复合型角色身份的重构,创新教学时空结构,构建即时通讯社群平台,实现课堂讲授与在线辅导的有机衔接,推行大班授课加小组研讨的混合模式,建立教学内容与生活经验的动态关联,实时回应社会热点议题,运用新媒体技术构建师生交互矩阵,通过认知共鸣增强价值传导效能。具备条件的教师应着力打造个人 IP 传播界面,在青年亚文化场域建构主流话语的柔性渗透路径。

第三,建构多模态叙事框架,实施从宏大议题到层级化解构的话语转型。传统教学路径存在理论循环阐释的效能衰减困境,而微观叙事的实践价值在于通过微观议题的认知聚合实现价值体系。从历史维度观察,新中国成立初期思政教育的意识形态传导机制呈现高度政治化特征,以阶级话语覆盖日常生活经验;改革开放后伴随方法论革新,历史情境的微观经验开始纳入课程体系,但民族国家叙事范式仍保持统摄地位。当前症结在于教学内容过度依赖元叙事框架,部分教师对青年主体生存境遇的关注缺位,构成思政课实效性弱化的结构性成因。这种深层矛盾在于革命叙事的崇高性特质与消费主义思潮、青年亚文化形态形成价值传导的认知裂隙,部分教育者未能实现话语体系的代际适配,导致理论阐释陷入机械移植困境,造成学生对课程产生认知疏离。思想政治理论课是大学生思想政治教育的主渠道,要充分考虑学生的接受习惯,“注重案例分析、互动交流,对准现实问题,着力解疑释惑,增强思想政治理论课的实际效果”[1]。因此,我们可以在教学中尝试推动民族国家叙事向生活化叙事转码,通过价值要素的精细分解实现与现有课程体系的有机融合,最终形成宏观架构与微观阐释的价值共振机制。

高校思政课教育体系呈现宏观架构与微观阐释的融合机制,其有效性源于二者辩证统一的传导系统。当前中国社会运行机制与社会科学思维转型进程中,微观叙事方式日益显现其认知适配价值,这要求思政教育工作者必须直面代际认知模式的迭代更新。在坚守传统宏大叙事范式的基础上,建构生活化、主体化、多元化三位一体的微观叙事传导路径,通过微观叙事解码国家命题、借助个体经验激活共同体认同、依托生活实践实现理论转译,从而达成意识形态内化与外化的认知闭环,有效提升意识形态传导效能。社会管理范式的深度变革与新媒体赋权效应,正在重构青年群体的认

---

① 刘云山.认真落实责任,积极改进创新,切实做好高校党的建设和思想政治工作[N].中国教育报,2015-03-29(01).

知界面与生活图景，导致思政课教学体系面临传导环境与主体结构的双重转型。教育者需将微观叙事策略创造性融入既有课程体系，形成故事解码、经验重构、理论具象的认知转化机制，在保持马克思主义理论整体性和宏大叙事主体性的前提下，实现主流价值话语的圈层化渗透与代际化转译，最终构建起具有时代适应性的意识形态传导新模式。

第二章　宏大叙事批判对高校思政课教学的启示

后现代主义思潮对一元的、总体的、宏观的、普遍的知识体系合法性的质疑，与新世纪以来高校思政课话语机制逐渐凸显出来的僵化、同质、悬置弊端显示出同样的逻辑理路。高校思政课教学体系的话语方式特征，的确呈现主流、抽象、宏观、普遍性的宏大叙事特征。那么，宏大叙事是不是造成高校思政课话语危机的主要原因，高校思政课教学内容要不要淡化宏大叙事色彩，后现代思潮之后宏大叙事是否真的被解构了，新时期高校思政课话语体系的真正挑战在何处。对这一系列问题的回答，既是高校思政课微观叙事教学这一论题的出发点，也是落脚点。利奥塔对宏大叙事的解构、后现代主义思潮对马克思主义的批判，既对高校思政课教学的育人氛围产生消极影响，也同时为思政课教学话语的改革和转型提供了方法论启迪。

第一节　宏大叙事的内涵和功能

当前，教育叙事或者叙事教学在各学科课程体系中的实际应用研究已经全面铺开，在化学①、物理学②、生物学③、医学④、心理学⑤等各个教学领域，都有相关研究成果。与高校思政课叙事教学研究相比，这些教学领域的研究几乎不用考虑后现代思潮，尤其是宏大叙事批判思潮对叙事策略的影响。宏大叙事成为高校思政课叙事话语研究无法回避的话题，是由宏大叙事与高校思政课话语体系之间紧密的逻辑关系决定的。从某种意义上说，高校思政课话语体系就是宏大叙事，对宏大叙事的反思和解构，也让高校思政课的话语体系面临极大风险。鉴于此，什么是宏大叙事，宏大叙事的内涵和社会功能等一系列问题就成为题中应有之义了。

一、后现代状态：宏大叙事的怀疑

宏大叙事，又称之为元叙事或后设叙事（metanarrative）。Meta-这一前缀是希腊语"超越"（beyond）之意，意指一个更高秩序和属性的事物。Meta 有四种语义，超验性、基础性、反省性、时间性，即集百家之说于大成的话语形态。以这个前缀命名的话语和叙事，意指带有强大一体化、控制力和决定论的话语方式和叙事形态。在后现代语境中，宏大叙事是一种完整的叙事，一种历史意义、经验或者知识的叙述，这种叙述预期一个尚未实现的社会蓝图来提供社会的合法性基础。⑥ 宏大叙事的定义在思想史、哲学史等各领域的定义可能不完全一致，但国内外学界对这一概念的源流基本达成一致，那就是宏大叙事概念的凸显是由后现代理论促成的，"与后现代主义思想家利奥塔联系密切"⑦。

---

① 曾红.基于叙事的高中化学跨学科主题学习研究[D].上海：华东师范大学,2023.

② 汪枫,熊永红,许明耀,等.基于叙事的物理实验微课设计与实践[J].中国教育信息化,2021(16)：83-85,90.

③ 揭育霞.高中优秀生物教师专业发展叙事研究[D].长沙：湖南农业大学,2021.

④ 罗珊,王大斌,张佳雯,等.叙事医学在医患共同决策中弥合分歧的价值研究[J].中国医学伦理学,2025,38(6)：679-686.

⑤ 孙倩,赵冰,范贝贝.积极心理学理论联合叙事干预在脑梗死恢复期患者护理中的应用[J].河南医学研究,2024,33(14)：2672-2675.

⑥ CHILDERS J,HENTZI G. The Columbia Dictionary of Modern Literary and Cultural Criticism[M]. New York：Columbia University Press, 1995：166-167.

⑦ 程群.宏大叙事的缺失与复归——当代美国史学的曲折反映[J].史学理论研究,2005(1)：51-60,158-159.

宏大叙事是利奥塔在其《后现代状态:关于知识的报告》一书中涉及的核心观点之一。在西方,《后现代状态:关于知识的报告》被称作"后现代理论的奠基文本",成为英语、文化、媒体研究、哲学、社会学等多个学科的学位课程的必读文本。① 利奥塔在后现代理论建构中,将知识合法性批判锚定于对宏大叙事本体论预设的解构,揭示叙事范式与知识权力间的直接关联。其批判矛头直指启蒙理性传统中预设的普遍真理范式,通过质疑宏大叙事中如历史目的论与认知统一性等形而上学独断性,完成对现代性知识生产机制的解构。在方法论层面,他主张以差异认同替代总体性逻辑,通过悖谬逻辑与小叙事策略重构认知的多元图景,批判总体性、共识性和普遍性,将宏大叙事看作后现代主义的对立极。

宏大叙事是西方历史编纂体系中长久盛行的一种叙述形式,该术语虽然并不是利奥塔首次使用,但是因为利奥塔的批判而成为后现代哲学的关键词。在《后现代状态:关于知识的报告》的开篇,利奥塔就做出一个大胆的判断:后现代就是对宏大叙事(元叙事)的怀疑。② 他认为,处于资讯时代的西方发达社会里,知识的生产和传播掌握在跨国公司而不是国家手中,处于后工业时代或者后现代的人类,从科学到文学,再到艺术,语言游戏(language games)的规则和叙事话语发生了巨大变化,出现了全方位的叙事危机(the crisis of narratives)。"当今最发达社会所有迷乱的症结都在于知识状态不同往常,或'改换了游戏规划'——从科学、文学到艺术,历经百年变迁,无不在眼下发生了同源并列性质的'叙事危机'。"③以启蒙叙事、解放叙事、进步叙事、思辨叙事、伟大的英雄、伟大的航程、伟大的目标等为话语特征的传统的宏大叙事,失去了叙事功能。换言之,在后工业时代和后现代文化语境中,决策者无法再用传统的可通约性和整体确定性的逻辑来管理社会,曾经支撑宏大叙事的知识逻辑不复存在,曾经一致的、普遍的、完备的、可判定的独立的形式系统出现了合法化危机,取而代之的,是歧义的、异质的、片段

---

① ［英］西蒙·莫尔帕斯.导读利奥塔［M］.孔锐才,译.重庆:重庆大学出版社,2014:1.

② ［法］让-弗朗索瓦·利奥塔.后现代状态:关于知识的报告［M］.车槿山,译.南京:南京大学出版社,2011:4.

③ 赵一凡.利奥塔与后现代主义论争［J］.读书,1990(6):54-63.

的、局部的、差异的、不可通约的"悖论"性存在。① 利奥塔用十四章的篇幅来论证宏大叙事合法性危机的表征、原因,分析了加拿大、美国等发达国家大学知识生态萎缩的现状,职业知识分子和技术知识分子传道授业解惑的责任由计算机网络代替,教师传递知识的使命无法和存储网络相比,②以此来说明他将后现代思潮的核心表征定义为宏大叙事崩塌的合理性。

什么是宏大叙事? 这个问题的答案并不能从利奥塔的论述中寻找,因为利奥塔的目的并不在于分析什么是宏大叙事,而在于批判宏大叙事。事实上,也正是在利奥塔批判宏大叙事之后,宏大叙事才逐渐被史学家和哲学家们深入探讨。利奥塔受到语言哲学家维特根斯坦的"话语模型"理论启发,聚焦叙事和知识之间的关系,通过对科学话语和科学知识叙事功能的考察,他发现无论是科学还是文学艺术,其话语活动都遵循一定的游戏规则。现代社会的组织原则是元话语(meta discourse),现代性笃信人类社会的进步性,这就是一种元叙事。利奥塔在《后现代状态:关于知识的报告》中使用的宏大叙事,这种叙事的含义是那些证明科学知识合法化的叙事,包含未经深入批判的形而上学成分,通过讲述历史的意义、经验或知识,以对未来尚未实现的社会蓝图的预设来确立其知识的正当性。

要界定宏大叙事的内涵,我们需要借助其他史学家、哲学家的阐发。麦吉尔认为宏大叙事就是一种无所不包的故事(an all-embracing story)和一种概括清晰、足以支持客观性主张的连贯性观点(a vision of coherence),其基本假设之一是"终极世界的统一"③。我们虽然无法寻找到一种所有学者都认可的宏大叙事的定义,但依然可以用多种角度来描述宏大叙事的内涵:宏大叙事是一种关于历史的构想,其产生动因源于对人类历史发展前景的期待或担忧。它以整个人类社会的历史演进为对象,进行全面且自治的设

---

① [法]让-弗朗索瓦·利奥塔. 后现代状态:关于知识的报告[M]. 车槿山,译. 南京:南京大学出版社,2011:3-7.

② [法]让-弗朗索瓦·利奥塔. 后现代状态:关于知识的报告[M]. 车槿山,译. 南京:南京大学出版社,2011:180-182.

③ Megill A. "Grant Narrative" and the Discipline of History[M]//ANHERSMIT F, KELLNER H. A New Philosophy of History. Chicago:University of Chicago Press,1995:151,264.

想与历史论证,并以一种有始有终的形式构建对人类历史进程的整体性理解。宏大叙事试图提供全面、统一和普遍性解释的宏大理论体系或叙事,即无所不包的、具有主题性、目的性、连贯性和统一性的叙事,这些叙事提供了特定的文化、哲学或政治理论背景下一种全面理解世界的方式,试图解释整个历史进程和人类经验的广泛的理论框架。换言之,宏大叙事就是大多数人共同相信的故事,这个故事包罗万象,给予人类所有行为方式的解读依据,记述了个人和社会从过去到未来的所有可能性。有学者这样解读宏大叙事的内涵:

> 有某种一贯的主题的叙事;一种完整的、全面的、十全十美的叙事;常常与意识形态和抽象概念联系在一起;与总体性、宏观理论、共识、普遍性、实证(证明合法性)具有部分相同的内涵,而与细节、解构、分析、差异性、多元性、悖谬推理具有相对立的意义;有时被人们称为"空洞的政治功能化"的宏大叙事,与社会生活和文化历史的角度相对;题材宏大的叙事,与细节描写相对;与个人叙事、私人叙事、日常生活叙事、"草根"叙事等相对。①

宏大叙事与进步的历史观念息息相关,与人类对历史规律的认知紧密相连,蕴含着神圣化、权威化和合法化的本质性世界观。"它有着神圣而神秘的起源,严格的因果性,秘密的目的论,无所不知的和超验的叙事者以及对宇宙和历史意义上的幸福结局所作的承诺。"②宏大叙事在内涵上侧重表现总体性、普遍性、宏观理论和共识,在形式上追求宏大题材、一致主体和完整结构。宏大叙事往往会过度强调普遍的、统一的和整体的叙事,忽视宇宙中天然存在的混乱、无序和个别事件的力量。

进入后工业时代的西方发达社会,文化也进入后现代阶段。资本主义

---

① 程群.宏大叙事的缺失与复归——当代美国史学的曲折反映[J].史学理论研究,2005(1):51-60,158-159.

② [匈]阿格妮丝·赫勒,费伦茨·费赫尔.后现代政治状况[M].王海洋,译.哈尔滨:黑龙江大学出版社,2011:2.

的全球扩张,跨国公司的日益兴起凸显了社会的效率原则,知识的状况发生了改变,每一个人变成原子化,作为人类知识和精神堡垒的大学无法承担起原有使命,教师传授知识的能力无法和电脑相比,曾经建构人们的生活和身份的知识结构已经不再具有合法性。这样,现代社会长久累积起来的对世界意义、历史和知识的完整话语模式,也就是宏大叙事,应该让位于小叙事或者"本地化"叙事,以小而局部的叙事取代宏大而普遍的叙事。各种各样的小叙事、本地叙事、边缘叙事、碎片叙事等合法地共存,互相竞争,建构多元共存、局部合法的语言游戏。从宏大叙事概念提出的逻辑起点可以看出,后现代理论家关注的并不是这一概念本身:在提出宏大叙事的同时,就宣告了它的瓦解。在利奥塔的视野里,宏大叙事是什么并不重要,重要的是要对宏大叙事做什么。他关注的不是宏大叙事的内涵,而是合法性,即为什么宏大叙事应该被解构。所以,学术界更多的不是单独使用作为名词的"宏大叙事",而是对这个概念附加一个动词:"宏大叙事解构""宏大叙事反思"或"宏大叙事批判"。

然而,对于高校思政教学研究者和广大一线思政课教师而言,是什么和为什么一样重要,或曰宏大叙事的内涵和为什么要批判宏大叙事一样重要。作为现代性话语体系的核心架构,启蒙主义叙事、历史进步叙事及民族独立叙事在近代中国民族国家建构中具有奠基性作用。这些叙事范式构成了现代民族国家建设的观念支撑,形成驱动社会结构转型与文明演进的思想坐标系,为中华文明现代转型提供认知框架与价值导向。启蒙主义叙事以理性主义、科学精神及民主理念为核心要素,助推传统文明向现代文明范式转换,其思想内核构成新文化运动等现代化思潮的学理基础。在中国共产党意识形态框架中,此类叙事范式与马克思主义科学体系形成理论耦合,生成具有实践指向的思想聚合效应,既为革命实践提供理论范式,又形成群众动员的意识形态。历史进步叙事构建了社会形态更迭的认知范式,与唯物史观的社会发展理论形成方法论共振,深化执政党对社会演进规律的系统把握,进而确立革命策略与建设路径的选择标准。民族独立解放叙事聚焦于主权重构与殖民体系解构,为反殖民反封建斗争提供合法性支撑,其价值内核既塑造了新民主主义革命的理论根基,也成为共和国创建进程中的核心精神动力。在中华民族现代化进程的三大历史阶段中,这些叙事范式形成贯穿性脉络,持续激发民族复兴的精神动能,通过价值整合机制强化国家认同,在社会发展进程中发挥定向功能与凝聚作用。中国特色社会主义话语体系在赓续传统叙事范式的基础上实现创造性转化,通过理论创新构建"四个自信"的价值认同体系,形成具有时代特质的核心叙事架构与价值引导机制。这种叙事范式的当代转型既保持历史延续性,又体现话语创新性,在新时代意识形态建设中持续发挥主导性功能。

那么,在后现代视野中,宏大叙事究竟有什么错?利奥塔在反思社会主导知识形态的形成过程时发现,现代社会的知识合法性建立在故事的讲述逻辑上,"所有的社会都植根于这样的故事里,即他们是谁?为什么存在?他们从哪里来,谁被包括或排除在外。"故事结构里的叙述者和接收者的地位是固定的,讲述的内容提供了接受者的历史构型,这种历史构型提供了现有社会结构的合法逻辑。故事的讲述者和接受者都对自己的社会地位没有异议,社会得以维持现状,这样就维护了当代社会基本结构的合理性。宏大叙事"将它所吸收的一切转向更具体的终极目的或目标,这个目标同时巩固了元叙事的活动和它的正当性。换句话说,它们根据一个预想的未来或终点来审视和组织现在"①。利奥塔认为宏大叙事具有黑洞一样的吸附力,一切接近它的东西都会被吸收进去,炮制出千篇一律、自我肯定、内在循环的观点,进而压制了社会结构中多元、异质、边缘、地方、个体的声音和话语,因此对之十分忌惮。

二、现代性:宏大叙事的三维构型

后现代主义思潮解构宏大叙事,批判的对象是人类进入现代社会以来最为伟大的理念共识和思想精华。但是,利奥塔没有对宏大叙事进行精确界定,也未对宏大叙事的内涵和外延进行逻辑梳理,反而对在此之前数百年的启蒙主义、科学主义和现代主义等人类思想体系火力全开。这可能是一个巨大的逻辑漏洞,抑或是后现代主义思想家们略带挑衅的"傲慢和偏见"。他说:

---

①　[澳]格雷厄姆·琼斯.利奥塔眼中的艺术[M].王树良,张心童,译.重庆:重庆大学出版社,2016:151.

我在《后现代状况》中提及的元叙事乃是现代性的标志:关于理性和自由的进步性的解放,关于劳动(资本主义的异化价值的源头)的进步性的或灾难性的解放,关于通过资本主义的科学技术而达到的人性的丰富多彩,还包括现代性(与古代的古典主义相对立)中的基督教通过对灵魂的改变,即拯救受造物的方式而诉诸以受难的爱为特征的基督教的叙事。黑格尔的哲学把所有这些叙事整体化了,在这个意义上,它本身就是思辨的现代性的蒸馏物。①

由此可见,利奥塔批判宏大叙事所追溯的思想史流脉有多远,横跨的时间维度有多长,涉及的思想家范围有多宽。概括起来,利奥塔批判的宏大叙事理念主要包括以下三个互相交融的维度:启蒙的宏大叙事,解放的宏大叙事,思辨的理性进步叙事。②

第一种启蒙叙事是十七、十八世纪由笛卡尔、洛克、伏尔泰、卢梭、康德

---

① 俞吾金."宏大叙事"会消失吗?[N].中国社会科学版,2010-04-27(06).

② 利奥塔在《后现代状态:关于知识的报告》一书中没有对宏大叙事进行分类,书中有这样的表述:"大叙事失去了可信性,不论它采用什么统一方式:思辨的叙事或解放的叙事。"([法]让-弗朗索瓦·利奥塔.后现代状态:关于知识的报告[M].车槿山,译.南京:南京大学出版社,2011:135.)很多学者就延续了这样的分类方式。西蒙·莫尔帕斯将利奥塔批判的宏大叙事分为两种,一种是政治的解放叙事,另一种是哲学的思辨叙事。([英]西蒙·莫尔帕斯.导读利奥塔[M].孔锐才,译.重庆:重庆大学出版社,2014:25.)詹姆逊认为利奥塔批判两种叙事神话,一种是人类自我解放思维模式,另一种是对整个知识的纯思辨思考,詹姆逊指出"这两套东西也是形成国家神话的元素"。(詹姆逊.序言[M]//[法]让-弗朗索瓦·利奥塔.后现代状况:关于知识的报告.岛子,译.长沙:湖南美术出版社,1996:5.)事实上,两分法并不是严格的分类方法,两种叙事的内部维度之间有重合。"'元叙事'或'宏大的叙事'主要有两种表现形式:一种是解放的叙事,比如基督教的叙事、启蒙运动的叙事、马克思主义的叙事等等;另一种是思辨的叙事,比如黑格尔哲学,而黑格尔哲学在一定程度上也蕴涵着解放的叙事。"(俞吾金."宏大的叙事"会消失吗?[N].中国社会科学报,2010-04-27(06).)解放的叙事和思辨叙事都包含着它们的源头启蒙叙事,启蒙叙事奠定了解放叙事的思想基础,思想启蒙也开启了人类理性思辨的进程。鉴于学界常常将启蒙和理性并列,后现代主义思想家也多次将启蒙运动作为反思对象,如"20世纪充满了战争、饥荒和死亡营,没有一种伟大的乌托邦或者启蒙运动理想似乎接近于实现"。([英]特里·伊格尔顿.后现代主义的幻象[M].华明,译.北京:商务印书馆,2014:55.)利奥塔在书中也多次使用启蒙的叙述,该书采用宏大叙事的启蒙、解放和历史进步主义三分法。

等众多思想家推进的历史进程,他们提出了一系列基于理性和科学的方法来应对人类社会的各种问题,倡导通过现代教育和知识传播体系改善人类的处境。自启蒙运动以来,人类社会爆发出前所未有的巨大理性力量,展示出对迷信和神权的强烈批判精神。笛卡尔认为真理是可以通过经验和知识认识的,自然科学的公理、体系和演绎在人类社会的历史发展中也完全适用,而且能够得出像几何公式一样准确的结论。启蒙运动的核心精神品格,就是康德所说的"要有勇气运用你自己的理智!"[1]人类摆脱蒙昧状态,摆脱神权天命而在尘世中掌握自己的命运。"启蒙运动针对'人在神圣形象中的自我异化'展开了批判。笛卡尔开启的理性主义精神,经过康德到黑格尔,在'上帝的逻辑化'中摧毁了神圣形象的信仰直观,使单纯的信仰变成了从'先验逻辑'到'思辨逻辑'的形而上学,从而通过理性逻辑消解了'人在神圣形象中的自我异化'。"[2]启蒙运动挑战了神权至上的世界观,让人类从神权的枷锁中解放出来,找寻到人类自己的主体性,实现了从"神本"到"人本"的思想转变。

现代哲学认识论的第一个命题是"人是自治的、有自觉意识的理性主体"[3]。康德认为一个现代人是"由自身定义的",现代人通过自我发展而发现和开掘自己的真正"人性"[4]。时至今日,两百多年过去了,康德对启蒙的定义并未过时,认为启蒙就是人类从自我导致的不成熟状态中觉醒,而实现这种觉醒的方法则是有勇气运用自己的理性。启蒙运动之前,人们的精神被牧师所掌控,生活被迷信所限制,启蒙运动将他们从宗教迷信中解放出来。启蒙叙事的批判精神使人们更敢于质疑和反思既有的信仰和制度,挑战了宗教和君权的绝对权威,反对专制,主张法律的普遍适用性,强调法律面前人人平等,主张在政治和社会生活中减少宗教的影响,强调法律和政治应该基于理性和人类经验。

①　[德]康德.历史理性批判文集[M].何兆武,译.北京:商务印书馆,2009:23.

②　吴宏政.21世纪马克思主义世界历史观的叙事主题[J].中国社会科学,2021(5):4-25,204.

③　信春鹰.后现代法学:为法治探索未来[J].中国社会科学,2000(5):59-70,205.

④　MORRISON W. Jurisprudence:From the Greeks to Post-Modernism[M]. London:Cavendish Publishing Limited,1997:152.

作为现代性思想范式的奠基性运动,启蒙主义确立了理性主义的认识论根基:将批判性思维与实证方法确立为认知工具,建构知识生产的逻辑基础,主张通过理性解构传统权威与蒙昧认知,确立科学知识体系的主导地位。其价值论维度凸显人的主体性解放,将个体自主权与人格尊严确立为现代政治秩序的伦理基础,系统论证自由、平等、天赋人权等价值原则的跨文化普适性,由此构建了以理性主义为核心的人类文明演进范式。在政治哲学层面,启蒙思想开创性地论证公民权利与公共权力的契约型关系,通过契约型政治关系理论为现代国家形态的合法性提供法理依据。其历史观维度建构了线性进步认知框架,主张通过知识启蒙与社会教育实现人类境遇的持续优化,这种发展观成为驱动社会结构转型与历史演进的思想动能。

然而,利奥塔强调知识和真理并不是绝对的,而是相对的,那种相信理性和科学可以提供终极真理的观点是不可靠的,主张知识应该承认不同的文化背景和社会经验。在启蒙叙事中,"知识英雄为了高尚的伦理政治目的而奋斗,即为了宇宙的安宁而奋斗"。当我们"用一个包含历史哲学的元叙事来使知识合法化"时,就会"使我们对支配社会关系的体制是否具备有效性产生疑问",因为社会体制和正义、真理一样,都需要依靠宏大叙事才能使自身合法化。① 他认为,启蒙叙事试图以统一的、普遍适用的框架来解释历史和社会现象,它对人类进步和解放的理想化设想可能导致对现实问题的忽视,甚至导致极端政治实践,可能被用作维护某种意识形态和权力关系的工具。

与启蒙主义相对应,利奥塔视野中的第二种宏大叙事是民族解放叙事。法国大革命让人们从神秘主义的奴役和枷锁中解放出来。起点于法国大革命的解放叙事已经拉开,人类社会追求自由和解放的脚步就从未停止过。"解放的宏大叙事在过去的好几百年中有许多不同的形式。它的启蒙版本集中于将人们从宗教迷信中解放出来,这些迷信限制了他们的生活,他们被牧师牢牢控制着。而马克思主义版本则集中在将工人从雇主的剥削中解放

---

① [法]让-弗朗索瓦·利奥塔.后现代状态:关于知识的报告[M].车槿山,译.南京:南京大学出版社,2011:4.

出来,发展他们掌握自身生活的能力。因此,不管这个版本的宏大叙事的形式如何,它的目的是将被启蒙的人性从教条、神秘主义、剥削和受难中解放出来。"①康德认为,人类社会前进路线的终点就是解放和自由,即便这个终点是不可抵达的。

作为现代政治哲学的重要维度,解放话语体系与启蒙主义存在思想渊源,其政治理想在法国大革命时期呈现具象化,构成人类突破人身依附关系与阶级统治的演进路线。解放叙事范式聚焦主体对自由权的诉求,主张通过制度变革与社会抗争来消解结构性压迫,论证普遍性公民权利与平等发展机会的合理性,致力于解构阶级差异并重构社会正义秩序。解放叙事实现路径包含制度性抗争、群体性实践与政治博弈等多个维度,通过发掘边缘化历史经验重塑主体叙事,进而实现社会等级关系的重新配置。在认知层面,解放话语体系注重主体在政治参与、社会互动、文化表征及心理认知维度的主体性转型,突出身份重构在历史进程中的价值引领作用。解放叙事的运作机理依托整合性历史框架与共享价值,通过强化群体内部的价值实现社会动员,引导民众将个体生命历程融入国家发展叙事与集体记忆的宏观图景之中。

但是,利奥塔指出,解放话语体系与启蒙主义的总体性叙事具有相同的构型,均依托总体性阐释范式来框定历史演进逻辑,预设人类解放的终极价值——诸如自由、平等与历史进步等。此类叙事范式在追求普适性价值目标时,存在对主体异质性与文化多样性的遮蔽,其普遍主义诉求易造成地方性知识体系的消解与微观经验叙事的忽视,进而形成对亚文化群体话语表达的排斥。在自由的叙事中,国家的合法性不是来自国家本身,而是来自人民。② 民族国家本身只有通过思辨知识的中介才能有效地表现人民,而不是暴力革命。③ 他进一步指出,作为特定的话语实践形态,解放叙事具备转化

---

① [英]西蒙·莫尔帕斯.导读利奥塔[M].孔锐才,译.重庆:重庆大学出版社,2014:26-27.
② [法]让-弗朗索瓦·利奥塔.后现代状态:关于知识的报告[M].车槿山,译.南京:南京大学出版社,2011:116.
③ [法]让-弗朗索瓦·利奥塔.后现代状态:关于知识的报告[M].车槿山,译.南京:南京大学出版社,2011:121.

为意识形态操控工具的可能性，可能通过符号化运作强化既有权力格局，从而稀释复杂的社会矛盾。基于此，利奥塔主张解放叙事的有效性判定应当诉诸公众的实践理性而非特定历史主体，强调话语正当性立足于多元主体的协商共识而非精英主义的代言。

利奥塔批判的第三种叙事形态是思辨的理性进步叙事。现代性和进步历史叙事认为，人类社会在科学、技术和道德等方面是不断进步的。康德的普遍历史观念指出，人类社会如果没有一个前进的目标，就会成为毫无目的的偶然进程，那么要阐释人类历史和偶然事件之间的关系，就需要一种理性的指导路线。韦伯认为，对一个现代文明人来说，死亡没有意义，因为一个现代人的生命被置于无限的进步过程中了。而这一过程的核心含义是，它没有尽头。对于在这个过程中的人来说，前面总有新的进步。这种进步被视为历史的必然，体现了人类对改善自身条件和社会状况的追求。历史进步主义强调人类社会是一个不断向前发展的过程，后代人比前一代人更进步，当下比过去进步，未来比当下进步，在这个进步的过程中，科技发展在扮演着重要的角色。黑格尔"思辨辩证法"（speculative dialectic）在建构现代性的理性思辨过程中起到了重要的作用，它强调理性思维和科学方法在认识世界和解决问题中的核心作用，相信人们能够通过理性分析复杂现象，形成客观的知识体系。

思辨理性叙事用一个理性体系将人类的过去和未来描述为一个可以理性认知的事物，知识的不断进步、人类未来前景都是可预测的。"思辨性的宏大叙事的中心思想是人类的生命或黑格尔的'精神'可以通过知识的积累而不断进步。所有不同的语言游戏被哲学聚拢到一起，构成一个'精神的普遍历史'……思辨性的宏大叙事，所有可能的陈述都聚拢在一个单一的宏大叙事中，它们的真理和价值都通过这个宏大叙事的规则来决定。"①真理就是整体，整体就是宏大叙事，宏大叙事引领着人类历史进程。思辨理性进步叙事为理解人类发展提供了一种框架，强调理性、科学和道德在社会进步中的重要性。随着工业革命的到来，社会发生了巨大变革，

---

① ［英］西蒙·莫尔帕斯.导读利奥塔［M］.孔锐才，译.重庆：重庆大学出版社，2014：26-27.

科技进步和经济发展叙事被广泛接受,物质财富的增长也被视为人类文明进步的标志。

人类进步的历史叙事中,具有代表性的理论之一是马克思主义。马克思主义强调阶级斗争是历史进步的动力,预测无产阶级革命将终结私有制,共产主义终将取代资本主义的人类未来。人类历史有一个终极目标,通过科学知识的积累与进步,通过理性主体的发展和成熟,通过个人劳动的自由化和社会化,通过普遍精神的一致化和总体化,共产主义目标可以实现。不过,在利奥塔看来,思辨的历史进步叙事往往以集体利益为中心,人类解放和进步的过程应尊重和包容不同个体的需求与愿望,而不是强加单一的目标。他强调个体经验和差异的重要性,主张以一种去中心化的视角来理解社会和历史,反对宏大叙事所带来的绝对化思维,提倡通过关注地方性和边缘化的历史叙述,以更全面地理解社会现象。

三、砥柱中流:宏大叙事的社会功能

利奥塔批判宏大叙事的逻辑似乎牵强附会,却在后现代主义思潮中极具代表性和典型性:启蒙、解放等进步的历史观念是一种唯一的话语中心、单一的真理结构和统一的历史进程,抑制了多样性、复杂性、边缘性,我们应该关注具体的、地方性的、边缘的故事,以便更好地理解社会和文化的多元性、差异性。在利奥塔等后现代理论家眼中,宏大叙事是通过对小叙事的压抑和排斥来获得合理性,启蒙、解放和历史进步主义变成了终极目标、"真理的白色恐怖"和人类解放乌托邦。他们认为,在启蒙主义理想中,科学真理在所有话语体系中拥有至高无上的权威,真理就变成了置于优先地位的"元话语"和"大写的真理"。启蒙主义首先承认人的认识有限性,因为世界在人类的视野中才显示出这种形态。他们认为,人无论如何都不能摆脱自己,要成为主体就要首先承认自身有限性。所谓的普遍的人类历史观念,就是要求世界所有国家、所有民族、所有地区都接受同一种方向、目标,乃至信仰、制度和价值理念,有限的人类借助真理把自己塑造成至高无上的主体,这严重违背了启蒙主义发现的人类认识世界的有限性原则,导致了启蒙的共识的破裂,或者形成了"启蒙的悖论"。对此,福柯直接用"真理

政治学"命名这一现象,将真理与话语权力紧紧勾连,剥掉了真理外面的神圣外衣。① 后现代主义主张用差异性、有限性、多元性、"种族中心主义"、"小写的真理"替换统一性、中心化、"大写的真理"及人类社会的终极目标。

如此,我们不得不回到利奥塔批判宏大叙事之前的人类历史,去观察宏大叙事在社会发展进程中的作用,而不能不加分辨地一味附和后现代思想家对宏大叙事的否定和批判。启蒙叙事、解放叙事和历史进步叙事在人类社会发展进程中具有重要的意义和价值。首先,启蒙主义让人类找到了摆脱加之于自己不成熟状态的理论武器,强调理性科学和个人自由,推动了对包括神权和王权在内所有传统权威的质疑,推动了思想解放,提高了人类对自然界的理解,促进了社会的开放性和包容性,影响了现代政治哲学和法治思想,推进了民权观念的形成、社会变革和政治进步,促进了科技革命、知识普及和现代教育体系的发展,对于现代科学、教育和政治等各个维度产生了至关重要的影响,深刻影响了人类现代社会的价值观念。

其次,诞生于法国大革命的解放叙事,以及20世纪中叶产生的解放理论在推动人类社会进步方面具有重要的意义和价值。解放叙事强调平等和正义,旨在为被殖民、侵略、压迫或边缘化的群体、族群和国家发声,促进了现代国家的形成和民族主义的崛起。通过揭示和挑战不公正的权力结构,解放叙事激发了个人和群体为实现解放而奋斗的热情,提高了个体和集体的自我意识,鼓励人们认识到自身的权利和价值。在解放叙事的引领下,个人自由和平等的理念推动了社会平等和公正进程,资本主义剥削本质的揭示激发了工人运动和社会变革,加速了压迫和奴役制度的崩溃。解放理论激励了许多国家和民族追求独立和自主,成为殖民地和半殖民地国家摆脱奴役走向自立自强的现代民族国家的思想武器,在全球范围内推动了对殖民历史的反思和批判,促进了对社会正义和民族自决的追求。此后,在反抗种族主义、性别歧视和社会不平等的斗争中,在面对全球性不平等、殖民历史和人权问题时,解放叙事呼吁跨国界的共同行动,极大促进了全世界对人类命运共同体的认同。

---

① [英]詹姆斯·威廉斯.利奥塔[M].姚大志,赵雄峰,译.哈尔滨:黑龙江人民出版社,2002:序言 5.

再次,基于理性认知框架的进步史观,通过实证分析与逻辑推演的方法论,构建了人类认知自然规律与社会运行机制的知识系统,显著增强了主体对客观世界及人类文明演进规律的把握能力。历史进步论以线性发展逻辑为内核,预设历史进程具有可延续的优化轨迹,将社会改良视作历史演进的内生动力,并由此建构人类社会自我完善的愿景图景。这种理论架构不仅为技术革新与生产力提升提供价值支撑,更通过激发社会主体的变革意识,成为驱动经济制度革新、政治结构转型与文化范式更迭的深层动力。思辨理性范式表现为对传统权威体系的解构,通过祛魅认知消解了非理性崇拜的思想根基,使现代社会的反思机制获得系统性强化,进而实现思想解放进程的持续进行。在全球化语境下,历史进步主义的阐释框架突破地域性文化边界,确立人类共同利益的价值优先性,这种普世性认知为应对气候变化、公共卫生危机等全球治理议题提供了理念共识,有效促进了跨国协作机制的发展与人类命运共同体理念的全球实践。

启蒙叙事、解放叙事和历史进步叙事是现代性的核心,某种程度上可以视为现代人类社会的三座思想基石。三者是一个有机整体,不是孤立的,而是互相支撑、互相促进的。历史进步的思辨理性是启蒙主义的思想基础,启蒙主义的核心目标之一就是解放,"人类解放的观念是启蒙运动成果的组成部分"①。科学真理是知识金字塔的顶端,启蒙以知识和理性真理作为基础,只有掌握了科学和真理,才能实现人的真正解放。启蒙的本质是以人而不是神为主体,人类获取对知识和世界的认识和真理,实现彻底解放。启蒙的终极目标是人类获得永恒的真理,彻底摆脱不成熟和被蒙蔽的状态。人类解放是人类社会发展的终极目的,其实质就是统一的线性历史进步叙事。人类的解放不是单一的某一个民族和某一个阵营的解放,而是全世界所有人的解放,也就是普遍的人类历史进步观念,或者叫普遍的人类历史观念。换言之,普遍的人类历史进步理念,就是人类掌握真理和科学之后获得全部的、彻底的解放,也就是全世界所有民族接受并朝着进步的方向和目标前进。这也是马克思主义坚信共产主义能够解放全人类的思想前提之一。不

---

① ［英］特里·伊格尔顿.后现代主义的幻象［M］.华明,译.北京:商务印书馆,2014:132.

过，启蒙、解放和进步三者互相支撑的关系，在利奥塔视野中被解读为一种在理论上受康德的"普遍的人类历史观念"的诱导，在实践上为马克思主义设定的人类社会终极目标所指引，一种求助于精神的辩证法、意义阐释学、理性或主体解放、财富增长的解放叙事。

不同时代、不同地域的历史学家可能都不会否认：人类社会的发展历史纷繁复杂，震荡曲折，但是人类社会如流淌的河流般印记依然清晰可见，支流汇入主流，主流朝向大海，人类历史的总体趋势并非虚构。人类对未来社会抱有一种期待，并且在这种信念的支持下去阐释历史，去指导当下的行动，去预言未来的发展。宏大叙事并不阻碍我们对历史真相的探究，也不影响人类对自己历史的清醒认知，反而促进了后者。宏大叙事中蕴含着整个人类社会发展的进程及其规律的认识，这种认识也不可避免地蕴含着社会主流价值观和意识形态。任何一个组织，一个国家，一个民族，都要依靠某种宏大叙事来阐释自身存在的合法性，以此凝心聚力。这在理论上是自洽的，在现实中也是必要的。古今中外，无论是资本主义国家还是社会主义国家，无论是掌握世界上最强大军事力量的超级大国还是新兴的后发国家，都有自己的宏大叙事，都不遗余力地建构、塑造、维护和支撑自己民族国家的主流意识形态。资本主义国家任何时候也没有放弃对意识形态的掌控，"成功地把它的特殊的意识形态强加给被剥削群众，使之成为后者自己的意识形态"①，非但如此，还千方百计把自己的宏大叙事和意识形态强加到后发国家、弱小民族和地区，将本国的"意识形态国家机器"变成意识形态的全球霸权。构建宏大叙事之所以必要，维护一种意识形态之所以必要，是因为个体发展无法摆脱人类社会的整体趋势，整体无法被真正解构，中心也无法被解散，追求普遍性、统一性、凝聚共同体理念的主流意识形态叙事对任何民族国家来说都不可或缺。

---

① ［法］阿尔都塞. 哲学与政治：阿尔都塞读本［M］. 陈越，编译. 长春：吉林人民出版社，2003：239.

第二节　宏大叙事批判的社会背景

利奥塔对宏大叙事的"发难"看似毫无征兆,来得这样突然,却很快在西方学界引发强烈的认同,一时间宏大叙事批判的话题甚嚣尘上。宏大叙事本是人类进入现代社会的必然产物,是现代性支撑,具有重要的社会功能,为什么会被利奥塔批判,并且引发西方思想界的强烈共鸣?风起于青萍之末,浪成于微澜之间,这种看似反常的现象,不得不让人追问,人类社会思潮的发展流脉为何会发生这样的激烈转型?利奥塔在何种知识背景下解构宏大叙事,解构宏大叙事对后发国家的中国思想界产生了怎样的影响?这些接踵而至的问题就值得进一步探讨了。

一、解构一切:后现代主义思潮的主要特征

为什么支撑现代社会的思辨和解放的宏大叙事,突然之间失去可信度和合法性?为什么那些试图通过单一的、普遍的理论体系来解释一切现象和知识的叙事方式已经过时了?为什么要用地方的、多元的、开放的、包容的小叙事代替宏大叙事?对于宏大叙事批判背后的哲学和文化背景,利奥塔本人并未回避:书名就是答案。《后现代状态:关于知识的报告》开篇的第一段就指出:"此书的研究对象是最发达社会中的知识状态。我们决定用'后现代'命名这种状态。"①也就是说,利奥塔是在后现代社会典型的时空环境背景下讨论宏大叙事的。

首先来看宏大叙事的对立极:后现代主义。宏大叙事并不是后现代主义理论家们随机选取的批判对象,而是成为横亘在后现代主义前面的巨大压迫性力量。后现代主义,顾名思义,在现代主义加上前缀 post-,即对现代性的反拨和否定。后现代主义思潮是 20 世纪中后期兴起的一种广泛的文化、艺术和哲学运动,挑战了现代主义的许多价值观念,解构了现代社会赖

---

① ［法］让-弗朗索瓦·利奥塔.后现代状态:关于知识的报告［M］.车槿山,译.南京:南京大学出版社,2011:3.

以生存的现代性和基本假设。"叙事和语言游戏的组织方式是由元叙事实现的。"①现代性是由宏大叙事建构的,现代性叙事模式中,叙事者将自己与国家和族群紧密联系在一起,也将叙事接受者与自己联系在一起,共同编织过去、现在和未来的纽带。"后现代批判认为,一切现代社会理论都源自于启蒙理想对科学和理性所持的未加批判的信念。"②现代民族国家依靠本民族的英雄叙事、解放叙事和进步叙事讲述历史,建构自己的民族身份和国家认同。谁来讲故事,讲给谁听,讲什么样的故事,这些原则组建了人类社会。"群体的每个成员在体系中都被给予了一个位置,或是作为讲述者、观众,或是作为故事中的英雄。他们的身份和欲望都是由这个体系所建构的。"③现代性的宏大叙事建构了人类进步的蓝图,"指向一个可以解决所有社会问题(通常认为是所有人类面对的问题)的未来"④。利奥塔将现代以来的西方社会的总陈述称为宏大叙事,认为现代社会是在宏大叙事制约下、或者按照宏大叙事建构起来的一套自圆其说的元话语,知识的合法性就依靠此类元话语。这一套话语结构在后现代主义视野中,已经失去了合理性。

作为一种文学、艺术、哲学和文化思潮,后现代主义主张无中心、无深度、无根据、游戏的、戏仿的、多元的、短暂的、偶然的、多样的、易变的和不确定的体验,模糊了高雅文化和大众文化的界限,也模糊了艺术和日常生活的界限。作为一种哲学思潮,后现代主义怀疑真理、理性、同一性和客观性,怀疑解放、启蒙和普遍进步的观念,怀疑宏大叙事、单一体系和确证的解释逻辑,怀疑真理、历史和客观的规律,怀疑事物与生俱来的规定性、身份的一致性。"后现代哲学主要表现为对理性主义和科学主义的否定,反对用单一的、固定不变的逻辑和公式来阐释和衡量世界,方法论上则主张多元和差异性。"⑤"后现代"在知识层面怀疑和否定宏大叙事,开始玩弄各自的语言游

① [英]西蒙·莫尔帕斯.导读利奥塔[M].孔锐才,译.重庆:重庆大学出版社,2014:23.

② 郑乐平.超越现代主义和后现代主义[M].上海:上海教育出版社,2003:26.

③ [英]西蒙·莫尔帕斯.导读利奥塔[M].孔锐才,译.重庆:重庆大学出版社,2014:24.

④ [英]西蒙·莫尔帕斯.导读利奥塔[M].孔锐才,译.重庆:重庆大学出版社,2014:24-25.

⑤ 信春鹰.后现代法学:为法治探索未来[J].中国社会科学,2000(5):59-70,205.

戏,以便建立局部决定论,或干脆倾向操作性创新。试图对后现代主义进行定义,本身就是对后现代主义的挑战,因为后现代主义拒绝基础主义、单一主义和普遍主义的封闭思维模式。我们可以借用英国马克思主义文化批评家特里·伊格尔顿的描述来理解这一概念:

> 后现代性是一种思想风格,它怀疑关于真理、理性、同一性和客观性的经典概念,怀疑关于普遍进步和解放的观念,怀疑单一体系、大叙事或者解释的最终根据。与这些启蒙主义规范相对立,它把世界看作是偶然的、没有根据的、多样的、易变的和不确定的,是一系列分离的文化或者释义,这些文化或者释义孕育了对于真理、历史和规范的客观性,天性的规定性和身份的一致性的一定程度的怀疑。……后现代主义是一种文化风格,它以一种无深度的、无中心的、无根据的、自我反思的、游戏的、模拟的、折衷主义的、多元主义的艺术反映这个时代性变化的某些方面,这种艺术模糊了"高雅"和"大众"文化之间,以及艺术和日常经验之间的界限。①

学者陈晓明则将后现代主义概括为八个方面的特征:(1)反对整体和解构中心的多元论世界观;(2)消解历史与人的人文观;(3)用文本话语论替代世界(生存)本体论;(4)反(精英)文化及其走向通俗(大众化或平民化)的价值立场;(5)玩弄拼贴游戏和追求写作(文本)快乐的艺术态度;(6)一味追求反讽、黑色幽默的美学效果;(7)在艺术手法上追求拼合法,不连贯性、随意性,滥用比喻,混淆事实与虚构;(8)"机械复制"或"文化工厂"是其历史存在和历史实践的方式。② 正是在后现代思潮的总体社会思潮语境下,利奥塔才提出宏大叙事反思的命题。"后现代主义是一种从根本上和宏大叙事完全相对的理论。"③利奥塔批判宏大叙事的自信是后现代主义思潮赋予的。换

---

① ［英］特里·伊格尔顿.后现代主义的幻象［M］.华明,译.北京:商务印书馆,2014:1.

② 陈晓明.无边的挑战［M］.长春:时代文艺出版社,1993:12.

③ 杨伯溆.宏大叙事与碎片化:全球化进程中互联网传播及其意义［J］.现代传播(中国传媒大学学报),2019,41(11):138-143.

言之,宏大叙事批判的合理性是由后现代主义理论体系支撑的。

关于后现代主义思潮的内涵和特征,中外学界有各种维度的探讨,观点也见仁见智,我们需要沿着利奥塔的逻辑理路展开。结合《后现代状态:关于知识的报告》对后现代主义特征的概括,我们可将后现代主义思潮的主要特征勾勒如下。

第一,用相对主义、反本质主义拒斥可预见性和普遍有效性法则。后现代主义否认存在固定不变的本质或基础,即使是人的身份和自我也是流动的、多重的,而不是固定不变的。后现代理论家认为所有的真理都是社会建构的,并且随着语境的变化而变化。对后现代主义产生重要影响的尼采说:"有一些事情是关于真理,关于对真理的追求的;如果一个人对此太执著了——他为了美好而追求真理——我打赌他什么也找不到。"①德里达的视野中,关于真理的讨论不过是"寻求一个正当的开始,一个绝对的起点,一个责任原则。关于真理的概念从来就没有内核……每一个概念都嵌在一个链条中,或者在一个与其他概念互为参考的体系中"②。福柯则说:"真理与权力结构相连并且成为其中的一环,这个权力结构生产真理并坚持它是真理,权力导出真理,延伸真理。这就是一个真理的'制度'。"③后现代主义者认为,现代主义所追求的那种普遍有效的、客观的基础是不存在的。这种观点在哲学上表现为对形而上学的批判,反对寻求超越现象世界的本质或最终存在。后现代主义认为知识和真理总是相对于特定的社会、文化和历史背景而言,没有绝对的、普遍的真理,只有从特定视角出发的局部真理。这意味着所有的知识体系都需要在其特定的语境中被理解和评价。后现代主义思想家把现代社会视为一部庞大的机器,组成这个机器的每一个部件都按照预选设定的功能和规则恒定不变地运行。这种社会体制中,偶然性和可能性不起作用,每一个组件都精确地遵循一个平衡系统的任务分配法则,服

---

① LITOWITZ D E. Postmodern Philosophy and Law[M]. Lawrence: University Press of Kansas, 1997: 13.

② LITOWITZ D E. Postmodern Philosophy and Law[M]. Lawrence: University Press of Kansas, 1997: 13.

③ LITOWITZ D E. Postmodern Philosophy and Law[M]. Lawrence: University Press of Kansas, 1997: 13.

从整个机器的机械功能。伴随20世纪出现的测不准原理、突变理论、耗散结构理论、混沌理论等,现代社会中的决定论观念,以及对稳定性、有序性、均衡性、渐进性和线性因果关系的假设,正逐步丧失其原有的解释力和适用性。与此相反,"各种各样的不平衡、不稳定、非连续性、无序、断裂和突变现象的重要作用愈来愈突出并引起人们的关注"①。后现代主义认为那种像机械运行一样可以预测的未来世界是不存在的,决定论和连续性只在某种限定的范围内有效,用单一的视角、固定不变的公式、普遍有效的法则来阐释和衡量这个世界已经不再有效,曾经被遮蔽的差异性和包容性,曾经被社会机械运行掩盖的差异性都开始凸显出来,社会变革和文化更新都在这个基础上诞生。

第二,用互文、拼贴告别整体性和统一性。互文是指文本相互引用、对话和影响的现象,互文性体现了后现代主义对传统和权威的挑战,以及对创新和多样性的追求。拼贴是一种将不同来源的元素组合在一起以创造新形式的艺术手法和认识论方法,它反映了现实世界的碎片化和多元化。通过拼贴,艺术家可以表达对社会现实的批判,也可以探索不同文化之间的交流和融合。后现代主义哲学家将现代社会维系社会运转的语言结构、社会结构、知识结构和文化结构的总体性逻辑称为元话语,是元话语赋予了社会的整体性和统一性。这种整体性和统一性的话语也被称为元叙事,即宏大叙事,包括启蒙的宏大叙事,人类解放的宏大叙事,人类精神和目的的绝对理念叙事,进步的历史观叙事等。尼采说:"人类并没有像所相信的那样展现一个更好、更强、更高级的发展。'进步'只是一个现代概念,就是说,它是一个虚假的概念。"②福柯说:"人类并不是从互相征服逐渐走向进步,直到达到普遍的互惠状态,在这种状态下法治最终取代战争;人类在一个规则制度中仍然坚持其暴力,因而取代统治的仍然是统治。"③福山认为:"自由民主是人

---

① 岛子.译后记[M]//[法]让-弗朗索瓦·利奥塔.后现代状况:关于知识的报告.岛子,译.长沙:湖南美术出版社,1996:228.

② NIETZSCHE F. The Anti-Christ,in the Complete Works of Friedrich Nietzsche[M]. London:Penguin Books,1968:116.

③ LITOWITZ D E. Postmodern Philosophy and Law[M]. Lawrence:University Press of Kansas,1997:16.

类意识形态进化的终结点,而且,作为一个概念,它是不可能再改善的;所以,任何历史的进步都不再可能。"①后现代主义者认为,到了后工业时代,维系人类整体性的这些叙事逻辑都不再具有合法性,人类历史进步的目的论设定是虚幻的,元叙事合法性的基础已经崩溃。"在后现代主义观念中,这种维系着普遍的统一性纽带已经腐烂,元叙事的合法性基础已经崩溃,失去可信性和约束力。"②宏大叙事的溃散导致了社会中心主义的离散,统一模式被抛弃,传统社会的封闭性、连续性、可控性、可预测性、线性因果律和历史的进步观念都陈旧过时,多义性、偶然性、不可测性、不可预见性等新的意义范畴开始塑造新的话语系统。

第三,用去中心化追求真正彻底的多元化。后现代主义反对任何形式的权力中心或权威结构。在后现代主义看来,现代社会中的许多问题都是由权力集中在少数人手中造成的。因此,后现代主义主张权力应该下放,让更多的人参与决策过程,以实现更加民主和平等的社会。后现代主义理论家试图通过特定的局部语境和人类经验的多样性来取代宏大的、无所不包的元叙事,他们相信后现代社会是一个彻底多元化成为普遍共识的社会。所谓彻底多元化,也就是从整体到部分、从外部到内部、从社群到个体、从精神内核到社会机构再到日常生活全部无条件地去中心化。具体表现为以下几个维度。其一,多元性不再是处于某一个整体架构内部的现象,而是一切知识领域、社会领域和文学艺术的本质和精髓,以往存在于人类生产、生活和精神领域的一体性、封闭性和规范性都不复存在。其二,多元性不设置预先条件,多元性和差异性并行不悖,多重范式互相竞争。其三,多元性不仅存在于抽象的精神领域,还存在于西方后工业时代整个社会的所有范畴。其四,不存在包容一切、规范一切、限定一切的元话语,没有任何一种压倒性模式主导整个社会,包括后现代主义本身。换言之,后现代主义拒绝提出一种新的宏大叙事或者话语模式来取代现代性,拒绝用一种新的"主义"取代

---

① FUKUYAMA F. The End of History and the Last Man[M]. New York: Free Press, 1992: 199-200.

② 岛子.译后记[M]//[法]让-弗朗索瓦·利奥塔.后现代状况:关于知识的报告.岛子,译.长沙:湖南美术出版社,1996:229.

现代主义。其五,后现代主义的核心意图是藐视一切权威主义的宏大叙事:"在社会和文化领域中彻底铲除'词语的暴政'。"①知识不再是奴役的工具,专家的一致性话语不再受到尊崇,形形色色的各种事物都能获得人类的感知。后现代主义倡导在各种不同的社会构想、生活方式、文化形态和艺术追求之间进行自主的选择,以保障那些新的、独特的、非主流的事物所存在的权利。

第四,用解构主义拆解元话语和宏大叙事。解构主义旨在揭示文本和话语中的矛盾、模糊性和不确定性,通过拆解传统的二元对立,来展示这些对立是如何被建构出来的,并指出它们之间的界限实际上是模糊的。在后现代主义看来,元话语和宏大叙事带有一体化色彩的技术决定论(technological determinism),不仅是一种一般意义上维系国家和社会治理的工具,更是一种将某种意志强加于人、以强凌弱的权力政治,将有生命力的人变成单一的凝固的工具,把艺术的审美语言变成机器语言。语言被视为交易的工具,艺术成为一种通货,原有的差异、色彩、个性、独创性都被阉割了,朦胧的、自觉的、经验的、日常的归属于心灵的东西消失了。"科技决定论者曾断言科技革命'根治'了资本主义的固有弊病,但自60年代起,科技的统治逻辑反而带来了能源、生态、自然资源以至社会和文化的全面的深刻危机。"②压抑和遮蔽成为现代文明不可逆转的代价,解构元话语和宏大叙事的必要性就不言而喻了。

二、烟消云散:后工业时代的知识合法性

论述至此,一个问题凸显出来:利奥塔是在什么意义上认定他所身处的西方现代社会已经演变成后现代社会呢? 从后现代主义思潮的主要特征可以看出,宏大叙事批判并不是一个孤立的西方社会思潮,它的外围存在着诸多与其主张相似的思想倾向。利奥塔对宏大叙事的批判方向和逻辑方式与

①　岛子.译后记[M]//[法]让-弗朗索瓦·利奥塔.后现代状况:关于知识的报告.岛子,译.长沙:湖南美术出版社,1996:230.
②　岛子.译后记[M]//[法]让-弗朗索瓦·利奥塔.后现代状况:关于知识的报告.岛子,译.长沙:湖南美术出版社,1996:232.

其他后现代主义思想家颇有相似性。利奥塔批判的宏大叙事概念,与后现代主义的思想先驱阿多诺批评的"总体性"(totality)"同一性"(identity)思维相近,也与另一位法国后现代主义思想家德里达批判的"逻各斯中心"(logocentrism)相近。阿多诺在探究二战之后人类社会的格局时,反思了奥斯维辛集中营这样深重的人类灾难,发现了启蒙辩证法所倡导的同一性及总体性价值体系的巨大缺陷,认为正是现代社会建构的虚假的总体性、整体性、同一性导致了人类的灾难,总体性对个体性、差异性、丰富性造成了粗暴干涉,要救赎那些被总体性奴役的人们,就要用同一性、具体的逻辑来取代总体性的、肯定的、抽象无差别逻辑。①

与此相似,德里达解构了事物的内在本质和规律,认为西方传统现代哲学的本质特征,就是为人类提供支撑共同价值观和精神家园的形而上学,即逻各斯中心主义。德里达认为,逻各斯中心主义以本体论构建解释框架,将认知范畴限定于理念世界的关系架构与精神实体,试图通过主体启蒙的价值预设与伦理超越达成人类解放理想,而感性经验则被贬斥为易变的表象。这种认知范式导致终极理性对经验世界的统摄,具体社会现象的复杂性被简化为理性规律的演绎。由此引发的规律崇拜与理性霸权,使哲学陷入抽象思辨的自我循环,割裂了理论与现实的联系。所以,德里达的解构主义以决绝的姿态冲击西方社会的一元价值观和共同精神家园,反对权威,反对理性崇拜,反对一元化,认为差异无处不在,要以开放的心态容纳一切多元价值。我们或许也可以把宏大叙事看作后现代主义思潮批判的"总体性""逻各斯中心主义"的另一种称谓。由此,反拨现代性的后现代主义将宏大叙事作为批判的重点,就并不令人讶异了。

一种文化思潮的出现不是孤立的现象,其背后有所在社会的政治和经济发展因素。任何社会思潮的产生都不同程度地与特定的现实土壤相联系。宏大叙事批判的文化背景是后现代主义思潮,而后现代思潮与彼时西方社会的政治生态和经济发展状况息息相关。"在利奥塔看来,从'现代性'叙事模式向'后现代'叙事模式的转变主要是由科学技术的高度发展和自由

---

① 程婧.浅析阿多诺与总体性通向奥斯维辛[J].福建论坛(社科教育版),2010(6):32-34.

资本主义的发展而导致的。"①正如利奥塔所说："我们可以把叙事的这种没落看成是第二次世界大战以来科技飞跃的结果,这造成了从行为目的到行为方式的重心转移,或者我们可以把叙事的没落看成是激进的自由资本主义在 1930 年至 1960 年间经历了凯恩斯主义掩护下的退却之后重新发展的结果。"②这里必须指出的是,宏大叙事批判思潮是特定历史时期、特定社会空间内的产物,不是全人类在同一时空进程中同步发生的普遍的思想史事件。利奥塔批判的宏大叙事,是欧美发达国家的宏大叙事,这种批判话语对广大后发国家来说并不具有普遍意义。他在《后现代状态:关于知识的报告》中描述的"语言游戏"发生在后工业时代的西方发达国家。用伊格尔顿的话说,后现代主义就是在一个发达的和变形的资本主义社会条件下形成的社会思潮。换言之,宏大叙事批判是 20 世纪发达国家文化反思浪潮的内容之一,所谓的那种形成了不可挑战的话语霸权和叙事逻辑的迅速崛起的现代文明,所谓遮蔽了人性的现代性宏大叙事,是特指彼时的欧美发达国家的思想文化状况。

如果我们追溯历史的时空现场,就可以勾勒出利奥塔批判宏大叙事所处的 20 世纪中后期西方发达国家的社会科技、经济、文化和政治样态。作为现代性的反叛,无论将后现代主义称为"创造性毁灭"或者"毁灭性创造",它都是当时社会的"逆流"。如果说后现代主义极力鼓吹无中心、无深度、无根据、游戏、戏仿、多元、短暂、偶然、多样、易变、不确定、个人化、商品化、日常化、消费主义等,那么横亘在后现代思想家们眼前的时代语境就是真理、本质、解放、启蒙、进步、普遍、中心、理性、同一性、客观的现代性。孕育后现代主义思潮的社会土壤,或者说西方发达国家产生后现代主义思想的社会背景,可以用三点来总结:科学神话的破灭,消费经济的凸显和现代性政治的解体。这三点分别涉及 20 世纪中后期西方发达国家的政治、经济和科技发展形态。

首先,后现代主义思潮的西方科技背景。西方在黑暗的中世纪结束之

---

① 俞吾金.“宏大的叙事”会消失吗?［N］.中国社会科学报,2010-04-27(06).

② ［法］让-弗朗索瓦·利奥塔.后现代状态:关于知识的报告［M］.车槿山,译.南京:南京大学出版社,2011:135-136.

后建立了现代科学体系，推翻神权，恢复理性，崇尚科学。科学技术以严谨的逻辑、精密的建构和可测的理性成为启蒙运动以来人人信奉的圭臬，但是科学叙事在现实和理论面前受到了双重的质疑。从现实角度来观察，资产阶级依靠一次又一次的科技创新和迭代，促使生产力迅速增长，建立了一个庞大的产业链体系。为了最大限度地追求剩余价值，科技成为发达国家剥削和殖民后发国家的武器。科技的双刃剑效应在两次世界大战中体现得淋漓尽致，无数生命成为科技的受害者。近百年时间里，西方创造了比人类历史上任何社会更多的物质财富，也在战争中杀戮了数百万人，每一次杀戮都是由自然科学领域的伟大发现支撑的。战后的军备竞赛和冷战格局中，更多科技被运用于尖端武器的研制和开发。人类还利用先进的科技掠取自然资源，造成自然环境的恶化。科技还反过来摧毁了人类知识的边界，"知识爆炸"带来了知识的支离破碎。随着电视、电脑技术的普及，人类的知识在数量、质量和传输效能上都发生颠覆性的变化。曾经需要十余个编辑在一版《大英百科全书》中就可以囊括全部人类知识的时代一去不返，1967年版的《大英百科全书》单纯是编辑的准备工作，就动员了上万名专家。海量信息的突现，交叉学科的涌现，旧的知识体系逐步崩溃，传统的科学神话受到了极大挑战。

其次，从科学的理论发展成果来看，科学的客观性、统一性、普遍性也被其自身的发展解构了。传统科学被认为是客观的、中立的、无主体的并且与价值无关，但是科学一旦与资本相结合，科学就变成了经济效益和利益攸关方手中的武器。1905年，爱因斯坦的"狭义相对论"改变了人们对传统科学绝对性的认知；1927年，海森堡不确定性理论的提出，增加了人们对科学不确定性的认识；1957年，华裔科学家杨振宁和李政道因弱相互作用中宇称不守恒理论而获得诺贝尔物理学奖。李政道接受记者采访时指出，无论是在学科领域还是在我们的日常生活中，没有什么东西是真正意义上具有确定性的，随着知识的不断扩展，我们会遇到一些旧理论无法解释的新现象，需要去重新审视原有的理论体系，并提出新的研究方法和观点。科学技术领域的一系列新的发现，越来越动摇自笛卡尔以来确立的二元论科学思维方式，也挑战着追求纯粹客观真理的传统科学思维。鉴于包括科学在内的知识都是相对的，任何客观性和确定性都不存在，"人们会因此从根本上彻底抹杀各种科学知识的客观内容和存在基础,这样就导致:人类总体性知识基础的彻底相对化,人类的一切知识所具有的客观性和普遍性,也就'烟消云散'了"①。人们逐步发现了科学领域中并非都是普遍的客观真理。换言之,解构人们对科学的中立性、客观性、普遍性和真理性传统认知的恰恰是科学自己。从狭义相对论到测不准原理,从不确定性理论到宇称不守恒定律,它们的发现者都是科学家,是科学家自己颠覆了科学的绝对性、确定性、普遍性。由此,科学的神话破灭了,人们旧有的确定性的世界观也因此受到重创,这个世界的相对性、非确定性和不完全性,成为一种绝对的、确定的和完全的新认知。这就是后现代主义批判理性叙事、科学叙事、启蒙叙事、真理叙事知识合法性的"知识合法性"。

再次,后现代主义思潮背后的西方经济状况。第二次世界大战后,西方逐步步入科学技术信息化时代,制造业的比重相对下降,服务业在 GDP 中的比例显著提升。信息和知识在社会中的地位显著提升,知识密集型产业成为经济增长的主要动能。人们追求更高层次的消费需求,如健康、教育、娱乐和文化消费,同时,体验经济、个性化定制等新消费模式受到青睐。这种由制造业为主的工业社会向以服务业为主的后现代社会转型的趋势,在美国社会学家丹尼尔·贝尔 1973 年出版的《后工业社会的来临:对社会预测的一项探索》一书中被称为"后工业社会"。"对宏大叙事产生怀疑的第一步是发现除了宏大叙事以外,还有其他的选择。但一直到后工业化时代,都不曾产生足以从根本上威胁宏大叙事存在的理论。"②后工业社会的经济特征不仅带来了经济模式的变化,还深刻影响了社会结构、文化价值观和个人生活方式。经济领域以功能理性和节俭效益为轴心原则,形成了一个等级严密、分工精细的体系。在这个体系中,人被安排为流水线上的一个分工角色,个性被压平,成为被最大限度谋取利润的工具。这种非人化的倾向导致了个人在经济活动中的异化,人们变成了追求效率和利润的机器的螺丝钉。

---

① 杜以芬.后现代主义兴起的社会背景分析[J].济南大学学报(社会科学版),2011,21(1):68-72,92.

② 杨伯溆.宏大叙事与碎片化:全球化进程中互联网传播及其意义[J].现代传播(中国传媒大学学报),2019,41(11):138-143.

随着信息化进程的加快,社会更加关注个人发展和自我实现,传统的阶级划分也在转变。享乐主义、非理性主义和大众文化加速了传统文化根基的丧失,社会凝聚力逐步消解,个人生活意义逐渐失落。此外,全球化和信息化的进展使得西方发达国家在经济上具有更大的全球影响力,却也出现了就业结构的变化和社会不平等问题。

后工业社会里知识的地位也发生变化。知识不再以知识本身为目的,知识以价值为目的,知识只有被作为一般等价物出售或者在新的应用场景中得到增值或消费才有价值。换言之,知识被商品化了。让·波德里亚在《消费社会》一书中指出,我们今天生活在"物的时代","在我们的周围,存在着一种由不断增长的物、服务和物质财富所构成的惊人的消费和丰盛现象。它构成了人类自然环境中的一种根本变化。恰当地说,富裕的人们不再像过去那样受到人的包围,而是受到物的包围"。[①] 物质财富的极大增加伴随着消费目的的转变,消费不再仅仅局限于生活的需要,而是一种生活方式和象征性符号。消费物本身的使用价值不是消费者的真正目的,商品的符号及其符号代表的身份政治标签才是最被人看中的。"资本主义通过'过度生产'和诱导人们'过度消费'来维持其寿命,这必然导致生态危机。"[②]消费文化成为后工业社会文化矛盾的肯綮。在丹尼尔·贝尔1976年出版的《资本主义文化矛盾》一书中,消费主义被视为资本主义经济、文化和社会发展中诸多矛盾的核心。资本主义经济依赖于理性规划和科学管理来提高生产力,但消费主义文化鼓励即时满足、感官享乐和个性化的消费倾向。追求勤奋、节俭、延迟满足的新教伦理支持了资本积累,后工业时代这种伦理趋向却被个性化和享乐主义取代。技术进步和生产自动化带来了大量的商品和服务,但这也进一步扩大了社会不平等。后工业时代大量广告、媒体和流行文化强化了消费欲望,弱化了家庭、社区和教育系统的功能,进而削弱了传统的社会价值观和伦理规范。"从进步思想最广泛的意义来看,历来启蒙的

---

① [法]让·波德里亚.消费社会[M].刘成富,全志钢,译.南京:南京大学出版社,2000:1-2.

② 李泊言.绿色政治:环境问题对传统观念的挑战[M].北京:中国国际广播出版社,2000:9.

目的都是使人们摆脱恐惧，成为主人。但是完全受到启蒙的世界却充满着巨大的不幸。"①现代主义的问题是信仰问题，发达资本主义国家产生了精神危机："新生的稳定意识本身充满了空幻，而旧的信念又不复存在了。如此局势将我们带回到虚无。"②后工业时代的经济发展及其消费社会表征，使得社会价值观不断分化，统一的道德和行为规范逐步瓦解。这些矛盾被贝尔视为不可调和的，是后工业时代资本主义制度的内在缺陷。

后工业时代资本主义社会经济和文化的矛盾，与后现代主义理论的主张具有多层面对应关系。"后工业社会文化（自我表现、自我满足、自我实现）的中轴原则实质上是一种反制度、反规范的原则，个体的主体性被当作是否满足的尺度；自我的情绪、情感、判断和经验不承认任何限制和界定，每个人都想实现他的全部潜能，因而主体精神的张扬与经济技术的异化角色的矛盾不断加深。"③后现代主义拒绝单一的"真理"或"叙事"，强调多样性和碎片化，恰好对应了贝尔描述的消费主义文化中个性化和即时满足的趋势。晚期资本主义下的消费文化强调享乐主义和自我表达，导致价值观的碎片化，而后现代主义认为消费已不仅是物质需求的满足，更是一种符号意义的选择，导致符号超越现实而成为真实。消费文化鼓励自我满足和即时享乐，这种矛盾容易导致个体在角色和身份中产生焦虑和不安，后现代主义认为传统的稳定自我不再存在，个体越来越难以在多重身份和复杂社会关系中找到一贯的"自我"。后工业社会生活方式的碎片化，社会难以形成统一的价值和秩序，而后现代文化推崇小叙事、边缘经验、地方性知识等，反映出一种对碎片化的认可。

最后，后现代主义思潮凸显时期的西方政治生态。二战之后，除了美国以外的西方主要发达国家遭受重创，整个世界进入漫长的休整期。得益于第三次科技革命的加持，西方国家在战后经济开始逐渐复苏，资本主义国家

---

①　［德］马克思·霍克海默，特奥多·阿多尔诺.启蒙辩证法［M］.洪佩郁，蔺月峰，译.重庆：重庆出版社，1990：1.

②　［美］丹尼尔·贝尔.资本主义文化矛盾［M］.赵一凡，等译.北京：生活·读书·新知三联书店，1989：74.

③　岛子.译后记［M］//［法］让-弗朗索瓦·利奥塔.后现代状况：关于知识的报告.岛子，译.长沙：湖南美术出版社，1996：223.

并未像马克思主义预言的那样因为无产阶级的革命而灭亡,反而似乎比原来更加强大。20世纪70年代以来,法兰克福学派、布达佩斯学派等众多思想家发现,资产阶级对无产阶级和整个社会的政治、经济、科技、传媒等各个层面的控制能力非但没有削弱,反而逐步加强,工人阶级和发达国家的普通民众似乎拥有了和资本家一样的物质财富和社会福利,人们的主体性和反抗意识逐步消减了。印刷资本主义、商品拜物教、互联网通信技术、全球贸易体系等新的世界政治、经济和文化现象,促使思想家们反思二战的奥斯维辛集中营等历史悲剧,面对当时核能灾难、第三世界的贫困、气温和海平面的升高、臭氧层的空洞等众多棘手问题,原来的那种进步的、必然的、线性发展的现代性美好图景似乎被现实打破了。"20世纪充满了战争、饥荒和死亡营,没有一种伟大的乌托邦或者启蒙运动理想似乎接近于实现。"[①]反思人类社会的发展模式和进程,人们开始对人类未来的命运越发担忧,对真理、科学、启蒙、理性和信仰的权威性、合法性产生怀疑。

20世纪70年代自后现代主义思潮开始兴起后,利奥塔提出现代性终结论,认为随着知识的商品化进程,支撑现代性的宏大叙事已经丧失合法性,那种引导世界不断前进的确定性力量已经不再可信了。"在后工业社会和后现代文化中,知识合法化的问题是以不同的术语提出来的。大叙事失去了可信性,不论它采用什么统一方式:思辨的叙事或解放的叙事。"[②]这似乎与《共产党宣言》对资产阶级崛起之后封建社会瓦解进程的描述相似:"一切固定的僵化的关系以及与之相适应的素被尊崇的观念和见解都被消除了,一切新形成的关系等不到固定下来就陈旧了。一切等级的和固定的东西都烟消云散了,一切神圣的东西都被亵渎了。人们终于不得不用冷静的眼光来看他们的生活地位、他们的相互关系。"[③]现代社会已经没有什么东西是确定的了,一切坚固的东西都烟消云散了。

---

① [英]特里·伊格尔顿.后现代主义的幻象[M].华明,译.北京:商务印书馆,2014:55.

② [法]让-弗朗索瓦·利奥塔.后现代状态:关于知识的报告[M].车槿山,译.南京:南京大学出版社,2011:135.

③ 中共中央马克思恩格斯列宁斯大林著作编译局.马克思恩格斯选集:第1卷[M].北京:人民出版社,1995:275.

时代孕育了后现代主义思潮,后现代主义思潮又反过来解构那个时代。后现代历史哲学的主要特征就是反对中心主义、反对本质主义、反对基础主义。

> 从哲学上说,后现代思想的典型特征是小心避开绝对价值、坚实的认识论基础、总体政治眼光、关于历史的宏大理论和"封闭的"概念体系。它是怀疑论的,开放的,相对主义的和多元论的,赞美分裂而不是协调,破碎而不是整体,异质而不是单一。它把自我看作是多面的,流动的,临时的和没有任何实质性整一的。后现代主义的倡导者把这一切看作是对于大一统的政治信条和专制权力的激进批判。①

面对后现代主义哲学的嬗变,西方马克思主义流派也涌现了新的研究成果。布达佩斯学派的新马克思主义代表学者赫勒提出了日常生活审美化理论,她指出,在"碎片化的哲学"时代,面对多元性、异质性的"后现代政治状况",要凸显种族的、地方的、个体的和日常的小叙事。

三、片面的深刻:批判宏大叙事的新宏大叙事

从以上对 20 世纪中后期西方发达国家的政治、经济、科技等诸多样态的分析可以看出,后现代主义思潮在彼时的西方出现合乎历史逻辑,宏大叙事遇到的挑战也并不是偶然、突发或随机的思想史事件。后现代思想家对宏大叙事的反思,与时代的发展、历史的变迁和世情的变化紧密相连,体现出对人类命运的深切关注和浓厚的人文精神,并不是故作高深或者无病呻吟。梳理利奥塔批判宏大叙事的逻辑理路,可以发现,后现代主义批判宏大叙事的立论基础,是建立在对后工业时代人类的诸多社会问题的反思上的。在后现代主义思想家们看来,现代社会开启之前,统治阶级掌握一切政治、经济和话语权力;现代化进程开启以后,先前被压制的大多数人开始寻求个人

---

① ［英］特里·伊格尔顿.后现代主义的幻象［M］.华明,译.北京:商务印书馆,2014:1-2.

幸福,人们开始相信人类社会在现代科学技术的加持下能够找寻到通往终极幸福的路径。但事实上,两次世界大战的爆发、奥斯维辛集中营的人类惨剧、自然环境污染的急剧恶化、性别种族等各种歧视的发生,让人们对人类社会共同发展的方向产生怀疑。后工业时代,"'认同'伟大的名字和当代历史的英雄变得更为困难"①。普通人要生存,平凡人要发声,宏大叙事把多元的小叙事和多种价值观压制了,那些声称只要跟着我走就能拯救世界的伟大英雄,那些宣扬人类社会终极幸福的伟大宣言,那些号召人们跟随就能实现所有梦想的伟大冒险,那些声称手握真理和正义引领人们打败强大敌人的伟大梦想,原来都是一种未经检验的语言游戏。这种"后现代状态"的描述完全符合对 20 世纪中后期西方发达国家特定历史时空的判断。

应该说,利奥塔对元叙事的批判揭示了后工业社会知识合法性的深层悖论,其理论价值体现在突破传统权威话语的垄断,激活多元认知范式。这种批判路径通过对同质化叙事的祛魅,推动差异化诉求的公共表达,进而塑造包容性更强的社会价值。传统宏大叙事对同一性逻辑的坚持导致主体经验异质性的系统性遮蔽,而通过认知解构,催生交叉学科视角下的理论创新,形成更具解释张力的学术增长点。在复杂社会问题的应对层面,宏大叙事批判促进对问题多维属性的认知转向,进而制定具有差异适应性的实践策略。但需指出的是,利奥塔的解构范式在方法论层面存在本体论预设的悖反困境,其批判效能受制于特定历史语境的局限。

首先,试图将现代性和后现代性进行明确切割的尝试难以成功。利奥塔与现代性决裂的姿态是明确的,但意愿和事实并非一致。反对宏大叙事的后现代主义能否真正解构宏大叙事,是一个疑问。虽然利奥塔在《后现代状态:关于知识的报告》的开篇是以假设的形式进入后现代主义的,但是随后的论证,给人一种非常明确的"断代"企图。"我们的工作假设是:随着社会进入被称为后工业的年代以及文化进入被称为后现代的年代,知识改变了地位。"②随

---

① [法]让-弗朗索瓦·利奥塔.后现代状态:关于知识的报告[M].车槿山,译.南京:南京大学出版社,2011:60.

② [法]让-弗朗索瓦·利奥塔.后现代状态:关于知识的报告[M].车槿山,译.南京:南京大学出版社,2011:11.

后的论述中,诸如"它不再以自身为目的""关于知识的确切划分不再是'有知识'和'无知识'""我们就会发现上述各种确定全消失了""科学知识就这样与其他那些组合起来构成社会关系的语言游戏分离了。它不再像叙述知识那样是社会关系的一个直接因素""一些学科消失了""他也不再或近或远地关心社会进步、人类解放的伟大任务""作为知识和预测的范式所具有的优势正在消失"等极具确定性、切割性的论断。① 这些都在暗示,一个迥然不同于现代性的新的社会形态已经到来。利奥塔提出的后现代主义概念:"将后现代看作是对现代性的彻底的决裂,是历史中的断裂,它表明社会从前一个阶段过渡到一个新的阶段,它是一个全新的状况。"②这种判断显然是武断和牵强的。

尽管后现代主义对现代主义持反叛态度,但其本质仍属于现代性内部的发展与演变。后现代主义依然属于现代性的轨道,二者"彼此之间并非是根本性断裂,而是具有其内在的关联性"③。"在矛盾困境中的现代性并没有走向终结,而是蕴含着自我调节、自我创新的潜力。资本逻辑通过自我扬弃,自我克服可以实现现代性的自我内在超越。"④事实上,现代主义和后现代主义之间并没有前后界限分明的分割点,后现代主义是现代主义的某种发展和延续。"现代主义和后现代主义之间并没有一道铁幕或中国的万里长城与之隔绝;因为历史是一张羊皮纸(Palimpsest),而文化则渗透在过去、现在和未来的时间中。"⑤在提出宏大叙事批判之后的十年后,利奥塔在著作《非人:时间漫谈》中也承认这一点:"无论现代性还是上述的后现代性都不能被认定和定义为界线明确的历史实体,后现代性总是在现代性之'后'到来。我应当说,正相反:在现代中已有了后现代性。"⑥已经有多位学者发现

---

① [法]让-弗朗索瓦·利奥塔.后现代状态:关于知识的报告[M].车槿山,译.南京:南京大学出版社,2011:14,17,36,93,139,173,204.

② 陈志良,余乃忠.利奥塔后现代叙事的四大悖论[J].江苏社会科学,2008(1):19-22.

③ 赖大仁.后现代主义与当代中国文化语境[J].学术界,2008(3):25-33.

④ 安昊楠.资本、叙事与现代性:马克思与利奥塔的思想对话[J].马克思主义哲学论丛,2020(2):94-105.

⑤ 佟立.西方后现代主义哲学思潮研究[M].天津:天津人民出版社,2003:330-331.

⑥ [法]让-弗朗索瓦·利奥塔.非人:时间漫谈[M].罗国祥,译.北京:商务印书馆,2000:26.

并指出了利奥塔的这种"语言游戏"。"利奥塔拒绝将两者作为历史的范畴去区分,而是将它们呈现为对世界和历史的不同回应方式。"①围绕后现代主义的定义和内涵,尽管后现代主义和现代主义的联系等问题的争论持续不断,但我们必须注意到:不管如何强调现代主义和后现代主义的差异和对立,都应该看到二者之间的紧密联系。

和现代性一样,后现代性既非特定的历史阶段,也不属于明确界定的文化思潮或政治运动,而是对现代性的反拨。后现代寄生在现代性之上,"依靠从现代性的成就及困境中汲取养分而生存"②。没有现代性就没有后现代,现代性消失了,后现代也不存在。所以,后现代主义是建立在现代性基础上的反思和批判,本质上并不能解构现代性的根基,只能有选择性地批判现代性的某一个维度。"与其制定一张不可能完整的图表,我们不如从一个特征出发,它能立即确定我们的研究对象。科学知识是一种话语。"③与其说利奥塔批判现代性,张扬后现代性,不如说他重写了现代性,"利奥塔的重写现代性,是一种现代性的再出发","利奥塔没有整体拒绝现代,他拒绝的只是在科技理性指引下人类整体解放和救赎的这一宏大叙事"。④"对现在的绝对否定很可能以彻底丧失自由或彻底毁灭而告终。"⑤彻底否定现代性,无疑等于否定人类社会最伟大的进步。

其次,利奥塔对宏大叙事解构的后果缺乏负责任的预估。宏大叙事解构之后,这个世界的知识体系应该如何运作?解构之后留给这个世界的是什么?这些问题理应得到回应。现代社会,上帝死了,神父、皇帝和领主都过时了,人类开始朝着科学、真理和自由的社会前进。可是,后工业时代,后

---

① [英]西蒙·莫尔帕斯.导读利奥塔[M].孔锐才,译.重庆:重庆大学出版社,2014:119.

② [匈]阿格妮丝·赫勒,费伦茨·费赫尔.后现代政治状况[M].王海洋,译.哈尔滨:黑龙江大学出版社,2011:13.

③ [法]让-弗朗索瓦·利奥塔.后现代状态:关于知识的报告[M].车槿山,译.南京:南京大学出版社,2011:11.

④ 安昊楠.资本、叙事与现代性:马克思与利奥塔的思想对话[J].马克思主义哲学论丛,2020(2):94-105.

⑤ [匈]阿格妮丝·赫勒,费伦茨·费赫尔.后现代政治状况[M].王海洋,译.哈尔滨:黑龙江大学出版社,2011:13.

现代主义告诉我们,启蒙的进步性、科学的理性、真理的普遍性和一元主义的目的论导致了集权和人类的灾难,历史将要进行二次变革,集中的、一元的、宏大的中心主义离散了,历史成为碎片。利奥塔认为反思和批判宏大叙事的过程永无完结,批评家的任务就是不停地重写和反思现代性,去质问构成宏大叙事的话语类型,发掘可以改变的可能性瞬间。砸烂现代性的世界,留下的是混乱的世界,这恐怕不是后现代主义的初衷。伊格尔顿在追问这个问题的时候,更加一针见血:

> 我们可以回到"后现代主义"一词的意义含混的"后"字上。现代性的哪一个部分已经被后现代主义留在了身后呢?它的一切?人的平等的概念以及历史进步的观念?妇女的解放以及工人阶级的解放?对个人自由和良心的信仰以及对理性权威的信仰?现代性的某些部分像革命的观念一样,似乎在理论上已经崩溃,但在实践上没有。①

后现代主义对现代性的解构将会导致人类无法承受的未来。人类社会无法承受宏大叙事解构的预设目标,正如无法承受解构主义的目的假设。解构主义的自身局限性也不言而喻,解构主义的旗帜人物德里达也只能规避"解构主义"的"被解构"。如果说尼采的"上帝死了"让我们发现人类自身的主体地位,那么福柯的"作为主体的人死了"就终结了人类的终极神话。现代性启蒙之前,上帝是最高主体,基督教神学是最高权威;启蒙之后,上帝的地位由人类自己代替,人的主体地位是最高权威;后现代思潮之后,主体被消解,人的神话也被终结,任何客观的标准都烟消云散了,真理和科学被知识的虚无主义代替,全人类的彻底解放被相对的无政府主义代替。真理和解放,启蒙的两大理想随着后现代主义对人类主体的解构而消散。没有真理的世界,没有解放的世界,将是人类面临的不能承受之轻。

再次,利奥塔宏大叙事解构的意图与其结果形成了悖论。反对宏大叙

---

① ［英］特里·伊格尔顿.后现代主义的幻象［M］.华明,译.北京:商务印书馆,2014:53.

事的后现代主义避免建立另一种宏大叙事,但实际上已经建立了一种宏大叙事。"用一个后现代的、反思性的方式来判断事件,就是让它们可以进一步解释和讨论,而不是寻找'真理'而'解决'它们,后者只会将分析自身变成一个新的宏大叙事。"①虽然利奥塔并不想用一种新的宏大叙事取代他所批判的启蒙的和思辨的宏大叙事,但是由于对极权主义的高度忌惮,他将共产主义目标认定为对个人权利和自我诉求的排斥和压抑。他认为拆解了宏大叙事,就解构了极权主义的合法性。与宏大叙事彻底决裂,追求彻底的碎片化和无中心化,这是一种片面的激进和深刻,这种逻辑方法与他所批判的统一性和本质性思维并无二致。理论上说,脱离现实政治和具体意识形态的学术研究是不存在的,对宏大叙事的批判,其本身就带有强烈的意识形态特征。即便是反对意识形态,也是一种意识形态。在学术界,以"反抗霸权"为出发点的批判言路正演变为一种话语霸权。利奥塔对宏大叙事的决绝批判,仿佛让我们看到后现代主义的话语霸权正闪烁着刀光剑影,一种和宏大叙事一样的强大话语力量扑面而来。

后现代主义反对极端,反对霸权,反对极权,倡导多元,主张无中心,推崇碎片化和边缘化,却走到了另一个极端。"后现代主义在批判现代性时往往从一个极端走向另一个极端,他们最初是要批判理性、主体和宏大叙事弱点,可最终却变为对整个理性、主体与宏大叙事的批判。"②有一种可能,反对宏大叙事,反对共同价值观,反对本质主义和中心主义,可能是为了塑造另一种宏大叙事、共同价值观、本质主义和中心主义,即便他们声称彻底地解构。"利奥塔用一种宏大叙事的方式来宣告了宏大叙事的消失。这本就意味着他有着一种宏大叙事情结,当他对西方和非西方进行后现代的仰观俯察时,我们仍然可以感受到一种在后现代反宏大叙事中的宏大叙事韵味。"③利奥塔解构宏大叙事,倡导多元的、地方的、边缘的、碎片的叙事,同本质化、普遍主义的宏大叙事一样,也是一种宏大叙事,只不过不再用宏大叙

① [英]西蒙·莫尔帕斯.导读利奥塔[M].孔锐才,译.重庆:重庆大学出版社,2014:123.

② 杨生平.论后现代主义及其对中国文化影响[J].贵州社会科学,2013(8):27-31.

③ 张法.利奥塔的后现代思想[J].四川外语学院学报,2002(3):3-7.

事来命名罢了。

某种意义上，反对宏大叙事本身就是一种宏大叙事。反对宏大叙事语言游戏的人，也有可能在玩弄另一种语言游戏，既不是旧瓶新酒，也不是新瓶旧酒，而是酒依然、瓶依然，只是换了瓶子的标签。我们不能否认这种可能，即那些自称反对宏大叙事的人，其遵循的逻辑依然是宏大叙事，他们反对的不是宏大叙事的方法论，而是反对宏大叙事所导致的某种他们不能接受的结局或社会现象。"《后现代状况》应该只与元叙事有关，但实际上，它主要是关于替代元叙事的东西。"①后现代主义者反对历史进步论，可能反对的是历史进步论的最终目的指向，而不是历史进步论本身。换言之，也有一种"醉翁之意不在酒"可能，即利奥塔之所以反对启蒙叙事、解放叙事和历史进步叙事，把这些叙事冠之以宏大叙事的名头，是因为他将两次世界大战、奥斯维辛惨剧和极权主义等人类挑战，都视为宏大叙事这种语言游戏的结果。如果我们提出另外的宏大叙事，诸如经济增长叙事、万物互联叙事，后现代主义者可能大概率不会反对。经济增长是解决人口老龄化问题、环境污染问题、社会动荡问题、极端贫困问题、供应链危机和地缘政治冲突的重要前提。万物互相依存是21世纪的主要特征，②也是人类社会出现的最重要的系统性变化，也是人工智能时代、全球化和科技进步的产物。这些宏大叙事和人类社会发展的历史趋势，是后现代主义者无法解构的共识。利奥塔可能并不是反对宏大叙事，而是忌惮极权主义和各种人类惨剧。具体而言，他不是反对所有的现代性，而是反对一部分现代性；他不是反对所有的宏大叙事，而是反对某些宏大叙事。这种猜测不是没有根据的。正如利奥塔自己所说："为了使知识和知识机构合法化而把种族和劳动的叙事放入精神的叙事中，这种做法是双重不幸的：它在理论上不一致，但足以在政治语境中找到灾难性的反响。"③事实上，这些所谓"政治语境中灾难性的反响"与

---

① M.西蒙斯.利奥塔与后现代技术科学[J].刘丽苹，铁省林，译.世界哲学，2023（1）：134-149.

② ［德］克劳斯·施瓦布，［法］蒂埃里·马勒雷.大叙事：构建韧性、公平和可持续的社会[M].世界经济论坛北京代表处，译.北京：中信出版社，2022：导读4.

③ ［法］让-弗朗索瓦·利奥塔.后现代状态：关于知识的报告[M].车槿山，译.南京：南京大学出版社，2011：128.

他所批判的启蒙叙事、解放叙事和历史进步叙事之间是否具有真正的必然逻辑关系,还是值得商榷的问题。

最后,本质论和目的论并不是排他的话语霸权。事物规定属性的本质论和历史进步主义的目的论并不具备直接的政治内涵,利奥塔将其视为支撑极权主义的合法性逻辑,这是缺乏说服力的。后现代主义认为现代性最主要的罪行就是本质主义,但是本质主义并不直接导致极权统治。本质主义虽然相信事物是由某些属性构成的,但并不是说所有的属性都是其本质属性,只是有一些属性为此事物最本质的特征。如同分子式和化学式一样,如果改变了本质特征,这种事物就会改变成其他事物。一个事物有其本质属性,另一个事物有其另外的本质属性,不同的事物有不同的本质属性,且这种本质属性是随着人类认识的进步而逐渐深化的。一种化学物质的表达方式除了化学式外,还有分子式、实验式、电子式或者其他本质属性的描述方式。这并不意味着所有的事物都只有一种属性,或者每一种事物只有一种单一的本质属性。本质主义既没有好坏之分,也没有直接的政治内涵,"本质主义的信念是平凡无奇,不证自明地正确的,很难看出为什么有人要否定它。"①至于人类社会发展的进步观念和目的,这也不必讶异。利奥塔和后现代主义对历史进步主义的目的论有着如此激烈的反应,多少有些令人惊讶。后现代主义者从历史受害者的立场出发,把可能造成人类悲剧的渊薮归结在历史构造的完全决定性目标上,这似乎是一种"有罪推定"。"几乎没有任何人相信历史是朝着某种既定目标平滑地展开的。但是每一个人都相信历史的目的和意图,相信被它们的特殊目标所定义和指导的构想。"②目的论的存在并不是要造成人类社会朝着进步的方向一往无前的假象,也不是要提供人类社会发展方向的内在必然性逻辑,更不是要否认人类社会发展的偶然性和不确定性,相反,历史进步主义的信念是渴望一个在理性控制下的历史的出现,而不是将人类的未来交给"无情的命运"。

---

① [英]特里·伊格尔顿.后现代主义的幻象[M].华明,译.北京:商务印书馆,2014:112.

② [英]特里·伊格尔顿.后现代主义的幻象[M].华明,译.北京:商务印书馆,2014:120.

后现代主义学者的目标看似清晰且锋利，他们要彻底剥去宏大叙事的面纱。这就是说，如果后现代主义成功将宏大叙事解构，那么整个的人文社科将中止在后现代主义的解构上。① "后现代主义动摇了西方社会的人文科学乃至整个知识形态赖以存在的合理性基础。"②实际上，解构宏大叙事的努力和成效并不对等，也是难以做到的。"试图用小型叙事代替宏大叙事不仅违背了知识和科学的现状，就是倡导后现代的哲学家们自己也做不到。"③因为后现代主义思潮的立场和观点本身也是一种话语体系，一种推翻宏大叙事话语体系的新的话语体系。"在他们推翻现代性话语体系之时，他们也同时将话语的宏大叙事方式推翻了，这也就意味着他们将思想中的那些基础性的、涵盖面广、包容量大、视野广大、理论含义重大的部分同时推翻了，而其中可能恰恰也包含着人类思想中那些富有力量的部分。"④后现代主义思潮解构宏大叙事是 20 世纪后半叶人类社会的重大思想史事件，牵一发而动全身，其理论预设的激进姿态和内在悖论，以及其理论和现实之间的巨大鸿沟，导致了包括伊格尔顿、乔姆斯基在内不同领域学者的激烈批评，有的甚至将其直斥为"时髦的胡说八道"⑤。

第三节　宏大叙事批判思潮的中国映射及其意识形态风险

之所以将宏大叙事批判视为核心话题，之所以用如此多笔墨来探讨宏大叙事的内涵及其批判背景，是因为包括利奥塔在内的众多后现代思想家

①　杨伯溆.宏大叙事与碎片化:全球化进程中互联网传播及其意义[J].现代传播(中国传媒大学学报),2019,41(11):138-143.

②　岛子.译后记[M]//[法]让-弗朗索瓦·利奥塔.后现代状况:关于知识的报告.岛子,译.长沙:湖南美术出版社,1996:232.

③　陈志良,余乃忠.利奥塔后现代叙事的四大悖论[J].江苏社会科学,2008(1):19-22.

④　任昕."后马克思主义"是马克思主义吗?——反思后现代主义者对马克思主义的解读[J].外国文学动态研究,2016(6):5-13.

⑤　SOKAL A, BRICMONT J. Fashionable Nonsense:Postmodern Intellectuals' Abuse of Science[J]. Philosophy & Literature,1999,23(1):240-242.

将批判的对象对准马克思主义。对高校思政课研究者和一线教师而言，这是巨大的知识陷阱和话语挑战。利奥塔将现代性指认为宏大叙事，"同时也将马克思的思想和马克思主义理解为一种现代性的宏大叙事而予以全盘解构，宣称现代性已经终结了"。① 利奥塔在《后现代状态：关于知识的报告》中，将马克思主义、社会主义、阶级斗争与"偏执狂""极权""乌托邦"相提并论，显示出他批判马克思主义的鲜明姿态和立场。② 利奥塔和其他后现代主义理论家对发达资本主义国家"知识状况"的批评已经溢出特定的时空，进入了全球的思想史视野中，也成为 21 世纪前后影响中国的重要思潮之一。以宏大叙事批判为代表的后现代主义思潮，以利奥塔为代表的后现代理论家的观点和著作，对 21 世纪前后的中国思想界、教育界、哲学界、艺术界的影响是持续而深远的。从教育叙事学视角来看，宏大叙事批判和后现代主义思潮对当代中国高校思政课教学的影响不可低估，其对高校思政课教学的方法论的启示亦值得进一步探讨。

一、认知陷阱：后现代主义思潮的时空错位

党的二十大报告强调："意识形态工作是为国家立心、为民族立魂的工作。"③ 意识形态工作关乎国家前途、民族命运和人心向背。消解主流意识形态的话语权，是后现代思潮批判宏大叙事的核心目的之一。以利奥塔的宏大叙事批判为代表的后现代思潮，是 20 世纪 70 年代的西方发达国家产生的"真正的哲学"，是彼时彼地的"时代精神"的精华。20 世纪的文化焦虑和文化危机不是人类生存的枝节性问题，而是直接涉及"人类历史'轴心期'确立的历史意识或主导性文化精神的危机问题"。④ 作为一种文化模式，后现代主义思潮与西方发达国家的工业化、生产力增长、发达经济和民主化契约化政治

---

① 安昊楠.资本、叙事与现代性：马克思与利奥塔的思想对话[J].马克思主义哲学论丛,2020(2):94-105.

② [法]让-弗朗索瓦·利奥塔.后现代状态：关于知识的报告[M].车槿山,译.南京：南京大学出版社,2011:48-50.

③ 习近平.高举中国特色社会主义伟大旗帜 为全面建设社会主义现代化国家而团结奋斗：在中国共产党第二十次全国代表大会上的报告[M].北京：人民出版社,2022:43.

④ 衣俊卿.论 20 世纪的文化状况[J].求是学刊,2007(6):6-12.

紧密咬合在一起,正是由于后工业时代发达国家知识的高速增长和流播推动了后现代思潮的产生。但是,利奥塔批判宏大叙事的适应范围相对有限,即便在他所考察的西方发达国家也不完全贴合。有学者指出,利奥塔对后现代知识状况的合法性逻辑的解构和最终的断言,不仅与晚期资本主义的思想现状不符,而且在"知识对于国家的重要性""纷争理论""批判理论""宏大叙事"等方面也蕴含着难以克服的悖论,在否定现存的批判范式中陷入了同样的思维范式。①

同时,特定时空的哲学文化思潮对处于不同社会发展水平、生产力水平与文化状态的其他地区、国家和民族而言,并不一定适用。马克思说:"任何真正的哲学都是自己时代的精神上的精华。"②任何哲学思潮都有其产生的特定社会历史背景,这些思潮溢出时间和空间之后,在不同文化和国家中的影响也会有所不同。"对于中国等后发展的国家而言,理性主义文化的危机引发了更为深刻的文化冲突。它们的社会转型和现代化具有特殊的历史定位:这些国家的现代化与西方发达国家的现代化有一个很大的时代落差。"③20世纪70年代发达资本主义国家的"知识状态"溢出了固定的地理空间和特定的时代坐标,从西方发达国家蔓延到包括发展中国家在内的世界各地,从20世纪中后期延续至当下。宏大叙事批判在21世纪前后的发展中国家产生的影响复杂而深远,使得后发国家陷入宏大叙事的"时空陷阱"。

在知识系统如何支撑一个国家和民族未来发展的问题上,利奥塔显然注意到了发达国家和发展中国家的巨大差距,并且预言发达国家和发展中国家的差距会越来越大,却忽视了发展中国家从科技和知识中获取收益的权利,并用解构的方式剥夺了发展中国家现代性的路径。这个地球上广大的发展中国家需要的不是后现代主义,而恰恰是后现代主义所批判的现代性。发展中国家的进步,恰恰需要科技、解放、知识启蒙、历史进步等宏大叙事的支撑。20世纪80年代,作为第一生产力,科学技术和前沿知识改变了

---

①　陈志良,余乃忠.利奥塔后现代叙事的四大悖论[J].江苏社会科学,2008(1):19-22.

②　中共中央马克思恩格斯列宁斯大林著作编译局.马克思恩格斯全集:第1卷[M].2版.北京:人民出版社,1995:220.

③　衣俊卿.论20世纪的文化状况[J].求是学刊,2007(6):6-12.

发达国家的面貌,但是对于发展中国家来说,技术和知识的获取成为最薄弱也是最关键的环节。"在后工业和后现代时期,科学将继续保持并且可能加强它在提高民族国家生产能力方面的重要性。由于这种形势,我们有理由认为,发达国家与发展中国家的差距还会不断增大。"①利奥塔非常清晰地意识到知识已经成为后工业时代不同国家和民族间竞争的最重要的"赌注",并且预言未来世界还可能因为知识、信息的控制权而发生战争。"知识具有对生产能力而言必不可少的信息商品形式。它在世界权力竞争中已经是、并且将继续是一笔巨大的赌注,也许是最重要的赌注。因为民族国家曾经为了控制领土而开战,后来又为了控制原材料和廉价劳动力而开战,所以可以想象它们在将来会为了控制信息而开战。"②对于广大发展中国家而言,重要的不是解构知识和科学体系,而是建构现代知识和科学体系,不是放弃现代民族国家的核心认同,而是要用现代民族国家认同助力民族解放。但是利奥塔推导出的答案是后现代主义的知识对于国家和政治的影响力消失了。他一方面意识到知识对于现代民族国家尤其是发展中国家的巨大意义,另一方面却要亲手解构现代以来的知识结构,这对广大后发国家来说无疑是巨大的认知陷阱。

不同时空语境里,后现代理论会产生错位叠加效应。宏大叙事理论是舶来品,批判宏大叙事是西方知识界对发达国家现代性的反思。解构的前提是建构,后现代主义反思的对象是现代性。对于后发国家来说,我们不可能一边建构现代性一边解构现代性,一边致力于民族国家的现代化,一边亲手消解现代化。当代中国正处于社会主义初级阶段,借鉴现代化国家的生产组织结构发展国内经济,中华民族伟大复兴的大业正处于攻坚阶段,中国式现代化蓝图正在如火如荼地绘制,核心价值观和主流价值体系依然在与时俱进地建构、巩固。解构宏大叙事就是要挑战国家权威、民族历史、集体利益等话语体系,定会造成主流意识形态的混乱。宏大叙事在社会整合上

---

① [法]让-弗朗索瓦·利奥塔.后现代状态:关于知识的报告[M].车槿山,译.南京:南京大学出版社,2011:14.

② [法]让-弗朗索瓦·利奥塔.后现代状态:关于知识的报告[M].车槿山,译.南京:南京大学出版社,2011:14.

的积极功能、微观叙事的建构作用及当代西方高校不遗余力维护宏大叙事的现实,都在证明"宏大叙事终结论"这一西方"常识"十分可疑,甚至是一个伪命题。

二、一石千浪:宏大叙事批判思潮的多维映射

党的十八大以来,习近平总书记以宏阔的历史视角、广博的国际眼光和深远的战略思维,对高校思想政治教育的加强与改进作出一系列重大部署。2019年3月18日,习近平总书记在学校思想政治理论课教师座谈会上发表重要讲话指出,思想政治教育工作者要有知识视野、国际视野、历史视野。①宏大叙事与高校思想政治教育的有效性密切相关,社会主义核心价值观及其主流意识形态不仅是高校思政教育的根本内容支撑,也是当代中国宏大叙事的核心支柱,关涉人才培养的根本方向。当前,历史虚无主义思潮与对宏大叙事的解构相互勾连,削弱新时代社会主义主流价值观,高校思想政治教育内容的有效性正遭遇严峻的理论与话语挑战,可称之为"利奥塔困境"。社会主义核心价值观和主流意识形态,是中国共产党领导人民在近百年革命与建设历程中构筑的知识体系顶峰,而当其遭遇"利奥塔困境",高校思想政治教育的内容有效性势必面临巨大冲击。面对后现代思潮在后发国家的时空错位及其所制造的认知陷阱和话语危机,高校思想政治教育的研究者和一线教师不仅要具备敏锐的政治判断力,精准研判、理性应对,还要充满信心地彰显和传播社会主义主流价值观的合理性、先进性与必要性。因此,如何正面回应宏大叙事解构思潮对社会主义主流话语权的冲击,如何避免陷入后发国家的"宏大叙事陷阱",如何识破"宏大叙事终结论"的虚假命题,摆脱"利奥塔困境",坚定维护社会主义宏大叙事的理论自信和实践定力,从而夯实当代中国高校思想政治教育的内容有效性,已成为当前亟待解决的重要课题。

之所以将后现代主义对中国思想政治教育的影响,与利奥塔的宏大叙

---

① 习近平主持召开学校思想政治理论课教师座谈会强调:用新时代中国特色社会主义思想铸魂育人 贯彻党的教育方针落实立德树人根本任务[N].人民日报,2019-03-19(01).

事批判放在一个框架下讨论,是因为后现代主义传入中国的代表性思想家就是利奥塔。"中国对后现代主义理论思维的领悟则主要是通过利奥塔的《后现代状态》完成的。"①利奥塔的宏大叙事批判作为后现代主义思潮的一部分,确实在20世纪末期对西方哲学、文化、艺术等领域产生了深远影响,可称之为"后现代的全球意识"。后现代主义确实产生于西方社会,但在当今这个信息爆炸的时代,日益频繁的中外文化学术交流与互联网的普及已将我们所生活的地球连为一体,"特别是像中国这样既是发展中的大国,同时又有着诸多后现代社会的文化因子,后现代文化一经传入就很容易驻足,甚至有可能取得长足的发展。"②后现代主义在当代中国的影响是一个复杂多元的话题,可以视为西方的"文化殖民",也可视为一次"话语的平移"。

> 中国在接受后现代主义过程中受到各种不同力量(需要)的支配,混合着多种复杂交织的情感:一种是现代性的动力,将后现代主义视为"现代主义之后"、现代性的新的发展阶段,需要中国追赶和同步;一种是反思现代性的动力,将后现代主义视为对现代主义的反动,用以克服现代性存在的不足;一种是反传统的冲动,表现出对既有的文化价值、宏大叙事都表示怀疑的相对主义和虚无主义……③

宏大叙事批判思潮对国内文学、哲学和历史学等领域虽然都产生较大影响,但在高校思想政治教育领域的影响研究还不是很充分,这一点要引起足够的重视。

宏大叙事批判思潮在社会政治各个领域的投射作用比较显著。从前文对后现代主义思潮的四点特征可以看出,后现代主义思潮对长期以来建立

---

① 曾军.西方后现代思潮中国接受四十年:历程及其问题[J].中国文学批评,2020(3):99-110,159.

② 王宁.后现代主义论争在中国:反思与启示[J].中国文学批评,2020(3):92-98,159.

③ 曾军.西方后现代思潮中国接受四十年:历程及其问题[J].中国文学批评,2020(3):99-110,159.

在元话语基础上的宏大叙事持批判态度,认为宏大叙事是统治逻辑,对本体论、基础主义、本质主义、一元论为根本特征的西方传统哲学体系提出质疑,否认线性的历史进步主义,反对工具理性和技术决定论思维范式,将这些思维范式视为集体主义、国家主义乃至权威主义、集权主义和专制独裁的原因。现代社会为了提升系统运行的效率,尽量简化内部运作流程,并使个体意愿主动或被动地顺应系统的整体需求。但是利奥塔认为,事物本质上是复杂的,性能优化原则并不符合"真"的原则,个人愿望服从系统设计是对个体价值的戕害;服从高效和权威的社会话语体系,构成先验性的元叙事,即宏大叙事;而建立在宏大叙事基础上的科学知识体系,具有叙事路径依赖,其合法性是不牢固的。这种批判逻辑还渗透到性别、民族和社会政治各个领域,表现为批判男权主义、国家对社会的统治、主体民族对少数民族的压制、中心对边缘的控制等,出现了女权主义对男权主义的反抗,无政府主义对国家社会统治的消解,少数民族与主体民族的对立,地方主义、边缘主义与中心主义的抗衡等。

后现代思潮对宏大叙事的"反抗"事实上已经演变为对人类启蒙价值的"反动"。后现代思想家认为启蒙运动的理性预设存在各种问题,毫不留情地怀疑、讽刺、拒绝现代主义的宏大叙事。被现代主义认为具有普适性的概念,诸如"道德""真理""人性""论证""语言""社会进步""客观现实"等都被否定,现代社会尊奉的普遍主义、中心主义、可预测的运行法则和进步观念都被摒弃。后现代主义否认世界有什么基础和本质,否认历史有什么规律,否认社会价值观念的核心内涵,强调差异、多元、多样、边缘、具体,推崇流动、碎片和当下即时感等。后现代主义通过解构宏大叙事,以期达成社会结构的再造,消解帝国主义和极权统治的控制,维护个人自由和自主。利奥塔宣告宏大叙事的衰落,"对现代知识论的总体性施行了巨大的打击,动摇了传统哲学思想的根基,并且引发了后现代新思想的洪流"[①]。可以说,后现代主义为了自由这单一价值的无尽彰显,可以抛弃对于真理和解放的追求,通过反对宏大叙事,任由碎片化的知识和戏仿文化艺术驰骋,这实际上是对启蒙运动的反动。

———————————

① 王婷.利奥塔对现代知识论的解构[N].社会科学报,2019-10-15(02).

宏大叙事批判思潮在中国文学、历史学领域激起了一连串的涟漪。20世纪80年代中期,西方后现代理论在国内广泛传播。到了90年代,随着"人文精神的失落"论调兴起,国内文学艺术领域也开始显示出对宏大叙事的解构趋势,非非主义、新写实主义等文艺流派相继涌现,出现了有意挑战神圣崇高,并带有鲜明反叛色彩的文艺作品。"'宏大叙事'的整体性被打破、颠覆、瓦解和变异,个人欲望、文化动因、性格命运、偶然性及文本的美学规范代替历史的完整性和目的性,成为文学叙述基本动力。"①其间,国内史学界掀起了史学解构之风,对"宏大叙事"的批评也不绝于缕。一时间,史学理论和相关研究成果"解构"有余而建构不足,提出的新方案支离破碎。"相对性、差异性、主观性、底层、边缘、文本性、艺术性登堂入室,确定性、统一性、客观性、上层、中心、真实性、科学性在这种历史学中被扫地出门,历史学的画风俨然一变。"②21世纪以来,虽然社会主义、集体主义、爱国主义等价值观依然占据主流地位,但随着经济体制的深刻变革,贫富分化加大等现象加剧拜金主义、个人主义、享乐主义的滋长衍变,大学生群体中出现颠覆传统、躲避崇高等思潮,不同程度上构成对主流意识形态的消解。

三、利奥塔困境:宏大叙事批判的意识形态风险

概括而言,以宏大叙事批判为代表的后现代主义思潮对我国主流意识形态的负面影响主要包括以下几个方面。

第一,批判马克思主义,腐蚀思想政治教育的理论根基。习近平总书记在党的二十大报告中强调:"我们要坚持马克思主义在意识形态领域指导地位的根本制度。"③因此,"坚持以马克思主义理论为指导,是党的思想政治教育的根本"④,

---

① 邵燕君."宏大叙事"解体后如何进行"宏大的叙事"?[J].南方文坛,2006(6):32-38.

② 赵轶峰.明清史宏观研究的问题意识[J].社会科学战线,2022(7):98-107,282.

③ 习近平.高举中国特色社会主义伟大旗帜 为全面建设社会主义现代化国家而团结奋斗:在中国共产党第二十次全国代表大会上的报告[M].北京:人民出版社,2022:43.

④ 教育部社会科学研究与思想政治工作司.思想政治教育学原理[M].北京:高等教育出版社,1999:18.

"思想政治教育学的指导理论是马克思列宁主义、毛泽东思想和中国特色社会主义理论体系。坚持思想政治教育指导理论的主要标志是遵循马克思主义的立场、观点和方法"①。思想政治教育学的指导思想，高校思想政治教育的指导思想，以及当代中国思想意识形态领域的指导思想都是马克思主义科学理论体系。高校思想政治教育必须坚持和遵循马克思主义的原则，大学生必然要坚持和遵循的主流思想意识形态也是马克思主义。马克思主义以其历史唯物主义与辩证法，提供了系统解释社会发展与变革的宏大理论框架。然而，利奥塔的宏大叙事批判，将矛头直接对准马克思主义，否定普遍真理和历史规律，主张一切知识体系都是权力建构的产物，对马克思主义的科学性提出质疑，认为马克思主义不过是一种话语霸权，缺乏客观性和普遍适用性。后现代主义通过质疑真理的普适性、解构历史的线性叙述和否定价值体系的确定性，削弱了学生对马克思主义科学性和历史性基础的认同。这种思潮以"多元真理""相对主义"等观念，使得马克思主义的批判性与指导性地位遭遇挑战，可能导致部分师生对马克思主义的信仰弱化，甚至产生相对主义、犬儒主义倾向，使思想政治教育的理论根基受到侵蚀，不利于学生形成坚定的马克思主义立场。后现代主义对马克思主义的解构本质上可以被视为一种意识形态的对抗，其对中国主流意识形态的负面影响需引起高度警惕。

第二，主张历史虚无主义，挑战"四史"教育。后现代主义对历史叙事的解构，使"历史真实性"变得可疑，这在一定程度上被西方国家利用来削弱中国人民对中国共产党党史、新中国史、改革开放史、社会主义发展史的认同。宏大叙事解构思潮已成当代中国社会思潮的某段时间内独特"景观"，以至助推了近年来甚嚣尘上的历史虚无主义。宏大叙事解构思潮极易与历史虚无主义合谋，因为当代中国历史虚无主义的本质之一，就是解构新中国成立以来建构的社会主义核心价值观和宏大叙事。近几年，国内新媒体平台偶有出现挑战国家话语权的戏谑和炒作。网络上最先出现的架空历史叙事，凭借少量史料，任意组合、虚构、嫁接、穿越甚至颠覆历史，似乎无共识、无真相、不确定的时代已经来临。有人以学术创新为掩护，随意臧否历史人物，

---

① 本书编写组.思想政治教育学原理[M].2版.北京:高等教育出版社,2018:20.

架空历史叙事,虚构古代史,戏仿历史事件,否定现代、当代史,挑战既有的历史结论,混淆历史细节和观点。也有人以重写历史为借口,以价值中立和历史还原为理由,以偏概全,放大历史问题,夸大历史人物,丑化历史英雄,否定中华民族五千年的辉煌历史和新中国取得的伟大历史成就,甚至否定中国革命和社会主义建设的正当性。近些年,移动客户端和短视频社区先后出现各种夺人眼球的 IP 炒作,抹黑鲁迅、质疑雷锋,甚至戏说狼牙山五壮士、调侃邱少云、嘲讽黄继光等,诋毁民族脊梁,攻击革命先烈,丑化历史英雄,颠倒历史,混淆黑白。这些看似零星出现、杂乱无章的非主流和青年亚文化思潮,可以拼贴出一幅历史虚无主义图景。

习近平总书记说,"中国共产党人不是历史虚无主义者,也不是文化虚无主义者","不能数典忘祖、妄自菲薄"。① 历史虚无主义和宏大叙事批判思潮的合谋应引起高度关注。后现代主义对历史的重写和解构,反英雄、反崇高、反对民族历史叙事的一元化结构,造成了有关历史认知的混乱。后现代主义对历史的诠释观点先行:"没有充分尊重历史事实,也没有对历史事件和历史人物给予同情式的理解,其结果就是加剧了有关历史问题认识的对立,不利于形成历史共识,进而影响了社会共识的建立。"②历史虚无主义削弱了民族自豪感和凝聚力,扭曲了价值观和历史观,损害道德标准弱化理想信念,加剧社会矛盾和分歧,助长了历史虚无主义,不仅伤害了英雄人物的名誉,也伤害了人民群众对英雄人物的感情,给社会的道德风尚和历史认知造成了负面影响。2017 年前后,国内各大主流宣传阵地对历史虚无主义实施围剿,高校思想政治教育系统也在这一问题上着力甚多。当代中国的解构宏大叙事思潮,疏离和反叛社会主义核心价值体系,不同程度地消解了思想政治教育工作的成效。如何直面其对高校思想政治教育有效性带来的极大挑战,已成为当务之急。

第三,削弱主流意识形态的正当性与权威性。后现代主义否认人类历史是一个连续进步的过程,怀疑历史的真实性和客观性,坚持多元主义和相对主义,强调主体感受和体验对历史的阐释和表述。"启蒙理性主导的线性

---

① 习近平.论党的宣传思想工作[M].北京:中央文献出版社,2020:83,90.
② 王文章.后现代主义思潮的正负效应及其应对[J].人民论坛,2021(21):96-99.

与客观主义的历史观和史学观在西方成了'解构'的首要对象,'宏大叙事'遂成了僵化、绝对、过时的标签。"①后现代主义强调对"宏大叙事"的怀疑,否定普遍真理和历史规律,使任何意识形态叙事都被视为特定权力话语的构建。这种观念容易削弱中国特色社会主义理论体系的正当性,使社会主义核心价值观被解构为某种历史偶然或政治建构,从而削弱社会对其的认同。后现代主义反对任何形式的统一价值观,主张文化多元、边缘、碎片话语权和去中心化,直接冲击了我国主流意识形态的稳定性。特别是在互联网环境下,后现代主义思潮的传播使得主流意识形态被视为"强权叙事",进而遭受无端质疑甚至否定。这导致意识形态领域出现更多"去权威化"现象,使得主流意识形态在话语体系中面临挑战,影响社会对中国特色社会主义理论体系的认同度。若其思想过度渗透,可能导致社会治理面临更多不确定性,使社会共识的构建变得更加困难,从而影响国家的长期稳定与发展。

第四,批判宏大叙事瓦解社会凝聚力和现代民族国家认同。利奥塔把18世纪欧洲启蒙运动以来塑造西方社会的科学叙事、解放叙事和真理叙事视为乌托邦,把法国启蒙哲学和德国理想主义哲学的思维方式归结为宏大叙事,把对绝对知识的追求、对人类社会福祉的向往,及消灭剥削和迷信的理想视为语言游戏,把接受进步观念的人类历史观念视为"基督教元叙事的形式和地位的根本性突变"②。利奥塔宣称,"以前那些由民族国家、党派、职业、机构和历史传统组成的引力极在这一背景中失去了引力"。③ 这就意味着,支撑现代民族国家和发展中国家的民族国家意识、社会共同体理念、政党组织、职业机构、社会福利体系和社会传统伦理都烟消云散了。后现代主义强调权威解构,否定普遍性,可能引发对国家意识形态统一性的怀疑和对集体主义价值观的抵制,甚至助长西方自由主义意识形态的渗透,进一步削弱思想政治教育的凝聚力与引领力。对于需要集体行动和社会整合的发展

① 赵轶峰.明清史宏观研究的问题意识[J].社会科学战线,2022(7):98-107,282.

② [澳]格雷厄姆·琼斯.利奥塔眼中的艺术[M].王树良,张心童,译.重庆:重庆大学出版社,2016:152.

③ [法]让-弗朗索瓦·利奥塔.后现代状态:关于知识的报告[M].车槿山,译.南京:南京大学出版社,2011:60.

中国家来说，这是一个明显的意识形态危机。

从政治秩序的起源可以看到，秩序本身是内在于社会的，是社会的内生产物，如果强行切分，只能导致效率低下、歪七扭八，乃至无限可分。"在利奥塔看来，人类的历史不过是由许许多多飘浮不定、时隐时现的叙事构成的；时而一些叙事联合起来，自立合法性，被认为是天经地义的；时而它们又消解下去，被新的一组叙事取代。人类自以为是创造历史的主体，而实际上是被叙事牵着鼻子走的。"①利奥塔表面上并没有进入解构的悖论陷阱，也就是他在解构宏大叙事的同时，并没有建构另一种叙事来取代宏大叙事："他并没有提出一个新的宏大叙事来取代现代性的宏大叙事，而是寻求一种微小叙事。在他看来，随着宏大叙事的坍塌，留给我们的是个体的相互差异，通过这种不可取消的差异性来颠覆现代性的同一性。"②批判宏大叙事，实际上否定了人类社会自启蒙运动以来建立起来的整体性认识。后现代主义致力于"拆解深度模式"，把"反抗""重构""解构""挪用""游戏"作为首要原则，推崇"无主体""颠倒等级""虚构与仿真""非历史化"，宣扬"历史的误置""后东方""后革命"，导致新世纪前后国内思想界"方法论的焦虑"和"多元文化的困窘"，产生价值观和世界观的混乱。如果没有对社会的整体性认识，则解构主义就会被滥用，而解构主义走向尽头，就演变为另一重维度上的极权社会，沦为完全自由主义冒险家的天堂，追求享乐主义和主观感受，缺乏远大理想，社会逐步走向衰落和瓦解。社会主义宏大叙事是高校思想政治教育内容有效性的基石。西方知识界宏大叙事解构思潮，不仅使国内主流话语权面临"利奥塔困境"，且因其与我国现代化进程构成了时空错位，极易成为知识陷阱。

① 张庆熊，孔雪梅，黄伟.合法性的危机和对"大叙事"的质疑——评利奥塔的后现代主义[J].浙江社会科学,2001(3):94-97.
② 安昊楠.资本、叙事与现代性：马克思与利奥塔的思想对话[J].马克思主义哲学论丛,2020(2):94-105.

第四节　后现代思潮对高校思政课教学的影响和启示

随着对外开放的进一步深入,中外思潮的交融互进,国外各种后现代思潮相继进入国内,不仅影响了思政课的效果和质量,也对学生的思想观念和价值观产生了负面影响。吸收借鉴西方后现代主义思潮的合理部分,成为进一步推进马克思主义中国化理论创新的必然要求。"这些理论和思潮作为当代西方社会的产物,一方面包含着解释和批判现代西方社会的合理因素,另一方面又有其意识形态和历史的局限。我国马克思主义哲学研究必须以'洋为中用'的辩证态度批判地吸取其合理因素,从而实现自身的现代化和时代化。"①面对后现代主义思潮的挑战,高校思政课需要积极应对,坚持马克思主义指导思想,以社会主义核心价值观引领学生成长,创新教学理念和方法,提升思政课的思想性、理论性和亲和力,增强思政课的吸引力和感染力。由此,高校思政课教学中怎样合理利用后现代主义思潮的积极因素,避免其消极影响,成为当前亟待解决的问题。

一、影子对手:宏大叙事批判对高校思政课的消极影响

兴起于 20 世纪下半叶的后现代主义思潮,以对西方现代性思想体系的深刻质疑和激烈批判,在西方思想界引发强烈震动。② 后现代主义思潮的核心之一是对本质和真理的解构,它质疑科学的客观性,批判启蒙运动的理性主义,并对解放、进步等叙事进行反思。"总体概括而言,后现代主义具有反主体的主体价值、尊重差异的自由价值和反宏大叙事的文化价值等显著特点。"③

---

① 孙利天.马克思主义哲学在改革实践中的创新性发展[J].中国社会科学,2018(11):91-103.

② 李少奇.后现代主义思潮影响下的大学生思想政治教育研究[J].西南民族大学学报(人文社会科学版),2013,34(10):211-214.

③ 杨生平.论后现代主义及其对中国文化影响[J].贵州社会科学,2013(8):27-31.

在这个意义上,有学者将后现代思潮视为高校思政课教学的"影子对手"。①有学者指出:"后现代主义思潮对思想政治教育有效性的影响不可忽视。"②毋庸讳言,以宏大叙事批判为代表的后现代主义思潮对中国高校思政课的负面影响是显而易见的,也是多维度的。

第一,就教学任务和使命而言,宏大叙事批判对马克思主义的解构首先冲击了高校思政课教学内容的核心,动摇了高校思政课的根基。邓小平说:"我坚信,世界上赞成马克思主义的人会多起来的,因为马克思主义是科学。"③"引导青年大学生坚定马克思主义信仰、提高马克思主义理论素养是思政课教学的一项核心任务。"④马克思主义是社会主义国家主流意识形态的集中体现,"以马克思主义为指导思想与核心内容的思政课则是这种主流意识形态的根本标识。削弱、放弃和动摇这种主流意识形态,就会导致高校知识分子、青年学生乃至全社会成员的思想混乱"⑤。马克思主义在当代中国高校思政课内容体系中占据核心地位,发挥着重要的理论指导和实践引领作用。

马克思主义构成我国高等教育意识形态建设的学理内核,在价值形塑、认知深化与社会责任培育中发挥结构性功能。作为中国共产党的指导思想与社会主义建设的理论根基,马克思主义通过系统性理论阐释助力青年实现从认知到实践的转变,锻造具备历史使命意识的时代新人。马克思主义理论体系为大学生提供解析社会运行规律的方法论框架,既构筑科学的三观认知系统,亦深化其对中国特色政治文明的理解深度。在思想引领维度,马克思主义超越知识传授层面,形成价值导向的认知坐标。思政课程依托其经典范式揭示党的执政逻辑与制度优势,强化学生的道路自信、制度自信

---

① 杨永磊.新时代高校思政课应对后现代主义思潮研究[J].山西高等学校社会科学学报,2020,32(2):23-26,53.

② 黄艺羡.后现代主义思潮对思想政治教育有效性的影响及对策[J].思想教育研究,2011(6):40-43.

③ 邓小平.邓小平文选:第3卷[M].北京:人民出版社,1993:382.

④ 郑海友,韩秀秀.马克思主义经典著作融入高校思政课教学的当代问题研究[J].思想政治课研究,2024(4):153-160.

⑤ 骆郁廷,余焰琳.论思想政治理论课的战略定位[J].马克思主义与现实,2024(5):126-132.

等核心政治信念。马克思主义实践哲学特质推动理论教学与社会需求对接，培育青年运用唯物辩证法分析新时代发展的能力，塑造基于现实考量的批判性思维范式。面对全球化语境下的意识形态博弈，马克思主义的科学属性构成了抵御西方价值渗透的认知屏障，其人民性特质与实证特征有效解构自由主义等思潮的传播效度，维护主流意识形态安全。后现代解构主义以相对主义认识论消解普遍规律，对唯物史观的方法论完备性提出挑战，试图瓦解思政教育体系的理论与实践辩证结构，这实质构成对意识形态教育根基的系统性质疑。

第二，就教学内容而言，宏大叙事批判消解了社会主义核心价值观的主流地位，挑战高校思政课的叙事模式。后现代主义者认为："'真实性'是特定社会实践的结果，真理很大程度上是由人生产出来的。真理不是被发现，而是被传播出来的。"①真理性被解构了，思想政治教育的内容合法性就被消解了。"后现代主义者还从解释学角度论证了文本的意义不是原来存在的，是在阅读中由阅读者和作者一起创造的。"②文本的意义是多维的，不存在唯一正确的解读方式。除此之外，后现代主义还有解构社会主义核心价值观的风险。后现代主义倡导多元化和差异性，否认唯一正确的价值观，对社会主义核心价值观的权威性和普适性进行解构，导致部分学生对社会主义核心价值观产生怀疑和抵触情绪。"一方面，后现代主义模糊化我国发展的远大理想与共同理想，代替以个人即时欲望的满足。另一方面，后现代主义简单化、碎片化中国特色社会主义的探索历程，忽视了中国特色社会主义形成的历史依据和伟大实践，以致容易造成历史倒退说、偶然侥幸说、占便宜说以及复制西方说等错误论断。"③后现代主义强调历史的相对性和主观性，认为历史是不同群体建构的结果，不存在客观的历史真相，解构了原有的历史叙事，助长了历史虚无主义的滋生，导致部分学生怀疑历史叙事的可靠性，

---

① 杜启达，段惠琼.后现代主义视阈中的思想政治教育路径探析[J].教学与管理，2010(3):106-107.

② 黄艺羡.后现代主义思潮对思想政治教育有效性的影响及其对策[J].思想教育研究，2011(6):40-43.

③ 杨永磊.新时代高校思政课应对后现代主义思潮研究[J].山西高等学校社会科学学报，2020,32(2):23-26,53.

对中国特色社会主义的历史进程产生质疑。

第三，就授课教师而言，批判宏大叙事消解了教师主导角色。马克思指出："我的对象只能是我的一种本质力量的确证。"①个体具有怎样本质的力量，决定着在什么样的范围、什么样的程度内将什么样的事物作为自己的观察对象。思政课教师的"本质力量"就是其"主体性"。"思想政治教育者的主体性，是思想政治教育活动得以有效展开的基本条件。"②思政课教师发挥主体功能，处于权威和优势地位，调动教材、学生、教学环境等各种要素实施思政教育活动，保证思政教育的有效性。"这种主体性体现在思想政治教育活动中就是思想政治教育者的主导性地位。"③后现代主义思潮对高校思政课教师的主体性和主导性角色造成了冲击。福柯指出："必须取消主体（及其替代）的创造作用，把它作为一种复杂多变的话语作用来分析。"④德里达则强调，去中心化是时代特征的重要维度，"主体，既不是自己的中心，也不是世界的中心——至今它只是自以为如此。这样一个中心，根本不存在"⑤。宏大叙事解构思潮强调去中心主义和多元化，主张消解主体性，认为不存在绝对的权威和中心，每个人都应该拥有自己的声音和话语权。

在高校思政课教学过程中，教育者和教育对象是教育活动的两个基本要素，教育者和教育对象之间的关系是多元的。二者之间首先是平等的关系，教师和大学生除了在人格上平等，在知识交流、学习机会、评价标准、情感交流、自我发展、权利和义务等各维度都是平等的。其次，思政课教师和大学生之间是理解关系。师生之间互相理解，互相尊重，互相支持。教师理解学生的成长背景、学习需求和心理特点，关注学生的情感和心理状态，提

---

① 中共中央马克思恩格斯列宁斯大林著作编译局. 马克思恩格斯文集：第 1 卷[M]. 北京：人民出版社，2009：191.

② 沈壮海. 思想政治教育有效性研究[M]. 2 版. 武汉：武汉大学出版社，2008：62.

③ 黄艺羡. 后现代主义思潮对思想政治教育有效性的影响及其对策[J]. 思想教育研究，2011(6)：40-43.

④ [法]米歇尔·福柯. 作者是什么？[M]//王逢振，盛宁，李自修. 最新西方文论选. 桂林：漓江出版社，1991：458.

⑤ [比]J. M. 布洛克曼. 结构主义：莫斯科—布拉格—巴黎[M]. 李幼蒸，译. 北京：商务印书馆，1980：24.

供必要的支持和帮助,学生也理解教师的教学目标和教学方法,理解教师的工作压力和情感需求,尊重教师的劳动。再次,二者是共享关系。除了知识共享,师生之间的经验、情感、目标、资源、责任和创新等都是共享的。这三种关系的基础上,教育者承担着对受教育者实施思想政治教育的特殊使命。高校思政课教学旨在为社会培养出具有良好思想政治素质、道德品质、法治意识、文化素养和社会实践能力的全面发展的人才,为了达到这个教学目标,教师就要发挥教育者的主导作用。后现代认识论范式以认知相对性为特征,否定元价值体系的客观性存在。当其渗透至高校意识形态教育场域时,引发教学理念的范式冲突。具体表现为:教学目标的锚定机制与学生价值共识的建构过程面临双重困境。教师群体因价值参照系缺失导致教学导向离散化,课程内容呈现碎片化特征,教学系统的整体协同效应被削弱。后现代思潮主张知识的动态建构性,解构传统教育主体的权威地位。在信息获取渠道呈现非中心化扩散的语境下,部分学生产生对教师专业权威的认知消解倾向。传统知识权威的消解会引发师生权力关系的重构,若未能建立新型教学秩序平衡机制,将导致价值传导系统的效力衰减与教学说服力的结构性流失。

第四,从教育对象而言,宏大叙事批判冲击了大学生的价值观,干扰了思政课教学效果。马克思指出:"对象如何对他说来成为他的对象,这取决于对象的性质以及与之相适应的本质力量的性质。"[1]高校思政课教育对象,也就是大学生与教师之间构成的主客体关系的确定,是开展思想政治教育活动的前提基础。"教育的基本观念是学生有接受教养的可能"。[2] 一旦教育对象失去了"接受可能",教育活动的效能就无法保障。"教育的成效如何不仅取决于教育过程的主体的努力,在很大程度上也取决于被教育者,取决于他有无认识周围世界的愿望,有没有学习科学文化成就、掌握社会主义生活规范和准则的积极性和自觉性。"[3]后现代主义思潮以非理性的

① 中共中央马克思恩格斯列宁斯大林著作编译局.马克思恩格斯全集:第42卷[M].北京:人民出版社,1979:125.

② 张焕庭.西方资产阶级教育论著选[M].北京:人民教育出版社,1979:297.

③ 苏共中央直属社科院心理学和教育学教研组.党的工作中的社会心理学和教育学[M].史民德,何得霖,译.桂林:广西人民出版社,1986:139.

质问方式，否定了教育内容的合法性，消解了教育对象的接受可能。宏大叙事批判强调个体叙事和差异性，倾向于"去中心化""去政治化""去本质化"的个体叙事，这种叙事凸显了碎片、断裂、个体特征。后现代主义思潮虽然对康德把人类的认知分为理性和欲望的理性学说提出疑问，但仍认为应该认真对待这种可能性。利奥塔则直接否认理性的存在："不存在理性政治，无论在理性意义上和概念意义上都不存在。"①福柯质问："自从18世纪以来，哲学和批判思想的核心曾经是，现在是，将来仍然是这个问题：我们所使用的理性是什么？它的局限在哪里？它的危险在哪里？"②这在一定程度上对建立在本质和规律自觉追求之上的思想政治教育宏大叙事构成反叛，滋生个人主义、功利主义等价值观念，可能导致大学生对社会主义核心价值观的认同度下降，在价值选择上的迷茫和困惑，影响思政课的教学效果。

后现代主义思潮强调个体经验和主观性，认为每个人的世界观、人生观和价值观都是独特的，不存在普遍适用的标准和规范。"后现代主义思潮对本质、规律和人生意义的解构，侵蚀了高校思政课应有的功能，并造成部分师生对历史必然性、社会主义核心价值观以及个人角色的认同危机。"③大学生处于成长的关键时期，具有一定的叛逆性，后现代主义思潮宣扬的反传统、反权威、反英雄、反崇高、反中心、反主流、反本质倾向非常容易被接受，他们可能因此对传统和权威产生怀疑和否定，用玩世不恭和戏谑姿态面对人生，对待生活，这种消极人生观对学生健全人格的养成十分不利。在后现代思潮影响下，大学生生活在与社会主义倡导的价值观念相背离的理念包围之中，社会主义、集体主义的价值观认同会逐渐淡化，模糊个人对道德责任感的正确认识，以变化的、不确定的自由理念支配自己的思想和行为，导致行为方式的散漫无序、理想信念的动摇、价值取向的混乱乃至人生意义的迷失。

后现代主义思潮对宏大叙事的解构性批判，对我国高校思政课教学话

① LYOTARD J F. Just Gaming[M]. Wlad Godizich, trans. Minneapolis: University of Minnesota Press,1985:82.

② 信春鹰.后现代法学：为法治探索未来[J].中国社会科学,2000(5):59-70,205.

③ 杨永磊.新时代高校思政课应对后现代主义思潮研究[J].山西高等学校社会科学学报,2020,32(2):23-26,53.

语形成多重冲击。真理客观性的消解和权威话语合法性的质疑,导致部分青年学生对马克思主义理论体系的科学性与历史必然性产生认知动摇,使思政课中"人类命运共同体""社会主义核心价值观"等核心概念的阐释面临价值相对主义的挑战。其倡导的碎片化、去中心化思维与思政教育系统性、规范化的理论传授形成张力,加剧了课堂中"理论悬浮""意义空转"与"利奥塔困境"。其催生的网络解构梗、戏谑化表达等亚文化话语更不断侵蚀主流意识形态的话语空间,造成青年群体出现"表层认同"与"深层疏离"并存的认知困境,这种解构力量若未能得到有效引导,或将削弱高校思政课铸魂育人的根本功能。

二、他山之石:后现代主义教育叙事的方法论价值

从后现代思潮的内涵来看,利奥塔等后现代思想家批判宏大叙事,解构了高校思政课的教学任务和教学内容、消解了教师主导地位,干扰了大学生世界观的塑造进程。"后现代主义从总体上讲是与马克思主义意识形态不相容的,但我们也不能因此而完全否定其合理性的一面。"[①]换一个视角,从后现代思潮反思现代性的方法论角度而言,宏大叙事反思的思维方式,可能对进一步加强和改进高校思政课教学具有方法论的借鉴意义。"从价值取向上看,后现代主义的社会价值取向十分复杂,其中既有激进因素也有保守因素,因而必须把它放在特定历史背景中加以分析。"[②]后现代主义对现代性的反思和反拨有深刻的社会历史背景,这种背景不完全符合当代中国的社会现实,但是随着中国全球化与工业化步伐的加快,生态、环境、气候等全球性问题日益突出,在更加开放的全球视野下,后现代思潮的理论方法逐渐展现出其独特的意义和价值。

我们对后现代思潮的认识应该有更加灵活的视角、更加包容的心态和更加长远的目标。首先,所谓更加灵活的视角,即要用发展的和运动的眼光审视后现代思潮。后现代思潮一直在更新,宏大叙事和微观叙事的定义也

---

① 杨生平.后现代主义与当代中国的意识形态建设[J].中国特色社会主义研究,2001(6):50-53.

② 杨生平.论后现代主义及其对中国文化影响[J].贵州社会科学,2013(8):27-31.

不是固定的,现代性和后现代性的界限已经不那么明显。其次,所谓更加包容的心态,即后现代思潮既有反现代性的一面,也有支撑现代性的一面。"后现代主义作为一种具有丰富、复杂的思想和理论内涵,在当代西方有重大影响的哲学文化思潮,不仅有摧毁、解构、否定性的一面,而且蕴含着积极的、肯定的、建构性内涵。"①不能将后现代思潮和现代思潮视为绝对二元对立的关系,不能简单认为深谙后现代主义的大学生,就背叛了社会主义价值观,我们的思政课教学对他们失效了。最后,所谓更长远的目标,就是既要看到后现代思潮对思政课提出的挑战,又要看到后现代思潮为当下思政课改革提供的契机。后现代理论是解构主流意识形态的,对抗思想政治教育的,但是后现代理论解构主流意识形态的原因,正是因为主流的话语权力量过于宏大,抹平了个体、多元和微观。应该承认,塑造一个核心话语,塑造一个主流意识形态,在目标一致的情况下,讲故事的方式可以是正向的,也可以是逆向的,既可以用"高屋建瓴"的方式讲起,也可以从"一个人的日常生活"讲起。

后现代主义思潮不是洪水猛兽,对后现代主义也无须"谈虎色变"。习近平总书记在学校思想政治理论课教师座谈会上强调:"要坚持建设性和批判性相统一,传导主流意识形态,直面各种错误观点和思潮。"②有研究者认为,后现代思潮造成了思想政治教育主体性消解,教育对象理性意识迷失,教育内容真理性淡化及教育目的模糊,进而消解和削弱了"高校思想政治教育"的积极效能。③ 理论上,对后现代的消极影响做出多么严重的预判都不为过,但在现实中,后现代主义思潮对大学生思想政治教育的影响十分复杂,往往积极面和消极面并存。④ 西方后现代思潮范围极为驳杂,理论五花八门,总体考察有隔靴搔痒之感;且后现代思潮在当代中国高等教育场域的传播面临与西方原生语境异质性的时空坐标,研究者需规避范式移植的认

---

① 王治河.后现代主义的建设性向度[J].中国社会科学,1997(1):25-35.

② 习近平主持召开学校思想政治理论课教师座谈会强调:用新时代中国特色社会主义思想铸魂育人 贯彻党的教育方针落实立德树人根本任务[N].人民日报,2019-03-19(01).

③ 黄艺羡.后现代主义思潮对思想政治教育有效性的影响及其对策[J].思想教育研究,2011(6):40-43.

④ 李少奇.后现代主义思潮影响下的大学生思想政治教育研究[J].西南民族大学学报(人文社会科学版),2013,34(10):211-214.

知误区。核心问题在于,针对中国特色社会主义宏大叙事及其当代话语建构逻辑的价值生产机制,学界尚未形成系统化的阐释框架。面对外来文化思潮的传播张力,既需摒弃应激性防御导致的认知失序,也要超越脱离本土语境的抽象理论嫁接,关键在于构建主体性阐释范式:通过问题的锚定、话语策略的适配及解释框架的调适,实现意识形态传导机制与后现代语境的辩证对话。

后现代哲学家反思宏大叙事不是心血来潮,而是着眼于西方现代化进程的客观现实。现代科学技术极大解放生产力,带来人类社会的巨大进步。西方传统哲学和当代主流哲学,凭借其本质主义、二元对立及性能优化的原则,长期构建了一个封闭的线性进步主义历史观。宏大叙事强化了专制集权对个体自由的控制,权威压制异己的知识范式阻碍了人类社会知识的更新和科技进步。鉴于此,后现代理论家矫枉过正,强调所谓小叙事。后现代思潮的解构性特质体现为对历史目的论预设与本体论根基的哲学拒斥,其主张以差异认同、文化异质与流动性经验消解权威,这种认知转型在特定历史阶段具有范式革新的进步性意义。就价值生产机制而言,微观叙事并非止步于"利奥塔困境"所指涉的权威解构维度,更蕴含主体性重构的实践潜能。若仅聚焦后现代主义思潮的去中心化、反传统表征,将遮蔽微观叙事在价值再生产中的建构功能。微观叙事通过主体实践对意义系统的开放性重构,与宏大叙事主导下的意识形态生成机制形成辩证互补,二者共同构成现代社会价值传导路径的复调共生结构。

后现代主义思潮也不是一成不变。人类社会思潮的发展路径不是一条直线,而是一条震荡的曲线,又像钟摆一样,有保守,有革新,有激进,也有折中。随着时代的发展,西方发达国家的部分思想家开始反思利奥塔决绝反抗宏大叙事的激进立场,淡化了后现代主义彻底反中心、反主流、反本质的激进,吸收了后现代主义对现代性反思过程中提出的相对比较温和的立场。有中国学者结合当代中国社会出现的社会问题,提出了"后现代主义的建设性向度"①"中国式建设性后现代主义"②。建设性后现代主义是介于现代性

---

① 王治河.后现代主义的建设性向度[J].中国社会科学,1997(1):25-35.
② 王治河.中国式建设性后现代主义与生态文明的建构[J].马克思主义与现实,2009(1):26-30.

和后现代性之间的社会思潮,既是对现代性的反思,也是对后现代主义的矫正。建设性后现代主义是对现代哲学和后现代哲学的超越,"建设性后现代主义对创造性的鼓励、对差异和多元思维的崇尚、对平等和开放等概念的推崇、对人文世界和自然生态的关爱,以及对有机整体的倡导等思想都是这一哲学思潮为社会各方面注入的新鲜血液。"①建设性后现代主义既可以看作一种现代主义,一种人类社会进入后工业社会之后的新的现代性,又可以看作后现代主义的发展和更新,一种对后现代主义的继承和扬弃。

作为后现代主义的变体,建设性后现代主义提倡的整体有机论、生态文明论、平权多样论等主张,没有像利奥塔那样激进地反叛现代性,但是对现代性的弊端提出了有针对性的建设性理路,这是值得处于快速发展中的中国社会认真借鉴的。建设性后现代主义的立场和方法提醒我们,高校思想政治教育要尊重学生的主体地位,尊重学生的批判精神、个性发展、自我思考和主体意识。"大学生思想政治教育,既要尊重差异、包容多样,又要有力抵制各种错误和腐朽思想对大学生的影响,坚持用社会主义核心价值引领校园思想文化建设。"②建设性后现代主义的教育叙事方法,对当前我国思想政治教育中的工具理性主义、权威主义、机械主义造成的"失语症"具有一定的借鉴意义。

三、主体对话:后现代主义思潮对高校思政课教学的方法论启示

后现代主义思潮传入中国思想文化领域后,在与中国大学生思想政治教育的交流与文化筛选过程中,产生了一系列教育文化的反响与问题的变异。③ 在这些折射和变形效应中,既有消极的影响,也有积极的启示。"我国的马克思主义哲学研究,不仅要直接回应和反驳现代西方哲学的批评和挑

---

① 王晓晶.建设性后现代主义对现代思想政治教育的启示研究[D].天津:天津师范大学,2014.

② 孟根龙.大学生思想政治教育有机论:从建设性后现代主义有机教育看[C]//河北工业大学社会科学部,中美后现代发展研究院.后现代哲学与生态文明国际学术研讨会论文集.北京:北京第二外国语学院,2011:95-104.

③ 李少奇.后现代主义思潮影响下的大学生思想政治教育研究[J].西南民族大学学报(人文社会科学版),2013,34(10):211-214.

战,还要在与现代西方哲学的各种理论的对话和竞争中汲取其有益成果,发展马克思主义哲学。"①后现代主义的价值观和思维方式对西方社会乃至全球产生了重大影响,同时也不可避免地冲击着现代教育理论的重构与教育实践的运行,启示我们要用反省的态度开展现代的教育活动。② 有学者指出,后现代教育思想作为整个后现代思潮的一部分,对传统教育的神圣性提出了质疑,对传统的教育研究方法产生了不少的冲击,为教育理论的研究提供了一种新的视角,也给广大思想政治理论课教师以借鉴和启示。③ 需承认,我国当代思想政治教育体系虽已完成范式升级,但技术化倾向与工具理性主导的认知模式仍制约其价值实现机制。具体表现为:权威本位的教学实践与科学主义的方法论偏好,造成价值传递过程与主体需求间的结构性错位,最终引发其实践效能的系统性弱化。后现代主义对于高校思想政治教育方法的创新、内容的更新、目标的调整、师生和谐关系的构建,提高思想政治教育的科学性、针对性和实效性具有一定的启示和借鉴作用。④ 具体而言,后现代思潮对高校思政课教学的启示有以下几个方面。

第一,后现代主义思潮促进了高校思政课课程观从"传递式"到"引导式"转变。后现代主义拒绝权威、中心和本质,从后现代主义的视角出发能观察到传统的现代主义之下的课程观的消极影响。后现代主义课程观主张传统的课程不再是一个恒定的体系,而是人类知识传递的一个创造性工具和平台,所有人在课程体系和平台面前众生平等,人人都有参与课程的权利。后现代主义课程观无疑是激进的,并不符合高校思政课教学宏大叙事本质的内在要求,但从一个侧面凸显了传统思政课传统课程观抑制大学生个性、禁锢课程实施过程的弊端。一些学者根据我国思想政治教育课程的内容以及人类理性认知的差异,将大学生思想政治教育课程观分为"传递

---

① 孙利天.马克思主义哲学在改革实践中的创新性发展[J].中国社会科学,2018
(11):91-103.

② 燕杰.新时期的课程观及教师角色——后现代主义的观点及启示[J].教育教学
论坛,2014(34):176.

③ 娄先革.后现代主义教学观及其对思想政治理论课教学的启示[J].学校党建与
思想教育,2010(11):52-53.

④ 王晓晶.建设性后现代主义对现代思想政治教育的启示研究[D].天津:天津师范
大学,2014.

式"和"引导式"两种类型。① 传递式课程观的逻辑设定是,人类知识和真理的累积值得用教育的方式传递到下一代,从而让人类在未来发展进程中避免重复前人的"试错"环节,直接通过理性的认知能力来获取经过前人检验的真理和知识。然而,正如后现代主义者所批判的那样,理性预设的真理和知识一旦成为教育的内容,就会导致教师的绝对权威和不容置疑的话语霸权,课堂教学进程极易变成照本宣科式的填鸭教学和知识宣贯,学生只需要被动接受那些真理和知识即可。传递式教学进程中,人类的知识和真理并未增加,只会在传递过程中不可避免地被损耗,教育者和被教育者的主动性和创新能力被遮蔽,机械地记忆和背诵成为主要的学习方法,一成不变的语言传输成为教师的授课言语方式。

相比之下,引导式课程观对于那些无法通过言语得到完全传达的人类思想精神和行为意志品格来说,就显得更为有效。教育的本质不仅仅是机械地传递那些技术性和累积性的知识内容,更要致力于精神和品格的孕育和熏染。引导式课程观更符合那些需要自身领悟来达到教学目标的教育过程,更符合思想政治教育的本质内涵。高校思政课应当重视学生的主体角色,通过引导和激发学生的自我教育意识,促进其主动参与和自我觉醒。② 人类经验叙事和思想精神的传递高度依赖话语接受者的感受和体验,这种主题感受是生命的灵性感知,而不是他者的先验预设。"如果非得将这种体认纳入到理性预设之中那可能会导致大学生对教育的盲目认识、僵死理解甚至是极端反感,进而令他们抛弃对精神信仰的仰止而反向对功利世俗性事物的绝对追求。"③与传递式课程观相比,引导和启迪式课程观并非依赖教育者的理性预设,而是通过教育对象自身的认知与理解来实现。在引导式课程观的框架中,师生的角色发生了转变:教师扮演着类似苏格拉底式的

---

① 李少奇.后现代主义思潮影响下的大学生思想政治教育研究[J].西南民族大学学报(人文社会科学版),2013,34(10):211-214.

② 孟根龙.大学生思想政治教育有机论:从建设性后现代主义有机教育看[C]//河北工业大学社会科学部,中美后现代发展研究院.后现代哲学与生态文明国际学术研讨会论文集.北京:北京第二外国语学院,2011:95-104.

③ 李少奇.后现代主义思潮影响下的大学生思想政治教育研究[J].西南民族大学学报(人文社会科学版),2013,34(10):211-214.

"助产师"角色,而学生则成为具有自主意识和个体体验的"新生儿"。

第二,后现代主义思潮解构中心主义的方法论促进了高校思政课教学师生关系从"教师中心论"到"主体间性"转变。后现代主义反对中心论"是指对主张社会现实中存在着可被归之为基本的、原则性的要素进行质疑、否定与批判"①。在课堂教学观念上,后现代主义课程观体现为反认知中心论、反教师中心论、反教材中心论,②这显然是对传统思政课教学观念的颠覆和解构。但是,后现代主义反认知中心、反教师中心和反教材中心的激进立场,给高校思政课的教学启示是:在以教师为主导,以教材为中心的基础上,如何建构师生之间的平等对话与和谐互动关系。传统思政课教学活动中,教师居于主体和权威的地位,"教学活动是单向的、独白式的、由教师到学生的简单线性过程","教师往往自觉不自觉地扮演灌输知识、课堂管理的'教头'角色,学生则是被动接受的'依从'角色,教师的任务似乎就是依靠自己的权力或权威使学生接受马克思主义理论,而不考虑学生是否接受,特别是思想政治理论课教师常被看成是真理的代言人"③。实际上,高校思政课堂以教师为主导、学生为主体的关系是双向辩证的:对教师来说,学生是课堂的受益者;对学生来说,教师是课堂的组织者。"后现代社会就是这样一个由众多'原子'构成的世界,没有大写的'人',没有大写的'我',也没有大写的'主体'(Subject),大家平等,而又异质,没有主、客之分。"④作为一种意识形态,后现代主义对思想政治教育中的主流思想权威、教育方式及主客体关系进行了深刻的解构与挑战。在后现代思潮的冲击下,思想政治教育亟须重新审视教育对象的本质特征,建立主客体之间的和谐互动机制,并重塑思想政治教育的核心价值。⑤

---

① 李少奇.后现代主义思潮影响下的大学生思想政治教育研究[J].西南民族大学学报(人文社会科学版),2013,34(10):211-214.

② 曹海涛,马祥富.论后现代主义思潮对思想政治理论课教学的启示[J].兴义民族师范学院学报,2013(2):65-67.

③ 娄先革.后现代主义教学观及其对思想政治理论课教学的启示[J].学校党建与思想教育,2010(11):52-53.

④ 叶秀山.没有时尚的时代?——论"后现代"思潮[J].读书,1994(2):3-11.

⑤ 徐玉祺.意识形态化的后现代主义对思想政治教育的影响和启示[J].湖北经济学院学报(人文社会科学版),2016,13(2):156-157.

后现代主义者主张平等对话的师生关系："后现代主义的对话是建立在师生的相互尊重、信任与平等的立场上通过言谈和倾听而进行双向沟通的方式。"①这种主张对我国的思想政治教育领域产生了一定影响，使得思想政治教育的主体与客体由传统的截然对立转向了相互融合、相互渗透、一体化的关系。在后现代主义的解构下，这种新的主客体关系对建立一种思想政治教育新型师生关系模式具有十分重要的意义。②对此，有学者借鉴胡塞尔的"交互主体论"即"主体间性"理论，提出在高校思政课教学活动中用"主体间性"代替"主体性"和"教师中心论"，用"交互主体论"处理教育者与教育对象之间的关系。③教师的"主体性"意味着教师的"自我"凸显，教师的"主体间性"意味着"我们"的共同体，含有互利互惠之意。高校思政课教学活动中教师和学生之间的"主体间性"关系，意味着师生主体之间的"互识"和"共识"。互识，意味着受教育者在教育活动中，和教育者一样具有主动效能。主体间性状态下，教育者和被教育者都具有主体性，思政课教师和大学生在课堂教学中是主体与主体的关系，师生在平等基础上进行交往和交流，互相理解，互相包容，互相悦纳。主体间性的课堂既能发挥教育者和受教育者两方面的积极性，又能保障师生之间的互动关系。

第三，后现代主义消解权威的方法论促进了高校思政课教学方法从"灌输式"到"对话式"嬗变。以教师为中心的传统思政课堂侧重对大学生的宣贯和引导，教师在课堂上享有不容置疑的权威地位，教师的教学话语是灌输式的，和学生之间的话语关系不是平等对话。后现代主义思潮反对传统的灌输式教学方法，提倡互动式和参与式的教学模式。④后现代主义课程观强调平等对话的教学方式，将教师视为课堂的"平等者的首席"，而不是"权威"。教师的权威来自自身的知识修养、人格魅力及其创造性劳动本

---

① 燕良轼.解读后现代主义教育思想[M].广州:广东教育出版社,2008:166.

② 李霞玲,李敏伦.后现代主义视野中的思想政治教育主客体关系审视[J].学校党建与思想教育,2010(2):47-48.

③ 黄艺羡.后现代主义思潮对思想政治教育有效性的影响及对策[J].思想教育研究,2011(6):40-43.

④ 冯磊磊.后现代主义思潮对高校思想政治教育的消极影响及对策研究[D].长春:吉林大学,2015.

身,引导学生参与批评性的讨论,要允许学生对课堂上使用的教材和教师的权威提出质疑。教师要转变角色:"作为平等者中的首席,教师的作用没有被抛弃;而是得以重新构建,从外在于学生情境转化为与这一情境共存。"①后现代主义思潮强调去中心化和反权威主义,主张平等对话和多元声音的存在。后现代主义强调师生之间的平等对话和互动,教师不再是知识的灌输者,而是学生学习的引导者和伙伴。作为一种教学方法,对话式教学强调教育者和被教育者在平等地位基础上的双向交流和理解。这要求教师转变传统的教学理念和方法,更加注重与学生进行沟通交流,引导学生进行批判性思考。无论教师还是学生,都同时处于课堂的环境中,都是教学活动关系节点的一分子,教师的主导地位不能看作高高在上的"主宰"。思政课教学活动是在交往理性的规约之下,师生平等地遵守真实性、正当性和真诚性的要求,通过对话协商来实现彼此话语交流,取得认知共识的活动。

思政课教师"放下架子",与学生真诚对话,与学生交朋友,建立互相信任的师生关系,将思政课教学活动的灌输性的目的性行为,转变为价值浸润性的交往行为,思政课的教材话语体系才能转化为教学话语体系,进而内化为走进学生内心深处并取得教育对象深层共鸣的价值体系。"没有了对话,就没有了交流;没有了交流,也就没有真正的教育。"②对话的任何一方都不依赖另一方,不受对方的控制,只有教育者和被教育者的身份区别。"后现代主义的视野中,教学是开放的、对话的和平等的,教师与学生的评价不是作为区分学生掌握知识多少的手段,而是师生对话的起点,学生可能对教师这种知识权威提出挑战。同时,教师也乐于面对学生的问题,与学生一起探索,从而达成共识。"③建立在对话教学方式基础上的思政课教学活动是师生之间观念的碰撞和交流。"通过对话和各自阐述自己的理由进行争论,这是

---

　　① [美]威廉姆·E.多尔.后现代课程观[M].王红宇,译.北京:教育科学出版社,2000:238.

　　② [巴西]保罗·弗莱雷.被压迫者教育学[M].顾建新,等译.上海:华东师范大学出版社,2001:41.

　　③ 娄先革.后现代主义教学观及其对思想政治理论课教学的启示[J].学校党建与思想教育,2010(11):52-53.

21世纪教育需要的一种手段。"①教学过程中，思政课教师不再以传递唯一不变的权威答案和引导式政策为主要目标，学生也不再僵硬机械地等待被灌输标准答案。"通过设置良好的教育环境，适时为教育对象提供教育内容消化、整合和再创造的机会，在沟通中实现教育内容在教育对象身上的重整和内化。"②思政课教师从原来的知识权威身份中解脱出来，主动搭建对话的平台，课堂教学的教学目标在对话中得以切实达成。

综上所述，后现代思维范式对思政教育模式转型的积极效应聚焦于三重维度：课程理念由单向传递向启发建构转型，师生互动由中心化权威向交互主体性重构，教学策略从强制灌输向协商对话演进。这种范式革新驱动教学内容的多维延展与教学手段的智能适配，通过去权威化的话语重构与角色平等化实践，双重作用于课程效能提升与价值观塑造过程，有效优化了意识形态教育的接受度与认同度。

---

① 联合国教科文组织.教育——财富蕴藏其中[M].联合国教科文组织总部中文科，译.北京：教育科学出版社，1996：84.

② 黄艺羡.后现代主义思潮对思想政治教育有效性的影响及对策[J].思想教育研究，2011(6)：40-43.

第三章　高校思政课话语的宏大叙事特征

后现代主义对宏大叙事的批判，凸显了西方后现代思潮对当代中国主流意识形态的解构作用，也加速了叙事教学理论在高校思政课教学领域的反思和应用，促进了高校思政课叙事教学话语从"宏大叙述"到"平凡叙事"的转型。同时，宏大叙事遇到的挑战坚定了高校思政课教学体系始终维护社会主义主流意识形态和宏大叙事核心地位的决心，更提供了思政课教学体系如何应对西方后现代主义思潮消极影响的路径，进而寻找更新教学理念、建构新型的师生关系及更具效能的教学方法的内生动力。在此基础上，进一步探究高校思政课话语体系尤其是教材体系和教学内容的宏大叙事内涵、特征及其建构策略，就成为改进和加强思政课教学的重要抓手。

第一节　宏大叙事视阈下的马克思主义

习近平总书记强调"思政课的本质是讲道理"。[①] 有学者将这个"道理"阐释为"马克思主义之道"，即"用党的创新理论教育武装师生，培育学生坚定的政治立场、严谨的逻辑思维与正确的价值理念"，因为"只有深刻阐释马克思主义的政治高度、理论深度与价值温度，思政课才能在落实立德树人根本任务中发挥关键作用"[②]。由此，高校思政课教学中如何直面后现代主义

---

① 习近平在中国人民大学考察时强调：坚持党的领导传承红色基因扎根中国大地走出一条建设中国特色世界一流大学新路[N].人民日报,2022-04-26(01).
② 韩旭.高校要坚持思政课建设与党的创新理论武装同步推进[N].中国社会科学报,2025-01-15(01).

对马克思主义和宏大叙事的解构,如何有针对性地设计教学方案,使得教学内容既具有马克思主义理论体系的精髓,又贴近学生生活实际,还能回应解构主义和历史虚无主义对马克思主义的批判,提升思政课教学的趣味性、针对性和吸引力,就成为绕不开的话题。西方后现代主义思潮将马克思主义作为宏大叙事的典型,从各个层面进行了解构和批判。"在各种国外马克思主义和现代西方思潮中,有许多理论直接或间接地批判经典马克思主义,批判几乎涉及马克思主义哲学的全部基本原理。中国马克思主义哲学研究必须作出认真的理论回应和充分的理论反驳,唯此才能坚持和发展马克思主义哲学。"①面对西方后现代主义思潮对马克思主义的全面解构和批判,中国的马克思主义哲学研究必须做出理论回应,"创新马克思主义理论研究和建设工程,实施哲学社会科学创新工程,构建中国哲学社会科学自主知识体系"②。高校思政课研究者和一线教师必须要对宏大叙事批判思潮做出有力回应,才能夯实高校思政课教学话语体系的基石。

一、后现代视阈中的马克思主义

后现代主义思潮对马克思主义的批判,大都集中在马克思主义的宏大叙事维度上,其背后隐藏着对于马克思主义历史进步叙事、终极目的叙事和革命解放叙事可能引发极权主义的担忧。如果按照利奥塔对宏大叙事的描述,作为一种对消灭剥削、消除两极分化的"对宇宙和历史意义上的幸福结局所作的承诺"③,一种建立在剩余价值严密逻辑推定基础上的理性叙事,一种人类必将实现共产主义的历史进步观念,一种无产阶级砸碎身上的锁链进而解放全人类的解放叙事,马克思主义就是宏大叙事。"后现代主义否定和对抗现代性思想的一个重要表现,便是对一切启蒙主义式的宏大叙事的否定和消解,而在后现代主义者眼中,马克思主义学说正是宏大叙事

---

① 孙利天.马克思主义哲学在改革实践中的创新性发展[J].中国社会科学,2018(11):91-103.

② 中共中央关于进一步全面深化改革 推进中国式现代化的决定[N].人民日报,2024-07-22(01).

③ [匈]阿格妮丝·赫勒,费伦茨·费赫尔.后现代政治状况[M].王海洋,译.哈尔滨:黑龙江大学出版社,2011:2.

的典范。"①在论及宏大叙事批判对中国主流意识形态的风险时,利奥塔在《后现代状态:关于知识的报告》一书中对马克思主义的批判是绕不开的话题,因为马克思主义正是利奥塔在书中批判的核心对象之一。

利奥塔在《后现代状态:关于知识的报告》中一共提及"马克思"19次,"马克思主义"10次,"社会主义"3次,"共产主义"2次,"阶级斗争"2次②。他将马克思主义看作20世纪上半叶西方发达国家认识世界的重要方法论之一。"马克思主义思潮的各个流派,尽管差别很大,但都承认阶级斗争原理和社会对立统一辩证法。"③他认为,马克思主义将社会看成一个阶级斗争的有机整体,这种统一的、整合的、真理的向往,带有系统论色彩,"符合系统管理者的统一的、整合的实践",这种"由各种事实和解释构成的、完全封闭的循环是偏执狂"。"在共产主义国家里,整合模式和它的极权效应以马克思主义的名义重新出现",马克思的政治经济学批判及"与此相关的、对异化社会的批判都被用来当做系统程序化中的因素",马克思设定的社会二元格局和阶级斗争模式,在发达资本主义国家"面临失去理论根据的危险,它可能沦为一种'乌托邦',一种'希望'",马克思主义的功能"将从此变得不大可能"④。可以说,马克思主义是利奥塔批判的宏大叙事中显著目标之一。

除了利奥塔,不遗余力解构马克思主义的后现代思想家可能当属福柯。福柯质疑马克思主义将社会发展的复杂性简化为终极性救赎叙事的认知范式。在知识考古学视阈下,其通过对知识建构机制的分析,解构了马克思主义的认识论根基。在认识维度,他否定单一物质决定论,揭示知识演进本质上是多元权力与话语实践的协同效应,呈现断裂式演进特征而非线性进步。在权力维度,福柯阐释了知识-权力-话语的三元互动机制,消解了实践本体论的主体性预设,转向微观权力分析而非阶级二元对立框架。历史维度,他

①　任昕."后马克思主义"是马克思主义吗?——反思后现代主义者对马克思主义的解读[J].外国文学动态研究,2016(6):5-13.
②　[法]让-弗朗索瓦·利奥塔.后现代状态:关于知识的报告[M].车槿山,译.南京:南京大学出版社,2011.
③　[法]让-弗朗索瓦·利奥塔.后现代状态:关于知识的报告[M].车槿山,译.南京:南京大学出版社,2011:45.
④　[法]让-弗朗索瓦·利奥塔.后现代状态:关于知识的报告[M].车槿山,译.南京:南京大学出版社,2011:48-50.

拒斥单因决定论，论证经济要素仅作为多元结构参数之一，强调话语本体论对社会形态的建构功能，指出马克思主义的解放叙事实为特定历史阶段的话语装置，存在被新型规训机制收编的风险。

福柯认为，马克思主义从经济学和历史学、人类学角度出发的历史设定是大写的历史，是试图让人们作为普世价值广为信奉的宏大叙事。他拒绝人类历史进步的前景，对此展现出虚无主义和悲观主义，甚至预言人类也将被历史抹去。① 马克思主义认为生产力和生产关系之间的矛盾是社会发展的最终决定力量，二者之间的矛盾将会导致积极斗争和政权的更迭，无产阶级专政和社会主义国家取代资本主义国家。但是福柯认为，按照马克思主义的这种启蒙主义历史阐释方式，人类将被锁定在人为设定的历史框架中，成为历史的存在物，而历史成为人类的控制论体系。

后现代主义者对人类社会发展总体性、目的性和共产主义学说持否定态度，对人类社会最终实现共产主义持怀疑态度。他们并不认同马克思主义将人类社会发展的规律概括为生产力和生产方式相互作用的模式，从根本上否定人类社会发展的规律性和有序性。利奥塔认为历史是无序的，无规律可循，历史的进程不可测度，也不能预期，影响人类历史发展的力量是人类的冲动，他认为力比多控制人类社会的全部进程，所以人类社会混沌一片，是一种无序流动，没有辩证、规律和线性进步的轨迹可以寻找。利奥塔否定了马克思主义生产力和生产关系之间的辩证关系，"我们没有打算要秉持真理，去赋予马克思的真理，我们想知道在马克思那里拥有何种力比多"②。利奥塔的反目的论和历史进步论的激进观点反映了许多后现代主义者对马克思主义的基本立场，他们认为人类历史的发展不是一个整体进程中的一部分，人类发展的那个明确的、向着某一种归宿和最终目的前进的趋势是不存在的。

后现代主义之所以将马克思主义作为宏大叙事的典型进行批判和否

---

① ［法］米歇尔·福柯. 词与物：人文科学的考古学［M］. 莫伟民，译. 上海：上海三联书店，2002：506.

② LYOTARD J F. Libidinal Economy［M］. Iain Hamilton Grant，trans. London：Anthlone Press，1993：95.

定,原因可能有以下几点。首先,后现代主义者有一种预设,即某种思想理念一旦试图建构一种体系、一种理想、一种制度,就有一种预先设定,预设一种拯救全人类的乌托邦叙事,拯救叙事是一种超出自身能力的妄想,马克思主义拯救全世界和全人类的解放叙事,就是乌托邦,就是宏大叙事。其次,启蒙叙事的前提设定是,启蒙者掌握了比被启蒙者更高的知识和能力,拥有对大众实施启蒙的权利,这种权利实际上是启蒙者赋予自身的,启蒙叙事并不具有合法性,马克思主义对广大工人和无产阶级大众的启蒙也不具有合法性。最后,马克思主义在某些社会主义国家的实践及其后续发展,促使后现代主义认为马克思主义是权威主义的根源之一。①

值得注意的是,对马克思主义的忌惮和忧虑不仅出现在利奥塔等后现代主义思想家中,现代哲学领域也有一定的反响。20 世纪以来,对中国思想界影响较大,也是对马克思主义挑战最大的西方思潮除了后现代主义,还有新自由主义。"20 世纪西方的新自由主义和后现代主义是对我国影响较大的理论",其中的新自由主义"不仅是一种经济学理论,同时也是一种经济哲学、政治哲学,甚至也可以说是一种历史哲学,它对马克思主义哲学有多方面的批判和挑战"。② 新自由主义者对马克思主义的批判,我国马克思主义哲学研究界对此有较多的回应和反驳,但是高校思政课领域对这一话题的关注还不充分。鉴于西方新自由主义思潮对马克思主义的批评向度和后现代主义有诸多相似之处,对于中国高校思政课话语内容体系的基石的解构功能与后现代主义也十分相似,所以有必要对新自由主义批判马克思主义的主要观点进行概括,以期为高校思政课研究者和一线教师提供应对策略。

新自由主义思潮中有代表性的思想家是波普尔和哈耶克。被称为"20世纪最重要的思想家"的卡尔·波普尔,其观点与后现代主义思潮非常接近,他否定历史决定论,反对"历史规律"。波普尔警告,诸如马克思主义和黑格尔主义这样的历史决定论容易导致极权主义,称其为"历史主义的谬

---

① 任昕."后马克思主义"是马克思主义吗? ——反思后现代主义者对马克思主义的解读[J].外国文学动态研究,2016(6):5-13.

② 孙利天.马克思主义哲学在改革实践中的创新性发展[J].中国社会科学,2018(11):91-103.

误"。在《历史主义的贫困》题词中,他说:"纪念各种信仰的或各个国家或各种族的无数男女,他们在历史定命的无情规律之下沦为法西斯主义和共产主义的受难者。"①"由于严格的逻辑理由,我们不可能预告历史的未来行程。""没有任何一个科学的预言者——不管是一个活人科学家,还是一架计算机——可能用科学的方法预告其自身未来结果。"②所以,在波普尔看来,马克思主义关于"无产阶级革命必然胜利""资本主义必然灭亡"等判断并无科学依据,而只是意识形态上的信仰。

哈耶克在《通往奴役之路》中对马克思主义和中央计划经济提出了尖锐的批判,认为试图通过集体主义和计划经济来实现社会平等与经济正义,实际上会通向极权主义和个人自由的丧失。计划经济需要将经济资源和决策权集中于少数人手中,而这种权力集中必然导致对个体自由的剥夺。马克思主义消除阶级,消除两极分化是追求绝对的经济平等,而这就需要对个人进行强制和控制,这种强制会破坏自由竞争的社会基础。"想全面指导社会过程的那种要求的根源",正是集体主义"这种思想上的傲慢自大。"③哈耶克指出计划经济和集体主义将会导致极权主义的风险,在二战后引起了广泛关注,成为冷战期间西方自由主义对抗共产主义和社会主义意识形态的重要理论武器之一。哈耶克晚年在《致命的自负》中从自由主义经济学出发,一方面批判社会主义的计划经济,同时为市场经济的优越性提供强有力的辩护。他认为马克思主义过度相信理性和能力,试图用设计和计划取代自然演化的社会秩序,社会主义试图以中央计划或人为干预取代市场体系,实际上破坏了复杂社会系统赖以存在的规则与习俗。而市场经济是一种"自发秩序",通过价格机制有效地整合了分散的信息资源,个体在市场中的自由选择,能够激发创新与效率。④ 马克思主义认为生产资料的公有化和计划

---

① [英]卡·波普尔.历史主义的贫困[M].何林,等译.北京:社会科学文献出版社,1987:39.

② [英]卡·波普尔.历史主义贫困论[M].何林,等译.北京:中国社会科学出版社,1998:42-43.

③ [英]哈耶克.通往奴役之路[M].王明毅,等译.北京:中国社会科学出版社,1997:158.

④ [英]哈耶克.致命的自负[M].冯克利,胡晋华,译.北京:中国社会科学出版社,2000:38.

经济能够克服资本主义的内在矛盾,解决剥削与资源浪费问题,而哈耶克认为市场经济的价格机制是整合分散知识的核心工具,而计划经济缺乏价格信号,会导致资源错配和效率低下。马克思主义认为历史遵循经济发展规律,最终会走向共产主义,而哈耶克认为历史是开放的,没有单一路径,假定历史发展有确定方向是一种"致命的自负"。

二、作为宏大叙事的马克思主义

在后现代主义和新自由主义的多重批判面前,高校思政课教师如何认识马克思主义的宏大叙事特征,事关授课主体的理论自信。总体上看,马克思主义的叙事关键词有生产、资本、革命、阶级、物化、异化、商品、劳动、实践、拜物教、本质规律、全人类解放、现实的个人、自由人联合体、生产资料所有制、人的自由而全面发展等。有学者将马克思主义的这些叙事关键词分为人学叙事、实践叙事、资本叙事、历史叙事、辩证叙事、解放叙事等六种。①借鉴后现代主义尤其是利奥塔对马克思主义宏大叙事的认定,可以将马克思主义宏大叙事的特征总结为以下几个方面。

第一,科学真理叙事。马克思主义既是一种社会政治运动,也是一种思想理论体系。作为一种思想理论体系,马克思主义是科学真理,是人类历史经验的总结,是科学理论和意识形态的结合体。邓小平说:"马克思主义是打不倒的。打不倒,并不是因为大本子多,而是因为马克思主义的真理颠扑不破。"②邓小平还说过:"我坚信,世界上赞成马克思主义的人会多起来的,因为马克思主义是科学。"③习近平总书记指出:"马克思给我们留下的最有价值、最具影响力的精神财富,就是以他名字命名的科学理论——马克思主义。"④进入新时代,"中国共产党人仍然要学习马克思,学习和实践马克思主义,不断从中汲取科学智慧和理论力量"⑤。马克思主义以历史唯物主义为基础,将

---

① 何友鹏.马克思的社会主义叙事[J].马克思主义理论学科研究,2021,7(6):115-120.

② 邓小平.邓小平文选:第3卷[M].北京:人民出版社,1993:382.

③ 邓小平.邓小平文选:第3卷[M].北京:人民出版社,1993:382.

④ 习近平.在纪念马克思诞辰200周年大会上的讲话[N].人民日报,2018-05-05(02).

⑤ 习近平.在纪念马克思诞辰200周年大会上的讲话[N].人民日报,2018-05-05(02).

人类历史的发展视为一个具有内在逻辑连贯性的过程，形成了一种高度结构化的叙事方式。"马克思主义不仅是严密的科学体系，而且是无产阶级的思想武器，是科学性和革命性的统一。"①它不仅解释社会形态的演变原因，还进一步分析经济基础与上层建筑之间的关系，将经济、政治、文化、意识形态纳入一个逻辑自洽的体系。"马克思主义的世界历史理论首先是人类社会发展客观规律的学说。"②马克思主义通过辩证法解释社会发展中的矛盾与冲突，使整个历史叙事保持了逻辑一致性，并为每一个历史阶段的过渡提供了理论解释。尽管世界不断变化，马克思主义依然蕴含着强大的科学力量，始终占据着真理和道义的高地，且仍然是具有深远国际影响的思想和话语体系。③

第二，整体性叙事。马克思主义是对社会、经济、政治、文化等领域的全面解释，不仅试图解释经济结构的变迁，还涵盖了对政治制度、文化形态、意识形态等系统分析。列宁指出："它（马克思主义）完备而严密，它给人们提供了决不同任何迷信、任何反动势力、任何为资产阶级压迫所作的辩护相妥协的完整的世界观。"④马克思主义强调整体性，认为社会是一个复杂的整体，各个部分相互联系、相互影响。通过"经济基础决定上层建筑"这一理论模式，马克思主义将政治、文化、法律、教育等所有社会生活的各个方面都纳入其理论解释范围，提供了整个社会结构的全面理解框架。马克思主义认为，只有从整体上把握社会，才能理解各个部分的功能和变化，进而揭示社会发展的整体趋势。马克思主义对自然、人类历史、政治经济、社会文化的发展都提出了高屋建瓴的深入洞察和总体性学说，是人类社会过去、现在和未来发展规律的概括总结，其整体性视野超越具体科学领域和学科框架，是关于世界的完备的、整体的、系统的、包容的宏大叙事。马克思主义的整体性叙事使其具备跨越具体知识领域和学科框架的独特能力，其系统性和全

---

① 王强，张宇娜.新时代马克思主义叙事的三重向度[J].思想教育研究，2019（10）：38-43.

② 孙利天.马克思主义哲学在改革实践中的创新性发展[J].中国社会科学，2018（11）：91-103.

③ 陈曙光.历史和人民选择了马克思主义[N].人民日报，2019-06-05（13）.

④ 中共中央马克思恩格斯列宁斯大林著作编译局.列宁选集：第2卷[M].北京：人民出版社，1995：309.

面性是其他哲学和社会科学理论所无法匹敌的。马克思主义理论体系的认知内核聚焦于社会历史演进机制的系统阐释,将人类文明进程阐释为从原始社会到共产主义形态的演进序列,马克思主义通过对生产力和生产关系矛盾运动的分析,构建社会形态演进的理论体系,使历史发展呈现内在演进逻辑与不可逆的统一性。

第三,普遍性叙事。马克思主义不是局限于某一种族、某一地域、某一时代的理论,是穿越时代、种族和地域的世界性、普遍性的学说。马克思主义关注全人类的全面解放,不局限于某国或某地,批判资本主义的生产方式,以及实现共产主义社会发展目标都是全球性的现象。"人的本质……是一切社会关系的总和。"①马克思主义强调其理论的普遍适用性,认为其提出的社会发展规律不仅适用于某一国或某一地区,而是适用于全人类。因此,它的理论不仅分析了欧洲的资本主义发展,还试图解释其他国家和地区的社会演变规律。在这一框架下,马克思主义理论被认为能够适用于不同文化背景的国家,适用于分析各种不同的经济形态与社会结构。这种普遍性使得马克思主义成为一种放之四海皆准的宏大理论体系,被奉为可以指导全人类解放的普遍理论。马克思主义诞生于西方文明,但是马克思主义同时扬弃了西方文明视野,批判和反思了西方的资本主义制度,对包括中国在内的全世界都有重要的指导意义和价值。世界各个角落,不分民族、不分国家、不分时代,都有人研读和践行马克思主义。实践证明,马克思主义为人类社会的发展指出了一条现实的道路。无论哪个国家、哪个民族,其社会形态的变迁都可以通过生产力与生产关系的矛盾运动来解释。马克思主义不仅分析了资本主义社会,还试图揭示前资本主义社会和未来共产主义社会的规律,从而具有跨时代、跨地域的普遍适用性。

"世界历史"是马克思主义的高频词汇,"地域性的个人为世界历史性的、经验上普遍的个人所代替"②。"无产阶级只有在世界历史意义上才能

---

① 中共中央马克思恩格斯列宁斯大林著作编译局. 马克思恩格斯文集:第 1 卷 [M]. 北京:人民出版社,2009:505.

② 中共中央马克思恩格斯列宁斯大林著作编译局. 马克思恩格斯文集:第 1 卷 [M]. 北京:人民出版社,2009:538.

存在,就像共产主义——它的事业——只有作为'世界历史性的'存在才有可能实现一样。"①"各民族的原始封闭状态由于日益完善的生产方式、交往以及因交往而自然形成的不同民族之间的分工消灭得越是彻底,历史也就越是成为世界历史。"②"每一个单个人的解放的程度是与历史完全转变为世界历史的程度一致的。"③"资产阶级,由于开拓了世界市场,使一切国家的生产和消费都成为世界性的了。"④"世界历史是资本主义生产方式必然造成的普遍的世界联系和世界交往,世界历史是人类必经的发展阶段","只有在世界历史的进程中,每个人才能成为分享全部文明财富的世界历史性个人"。⑤ 伴随着资本主义的扩张,世界范围内各个国家民族之间经济、政治、文化等各个领域的交往、影响、交融、渗透愈发广泛,"全世界无产者,联合起来"⑥,无产阶级共同完成对资产阶级的革命才能成为现实。对于广大被剥削和压迫的殖民地和半殖民地国家,以及广大的发展中国家来说,马克思主义支撑了世界范围内的反帝反封建的民族解放运动,20世纪以来非西方世界的崛起和民族独立运动的成功与马克思主义的理论和实践息息相关。"社会主义国家必须主动进入世界历史进程,利用世界市场和人类文明的一切成果发展社会主义,并积极引领世界历史的走向"⑦。马克思主义的普遍性体现在其历史唯物主义的基本原理上,确认生产力的发展是社会历史发展的根本动力。自诞生伊始,马克思主义深刻重塑了全球格局,并在全球范

---

① 中共中央马克思恩格斯列宁斯大林著作编译局. 马克思恩格斯文集:第1卷[M]. 北京:人民出版社,2009:539.

② 中共中央马克思恩格斯列宁斯大林著作编译局. 马克思恩格斯文集:第1卷[M]. 北京:人民出版社,2009:540-541.

③ 中共中央马克思恩格斯列宁斯大林著作编译局. 马克思恩格斯文集:第1卷[M]. 北京:人民出版社,2009:541.

④ 中共中央马克思恩格斯列宁斯大林著作编译局. 马克思恩格斯文集:第2卷[M]. 北京:人民出版社,2009:35.

⑤ 孙利天. 马克思主义哲学在改革实践中的创新性发展[J]. 中国社会科学,2018(11):91-103.

⑥ 中共中央马克思恩格斯列宁斯大林著作编译局. 马克思恩格斯文集:第2卷[M]. 北京:人民出版社,2009:66.

⑦ 孙利天. 马克思主义哲学在改革实践中的创新性发展[J]. 中国社会科学,2018(11):91-103.

围内落地生根、蓬勃发展,结出累累硕果。

第四,解放叙事。马克思主义是关于人类解放的学说,也是全人类解放的社会运动。习近平总书记指出:"马克思主义博大精深,归根到底就是一句话,为人类求解放。"①马克思主义认为无产阶级的解放是全人类解放的前提,这一思想成为其叙事中最具革命性的部分。"马克思主义之所以具有跨越国度、超越时空的影响力、解释力和生命力,就在于其始终坚持人民性基础上的人类性,致力于实现全人类的彻底解放。"②马克思主义将无产阶级革命视为历史的必然,认为这是结束阶级压迫、实现全人类解放的唯一途径。"每一个单个人的解放的程度是与历史完全转变为世界历史的程度一致的。"③这种解放的叙事赋予了无产阶级特殊的历史使命,将解放定义为推动社会进步的主要力量。在解放叙事中,无产阶级的解放不仅是个体的解放,更是对整个资本主义制度的全面挑战,是为了实现最终的社会理想——共产主义。

作为一种社会运动,马克思主义是解放叙事。马克思主义主张阶级斗争,主张无产阶级通过革命斗争推翻资产阶级,消除现存的不合理状况,最终消灭剥削,消除两极分化,彻底解放全人类,实现人的全面自由的发展。"资本全球化的进程也是人类解放的进程。随着资本主义的全球化扩张和资本主义危机的到来,全人类最后必将实现自由和解放。"④马克思主义的整个话语叙述指向,"最终都能归结为'解放'"⑤。马克思主义认为无产阶级是资本主义社会中的被剥削阶级,只有通过无产阶级革命,才能推翻资本主义制度,实现自身的解放。这种解放不仅是经济上的,还包括政治、思想文化等各个方面,最终实现人的全面自由发展。"由资本主义生产推动的世界历

① 习近平.在纪念马克思诞辰 200 周年大会上的讲话[N].人民日报,2018-05-05(02).

② 王强,张宇娜.新时代马克思主义叙事的三重向度[J].思想教育研究,2019(10):38-43.

③ 中共中央马克思恩格斯列宁斯大林著作编译局.马克思恩格斯选集:第 1 卷[M].2 版.北京:人民出版社,1995:89.

④ 孙利天.马克思主义哲学在改革实践中的创新性发展[J].中国社会科学,2018(11):91-103.

⑤ 何友鹏.马克思的社会主义叙事[J].马克思主义理论学科研究,2021,7(6):115-120.

史是充满阶级斗争、民族斗争的历史,在世界上出现社会主义国家后,世界历史交织着资本逻辑、民族解放逻辑和社会主义逻辑的对抗和斗争。"①解放叙事的隐性内涵是阶级斗争和革命叙事。在《德意志意识形态》和《共产党宣言》等文本中,马克思通过阶级理论对历史进行了全景式的宏大描述,将历史视为阶级斗争的历史。这种叙事方式将人类历史的发展与阶级斗争紧密联系起来,形成了一种以全人类彻底解放为目标的阶级斗争历史观。

第五,历史进步叙事。对人类实现共产主义社会坚定不移的信念,是马克思主义对人类社会未来构想的落脚点。马克思在《1844 年经济学哲学手稿》中指出:"整个所谓世界历史不外是人通过人的劳动而诞生的过程,是自然界对人来说的生成过程,所以关于他通过自身而诞生、关于他的形成过程,他有直观的、无可辩驳的证明。"②马克思主义具有明确的历史目的性,即通过阶级斗争和无产阶级革命,推翻资本主义制度,建立社会主义制度,并最终实现共产主义。这一目标体现了马克思主义对未来社会的理想追求:共产主义社会是一个没有阶级、没有剥削、人人平等的社会状态,是人类社会发展的最终归宿。马克思主义对社会主义实践的探索和对共产主义理想的展望,基于对人类社会发展前景的深刻洞察,基于对无产阶级与资产阶级阶级斗争规律的分析和对资本主义终将走向消亡的科学预见。"为历史的运动找到抽象的、逻辑的、思辨的表达,这种历史还不是作为既定的主体的人的现实历史,而只是人的产生的活动、人的形成的历史。"③马克思主义认为历史是按照一定的规律前进的,从原始社会、奴隶社会、封建社会到资本主义社会,每个阶段都有其特定的生产方式和社会结构,这些阶段是依次更替的。这种线性进步观体现在马克思主义对资本主义社会矛盾的分析上:资本主义社会虽然促进了生产力的发展,但其内在矛盾会导致其灭亡,进而过渡到更高级的社会主义和共产主义阶段。

---

① 孙利天.马克思主义哲学在改革实践中的创新性发展[J].中国社会科学,2018(11):91-103.

② 中共中央马克思恩格斯列宁斯大林著作编译局.马克思恩格斯文集:第 1 卷[M].北京:人民出版社,2009:196.

③ 中共中央马克思恩格斯列宁斯大林著作编译局.马克思恩格斯文集:第 1 卷[M].北京:人民出版社,2009:201.

　　马克思主义不仅是对过去和现在的分析，更包含了对未来社会的设想。在生产力不断发展的过程中，资本主义社会的矛盾将推动社会朝着社会主义和共产主义的方向转变，这种社会未来发展形态赋予了历史发展一种线性和目的明确的进程。"思辨性的宏大叙事的中心思想是人类的生命或黑格尔的'精神'可以通过知识的积累而不断进步……所有可能的陈述都聚拢在一个单一的宏大叙事中，它们的真理和价值都通过这个宏大叙事的规则来决定。"①马克思主义的这种历史观试图给人类社会发展勾勒出一个完满的未来，使人类进步之路在理论上形成自我验证的逻辑闭环。

　　第六，终极目的叙事。马克思主义以共产主义作为社会发展的最终目标，"每个人的自由发展是一切人的自由发展的条件"，作为世界历史终极目的的共产主义是自由人的"联合体"②。马克思主义认为，随着生产力的不断发展，资本主义社会中固有的阶级矛盾会逐步激化，最终通过无产阶级革命实现从资本主义到社会主义、再到共产主义的演进。"在马克思的意义上，世界历史发展的终极目的是人类在资本、阶级、国家和民族都消亡之后所形成的人类共同体。"③"中国共产党一经成立，就把实现共产主义作为党的最高理想和最终目标，义无反顾肩负起实现中华民族伟大复兴的历史使命。"④共产主义被设想为一个没有阶级压迫、没有剥削、资源平等分配的"自由王国"，这种对终极目标的明确追求使得马克思主义在理论上充满了目的性。通过描述这一终极目标，马克思主义不仅提供了对人类社会未来发展的宏伟构想，还赋予了历史前进方向以终极价值和意义。"马克思赋予世界历史以人类自由和解放的终极目的，并把人类向着自己的命运主宰者的回归作为全部世界历史的叙事主题。"⑤马克思关于人类解放的理论框架，融合了历

---

　　①　[英]西蒙·莫尔帕斯.导读利奥塔[M].孔锐才，译.重庆：重庆大学出版社，2014：26.

　　②　中共中央马克思恩格斯列宁斯大林著作编译局.马克思恩格斯文集：第2卷[M].北京：人民出版社，2009：53.

　　③　吴宏政.21世纪马克思主义世界历史观的叙事主题[J].中国社会科学，2021(5)：4-25，204.

　　④　党的十九大报告辅导读本[M].北京：人民出版社，2017：13-14.

　　⑤　吴宏政.21世纪马克思主义世界历史观的叙事主题[J].中国社会科学，2021(5)：4-25，204.

史唯物主义的理论基础、多元化的解放路径及共产主义运动的实践探索,系统地揭示了把握人类社会发展规律的核心方法、实现人类解放的关键途径及社会形态演变的终极目标。

但丁认为,世界历史具有明确的终极目的,并且这一目标只能通过持久的和平来实现。"由于在行动方面,最终目的是一切行动的原理和动因——这是因为行为者首先是由最终目的所推动的,所以为了达到这一目的而行动的任何理由都必须来源于这一目的。"①马克思主义的世界历史叙事不但指出了世界历史的终极目的,而且提出了终极目的的实现方式。"至今一切社会的历史都是阶级斗争的历史。"②世界历史的终极目的和积极目的是共产主义这一自由人的联合体,消极目的是消灭阶级斗争,实现方式是消灭私有制,终极叙事主题也是消灭私有制。③ 实现人的自由而全面的发展,推动建立没有压迫和剥削的共产主义社会,这就是马克思主义的终极目的叙事。

综上,马克思主义理论体系在科学真理建构、整体性阐释、普遍性规律、解放诉求、历史演进逻辑及终极价值目标等六重叙事维度中,展现出独特的宏大叙事特质。

三、超越宏大叙事的马克思主义

沿着后现代主义思潮对宏大叙事的批评路径观察,马克思主义的确具有诸多宏大叙事的特征,但是如果跳出后现代主义的视角,从现代性、后现代性一脉相承的视角去观察,马克思主义超越现代性、超越后现代性、超越宏大叙事的特征就凸显出来。

首先,来看马克思主义超越现代性。后现代主义者将马克思主义视为现代性范畴,指认马克思主义理论承接并强化了现代社会对真理和知识的合法性。这是一种误读。马克思主义生产力和生产关系发展理论就是建

---

① [意]但丁.论世界帝国[M].朱虹,译.北京:商务印书馆,2009:3.

② 中共中央马克思恩格斯列宁斯大林著作编译局.马克思恩格斯文集:第 2 卷[M].北京:人民出版社,2009:31.

③ 吴宏政.21 世纪马克思主义世界历史观的叙事主题[J].中国社会科学,2021(5):4-25,204.

立在批判资本现代性、批判资本主义社会的剩余价值模式基础上的。"马克思理论的主题是资本现代性批判,作为一种批判理论体系它具有方法论的总体性、价值立场的阶级性、理论批判的实践性和批判态度的辩证性等基本特征。这些特征使其不仅同现代主义理论而且同后现代主义理论区别开来。"①如果从后现代主义思潮产生的时间轴线来看,马克思主义和现代性是同步发展的,二者之间有相同的时空交叉维度,但这并不意味着马克思主义对现代性是全盘接受的。"面对现代性的问题,马克思和利奥塔给出了不同的诊断。"②利奥塔认为现代性已经终结,试图与现代性彻底决裂,而马克思主义认为现代性自我更新的活力就蕴含在资本主义生产关系之中。

马克思主义虽然充分肯定了资本主义生产模式对人类社会生产力发展的巨大推动作用,但是并未停留在资本现代性的认可层面,反而对资本主义对现代社会人性的异化和自由发展的戕害提出了尖锐的批评。马克思指出,伴随着资本的全球深度扩张,"一切固定的僵化的关系以及与之相适应的素被尊崇的观念和见解都被消除了,一切新形成的关系等不到固定下来就陈旧了。一切等级的和固定的东西都烟消云散了,一切神圣的东西都被亵渎了"③。马克思指出,资本现代性以资本积累为内在逻辑,使生产方式和社会关系受到资本的支配,进而引发劳动的异化现象。资本现代性借助私有制和资本集中化,催生了资产阶级与无产阶级之间的阶级对立。此外,资本通过全球化拓展生产和消费网络,利用殖民扩张及不平等的国际分工,强化了资本中心国家对不发达国家的剥削。"马克思主义哲学是最早、最深刻地反思和批判现代性的哲学。马克思和恩格斯在《共产党宣言》中即对资本主义文明的特质做出准确的判断和预言,诸如现代性的工业化、城市化、祛魅化、世俗化和资本的全球化等,马克思、恩格斯已有生动

---

① 任昕."后马克思主义"是马克思主义吗? ——反思后现代主义者对马克思主义的解读[J].外国文学动态研究,2016(6):5-13.

② 安昊楠.资本、叙事与现代性:马克思与利奥塔的思想对话[J].马克思主义哲学论丛,2020(2):94-105.

③ 中共中央马克思恩格斯列宁斯大林著作编译局.马克思恩格斯选集:第1卷[M].2版.北京:人民出版社,1995:275.

具体的揭示。"①围绕资本主义社会中的经济、政治、文化及社会结构特征，马克思主义揭示了资本现代性无法克服的内在矛盾和对人类社会发展的局限性。

其次，来看马克思主义超越后现代主义。利奥塔等后现代主义者对现代性的否定是外在的、武断的，马克思主义对现代性的反思、批判和超越是内在、全面而深刻的。对于后工业时代的社会发展状况，利奥塔给出的判断不是立足于现代性的核心特质，而是另起炉灶。他认为在后工业社会和后现代文化中，社会运行的标准只有全球市场的资本效率和利润逻辑，资本的效能已经摧毁了现代社会连接人类的宏大叙事纽带。利奥塔否定现代性逻辑，用解构的对立视角寻找现代性之外的替代方案，他虽然提醒后工业时代不能重蹈现代性的覆辙，但是并未给出扬弃现代性内核的新的确定的方案，只留下歧义性、异质性和特殊性等破碎的思想图景，忽视了后现代主义是现代性的延展这一历史事实。按照利奥塔的逻辑，后工业时代宏大叙事的崩塌意味着资本不再是现代社会的主导原则和基本支柱，资本也已经失去了对世界的支配和统治，资本现代性逐渐失效并脱离现代社会。这显然是不符合事实的。现代社会和后工业社会的区别并不是资本对社会是否具有支配权，只要资产阶级不退出历史舞台，资本现代性逻辑就不会退场，资本主义的不可遏制的增值过程就不会停歇。

与此相比，马克思主义把握住了宏大叙事和资本现代性之间的内在关联，把现代社会看作一个开放性、矛盾性的有机整体，基于资本的内在逻辑，从政治、经济、文化等各个方面的总体特征出发，扬弃现代性的资本内核，构建了一种新的现代性内在超越方案，成为一种更为本质的超越现代性的宏大叙事，或曰更为深刻的超越宏大叙事的现代性。"资本主义是更悠久的效能历史的最新例证。"②马克思主义并不否定资本现代性合理的、持久的效能，而是在资本现代性基础上深入批判现代社会。马克思指出，"资产阶级

---

① 孙利天.马克思主义哲学在改革实践中的创新性发展[J].中国社会科学,2018(11):91-103.

② M.西蒙斯,刘丽苹,铁省林.利奥塔与后现代技术科学[J].世界哲学,2023(1):134-149.

除非对生产工具，从而对生产关系，从而对全部社会关系不断地进行革命，否则就不能生存下去。"①"利奥塔围绕宏大叙事及其解构的问题，提出了一种终结旧现代性、重写现代性的外在超越方案。而马克思遵循资本逻辑的内在矛盾和演化趋势，提出了一种扬弃旧现代性、建构新现代性的内在超越方案。"②这种方案就是无产阶级通过暴力革命推翻资产阶级，消灭剥削和阶级统治，统筹共同占有下的个人所有制和共同活动基础上的自主活动，建立全世界范围内最广泛的无产阶级的联合体——共产主义。共产主义就是一种超越资本现代性的新的现代性，一种超越资本主义生产方式内在矛盾的新的现代性，或曰一种建立在对资本主义现代性扬弃基础上的超越现代性。这种现代性，既不是利奥塔所指认的宏大叙事，也不是他倡导的后现代主义。

再次，来看马克思主义对宏大叙事的超越。马克思主义并不是对启蒙主义、科学理性宏大叙事的全面继承，而是对启蒙主义和科学理性叙事进行了辩证的反思和批判。"马克思的宏大叙事并不是利奥塔意义上的宏大叙事，也不同于启蒙时代的宏大叙事。"③在马克思主义看来，人类社会在进入启蒙主义历史阶段以后之所以取得快速的发展和进步，是科学和理性精神的胜利，这种胜利只是人的动物性的胜利，启蒙主义的弊端之一是使人的真正"类本质"丧失。类本质的丧失是由资本现代性导致的。资本"把劳动设定为雇佣劳动"，"把雇佣劳动作为自己的总前提创造出来"，同时，"把土地所有权既设定为自己的条件又设定为自己的对立面"。④ 马克思以人的类本质和人的终极意义为起点，完成了对启蒙主义和科学理性宏大叙事的批判，也"完成了基于启蒙意义的资本主义本身的真正超越"⑤，这也是一种总体

---

①　中共中央马克思恩格斯列宁斯大林著作编译局. 马克思恩格斯选集：第 1 卷［M］. 2 版. 北京：人民出版社，1995：275.

②　安昊楠. 资本、叙事与现代性：马克思与利奥塔的思想对话［J］. 马克思主义哲学论丛，2020（2）：94-105.

③　安昊楠. 资本、叙事与现代性：马克思与利奥塔的思想对话［J］. 马克思主义哲学论丛，2020（2）：94-105.

④　中共中央马克思恩格斯列宁斯大林著作编译局. 马克思恩格斯全集：第 30 卷［M］. 2 版. 北京：人民出版社，1995：237.

⑤　安昊楠. 资本、叙事与现代性：马克思与利奥塔的思想对话［J］. 马克思主义哲学论丛，2020（2）：94-105.

性角度的对宏大叙事的超越。马克思指出,"劳动为富人生产了奇迹般的东西,但是为工人生产了赤贫。劳动生产了宫殿,但给工人生产了棚舍。劳动生产了美,但是使工人变成畸形。劳动用机器代替了手工劳动,但是使一部分工人回到野蛮的劳动,并使另一部分工人变成机器。劳动生产了智慧,但是给工人生产了愚钝和痴呆。"①启蒙主义表面上强调人的理性解放和自由发展,但在资本主义社会条件下,人的劳动被异化,类本质通过劳动的创造性表达被压制,科学和技术往往服务于资本积累而非人的全面发展。马克思主义辩证地批判了启蒙主义:一方面承认启蒙运动对人类理性发展和思想解放的积极意义,另一方面揭示其在资本主义条件下的局限和矛盾。马克思主义既指出了启蒙主义科学理性精神对人类摆脱神权和迷信枷锁的重要作用,又看到了启蒙主义和科学理性背后隐藏的资本现代性弊端。

对于解放叙事和历史进步叙事,利奥塔从一开始就拒绝统一和整体的视角,把解放的宏大叙事和历史进步论描述为压制歧义和差异的一元化、本质化、简单化的极权主义和恐怖统治的渊薮。利奥塔解构了总体性之后,走上了极端的不归路,怀疑马克思主义主张的那种代表普遍主体的无产阶级是虚构的概念,否认其在未来出现的可能性。他认为,马克思主义的解放叙事和历史进步叙事的逻辑基点是无产阶级和资产阶级之间不可调和的阶级矛盾,把现代社会的所有矛盾核心都本质化为劳资冲突,归咎于商品生产。"利奥塔不相信各种未来叙事和历史进步论,这种立场显然不是超越现代性的立场。"②也正是因为这种立场,利奥塔忽略了马克思主义区别于本质主义宏大叙事的内在力量,排斥总体性和普遍性,执拗地将马克思主义与极权主义和恐怖统治捆绑在一起。

马克思主义并不是铁板一块的本质化理论,具有巨大的包容性、开放性、多元性和拓展性。"所谓'社会主义社会'不是一种一成不变的东西,而

---

① 中共中央马克思恩格斯列宁斯大林著作编译局.马克思恩格斯全集:第 3 卷[M].2 版.北京:人民出版社,1995:269-270.

② 安昊楠.资本、叙事与现代性:马克思与利奥塔的思想对话[J].马克思主义哲学论丛,2020(2):94-105.

应当和任何其他社会制度一样,把它看成是经常变化和改革的社会。"①马克思主义描绘了共产主义的人类进步蓝图,既不是历史终结论,也不是文明终结论,更不是机械宿命论。"马克思主义哲学是追求人类自由和解放的理论,社会主义计划经济在特定的历史条件下有其很高的效率和合理性,马克思主义的历史唯物主义也不是机械的历史决定论。"②马克思认可资本主义开启了世界历史,创造了高度发达的生产力和文明,却指出社会主义和共产主义是人类社会和世界文明的真正开端。马克思主义是普遍性和特殊性的结合体,坚信人性的普遍性,也认可人性的特殊性。"马克思坚定地相信一种共同或者普遍的人性,但他认为个性化是它的一个组成部分。""在差异的问题上,马克思主义与后现代主义之间没有最终的争论:马克思的全部政治伦理学都致力于把感觉的特殊性,或者个人权力的全部丰富性,从抽象的形而上学的牢房里解放出来。"③马克思并未将社会主义和共产主义本质化,为人类社会未来发展的巨大空间提供了可能性和包容性。

马克思主义叙事具有宏大叙事特征,它揭示了人类社会历史发展之规律,如《共产党宣言》中关于阶级斗争推动社会发展的论断。同时,马克思主义也注重个体的、日常生活的和多元的微观叙事。"马克思的资本逻辑不是作为意识形态和形而上学的'宏大叙事',而是对资本主义发展规律的总体再现,本身就蕴含着微小叙事的萌芽。马克思《资本论》的理论是对资本主义社会发展规律即资本逻辑的'具体总体的再现',是多样性的统一,在关于社会发展的宏大叙事中也兼容着微小叙事的因素。可以说,马克思始终关注'现实的个体'的微小叙事。"④马克思指出,"人们用以生产自己的生活资料的方式,首先取决于他们已有的和需要再生产的生活资料本身的特性。这种生产方式不应当只从它是个人肉体存在的再生产这方面加以考察。

---

① 中共中央马克思恩格斯列宁斯大林著作编译局.马克思恩格斯文集:第10卷[M].北京:人民出版社,2009:588.

② 孙利天.马克思主义哲学在改革实践中的创新性发展[J].中国社会科学,2018(11):91-103.

③ [英]特里·伊格尔顿.后现代主义的幻象[M].华明,译.北京:商务印书馆,2014:133-134.

④ 安昊楠.资本、叙事与现代性:马克思与利奥塔的思想对话[J].马克思主义哲学论丛,2020(2):94-105.

更确切地说,它是这些个人的一定的活动方式,是他们表现自己生命的一定方式、他们的一定的生活方式"①。马克思在《资本论》中从商品这一资本主义社会的现实财富的具体表现开始分析,逐步揭示出资本主义生产方式的实质。

具体而言,《资本论》第一卷第八章详细探讨了资本主义条件下"工作日"的本质、形成过程及其内在矛盾。马克思通过细致分析工人劳动时间的历史和资本家对工作日的延长,揭示了资本积累背后的剥削逻辑和阶级斗争。马克思指出,"剩余劳动时间"是劳动者为资本家创造剩余价值的劳动时间,这部分劳动成果被资本家无偿占有,工作日的长度决定了必要劳动时间和剩余劳动时间的比例,直接关系到资本家剥削工人的程度。《资本论》第一卷第十三章"机器和大工业"深入分析了资本主义社会中机器的广泛使用及其对生产方式、社会结构和劳动关系的深远影响。在家庭生活、妇女与儿童劳动力及工厂制度方面,马克思进行了详细的考察和批判,揭示了资本主义生产对工人家庭与社会生活的深层次冲击。马克思从微小而精细的切口进入,深刻洞察出机器和大工业并不是中立的技术工具,而是在资本主义逻辑下被用来加强剥削、巩固阶级统治的手段。在《资本论》第三卷中,马克思从资本主义生产方式的本质出发,探讨了生产中监督和规训权力的作用,揭示了这种权力在资本主义社会中的经济基础和阶级性特征。马克思聚焦资本主义生产过程对劳动者的管理和控制,展示了资本主义生产的剥削逻辑与社会权力的运行机制。马克思敏锐地发现,资本家倾向于通过机械化和自动化等技术手段减少对监督的直接依赖,从而降低监督成本,而这进一步强化了技术在规训劳动者中的作用。以上这些深入细致的探讨,"包含着对劳动者个人的肉体生命、日常生活和劳动力的再生产方式的细微考察"。"从这个意义上说,马克思的人类解放的宏大叙事本身就包含着关注现实的人的生命再生产的微小叙事。"②

---

① 中共中央马克思恩格斯列宁斯大林著作编译局. 马克思恩格斯文集:第 1 卷 [M]. 北京:人民出版社,2009:519-520.

② 安昊楠. 资本、叙事与现代性:马克思与利奥塔的思想对话[J]. 马克思主义哲学论丛,2020(2):94-105.

　　自诞生之日起,马克思主义的"幽灵"就一直与人类思想史和各个时代相伴相随,并不曾因为受到利奥塔等众多后现代学者的批判而消散,这一点也是后现代主义思想家承认的。"马克思批判理论的生命力和局限性,蕴含在双重对比视角呈现出来的特殊差异之中,不应该以现代主义或后现代主义脸谱化地判定马克思批判理论的特征、性质和意义,不论是哪一种简单的归并都可能淹没其特殊价值。"①马克思主义"是一个多元主义的幽灵,它充满歧义,具有不可通约性"②,它的生命力就在于其多元、丰富、包容和深刻。时至今日,西方马克思主义学者依然坚定捍卫马克思主义对于人类命运的终极关怀。以伊格尔顿为代表的西方马克思主义者,始终聚焦于当代文化政治领域的复杂问题,并对后现代文化展开深刻批判。他们坚守马克思主义对人类解放的核心关切,从哲学层面深入探讨并阐释了诸如道德、真理、客观性、自由、公正、正义、幸福和人性等被后现代主义刻意回避的重大问题。③

　　对抗和拆解马克思主义是西方意识形态渗透和颠覆的首要手段。英雄被抹黑,历史被篡改,共产主义理想蓝图被丑化为"美丽、愚蠢的乌托邦"。苏联的解体告诫我们,社会主义国家意识形态放弃马克思主义信仰就会亡党亡国。习近平总书记指出,在有些实际的生活和工作中,马克思主义曾一度陷入了"被边缘化、空泛化、标签化,在一些学科中'失语'、教材中'失踪'、论坛上'失声'"④的境地。"马克思主义理论研究和建设工程是党的思想理论建设的基础工程、战略工程。"⑤坚定不移地维护马克思主义在高校思政课话语体系中的核心指导地位,是高校思政课教学最粗的红线和最后的底线。每一位高校思政课研究者和一线思政课教师,都应凸显马克思主义在当代

---

　　①　罗骞.马克思批判理论的几个基本特征——从与现代性和后现代性理论比较的视角来看[J].教学与研究,2009(5):44-51.

　　②　任昕."后马克思主义"是马克思主义吗?——反思后现代主义者对马克思主义的解读[J].外国文学动态研究,2016(6):5-13.

　　③　柴焰."后理论时代"马克思主义宏大叙事的追求——伊格尔顿对"生命的意义"的思考[J].中国中外文艺理论研究,2011(9):19-27.

　　④　习近平.习近平谈治国理政:第2卷[M].北京:外文出版社,2017:329.

　　⑤　习近平对新时代马克思主义理论研究和建设工程作出重要指示强调:扎根中国大地赓续中华文脉厚植学术根基　为推进马克思主义中国化时代化作出更大贡献[N].人民日报,2024-11-30(01).

中国高校思政课教学叙事话语体系中的核心地位,用最严肃和最坚决的姿态去维护马克思主义宏大叙事的主体地位。

第二节　高校思政课教学话语的宏大叙事特征

当代中国高校思政课的宏大叙事特征可以描述为:以马克思主义理论体系为核心框架,通过历史逻辑与现实使命的辩证统一,构建起贯通历史规律、制度优越性、集体价值优先的意识形态叙事体系。这一宏大叙事体系以中国特色社会主义发展道路的历史必然性为纵向坐标,以中华民族伟大复兴的集体目标为现实指向,将"五位一体"总体布局、"四个全面"战略布局等系统理论架构作为叙事主轴,运用权威性、规范性的政治话语体系,在教学内容中突出中国共产党领导的历史合法性、社会主义制度的本质优越性及人类文明新形态的全球意义,最终形成以"中国式现代化"为叙事枢纽、以"人类命运共同体"为时空坐标的宏大解释框架,旨在培养青年学生形成对党和国家政治话语的系统性认知与整体性认同。归根到底,高校思政课的宏大叙事是社会主义宏大叙事。时至今日,宏大叙事是否已经被解构,社会主义宏大叙事的历史和理性和社会功能何在,高校思政课话语体系宏大叙事的特征有哪些,这些问题对于澄清解构宏大叙事思潮对高校思政课话语体系有何种影响,进一步推进高校思政课教学话语体系变革等都具有重要的探讨价值。

一、社会主义宏大叙事的价值意蕴

人类社会启蒙进程、解放进程和人类历史进步主义,这三种利奥塔批判的宏大叙事,与当代中国的高校思政课教学息息相关。启蒙叙事、解放叙事、历史进步叙事,这些宏大叙事思潮解构和批判的对象,在晚清以来的百年未有之大变局中逐步为中国知识界接纳,在五四新文化运动开始就成为中国现代化转型的思想动力的基石,被开眼看世界的几代中国现代知识分子奉为圭臬,视为改变积贫积弱中国的思想武器。更重要的是,启蒙、进步、解放、阶级斗争、资本主义剥削本质等这些被冠以"宏大叙事"而遭到批判的话语，正是高校思政课教学内容的关键词和核心理念。这些支撑人类现代化进程的伟大思想结晶，在西方却受到了后现代主义的质疑和批判。宏大叙事批判令处于现代化进程中的中国思想界感受到后现代思潮的冲击力，更让从事当代思政课教学的研究者和一线教师感到讶异和困惑。鉴于此，进一步凸显和明确社会主义宏大叙事的价值和意义，坚定维护马克思主义指导下的中国特色社会主义核心价值体系，就成为高校思政课教学话语体系的基石。从中国式现代化的路径而言，宏大叙事的社会功能也是显而易见的。

第一，宏大叙事是现代民族国家建构的思想根基。在过去的 1800 多年当中，中国都是世界经济与文化的中心。在新中国成立前的一个多世纪里，中国经历了剧烈的社会动荡和国家危机。农民起义、民族危机和军阀割据使中国社会长期处于动荡和分裂状态。国家实力迅速衰亡、经济积贫积弱，国土被蚕食鲸吞，与当时宏大叙事的颠覆、失范或散乱密切相关。晚清以来的很长一段时间，在国家危机面前，中国未能形成统一的、具有广泛认同的宏大叙事来凝聚民族力量。随着列强入侵和清王朝衰落，传统以儒家礼制为核心的"天朝大国"观念失去了号召力，对内无法实施有效的国家治理，对外无法寻找中国在世界秩序中的新地位。数千年来抵御内陆威胁的帝国运行机制，面对来自海上的武力和霸权张皇失措，传统的忠君思想和伦理体系难以应对现代民族国家的兴起和工业化的挑战。社会各阶级之间利益冲突严重，未能形成共识性叙事，导致革命和改革过程中的内部分裂。在东西方冲突中，中国传统文化受到严重冲击，而新文化尚未建立，社会价值观陷入混乱，民众的民族自尊心和文化认同感受到削弱，滋生出悲观主义，甚至一度有中国学者开始讨论中华民族的种族优劣。民族凝聚力和精神向心力严重不足，对内不能立人，对外不能立国，为外敌入侵和内部分裂提供了可乘之机。可以说，晚清以来中华民族的宏大叙事，不是太强了，而是太弱了。

五四运动促进了马克思主义在中国的历史性登场，马克思主义作为反帝反封建斗争的主导性思潮与理论旗帜，重构了中国现代化进程的思想谱系。中国共产党通过民族解放话语体系实现了工农联盟的政治动员效能，在抗日战争与解放战争时期成功建构起现代民族国家认同的社会共识主体。这种理论与实践的双重理论建构不仅为新中国政权的建立提供了价值合法性基础,更在社会主义建设时期发挥着持续性的意识形态功能。"五千年从未断绝的优秀传统文化,造就了高度的民族文化认同,形成了强大的凝聚力量,为社会主义改革提供了稳定的文化基础。"①历史实践证明,具有整合效能的叙事范式是维系国家认同、应对意识形态系统性风险的关键机制。

21世纪以来,随着中国特色社会主义伟大事业的接续推进,中国的道路自信、理论自信、制度自信、文化自信进一步展现了中华民族的凝聚力、创造力和生生不息的生命力。早在19世纪50年代,恩格斯就预言:"过不了多少年,我们就会亲眼看到世界上最古老的帝国的垂死挣扎,看到整个亚洲新纪元的曙光。"②历经百年砥砺奋进,中华民族在中国共产党的引领下,成功探索出一条契合自身国情的社会主义现代化发展道路,彻底挣脱了西方现代性模式的束缚与制约。以社会主义宏大叙事为支撑的主流价值观,已成为国家意识形态的核心要素,融入国家核心价值体系,凝聚为中华民族的共同追求,并为国家的长治久安筑牢根基。历史证明,中华民族的宏大叙事越洪亮,国家实力越强盛;宏大叙事一旦萎靡,国家就走向颓败。可以说,当代中国比以往任何时候都更需要宏大叙事。

第二,宏大叙事凸显社会主义历史进步性。在现代化进程中,当代中国既积极借鉴西方发达国家的先进经验,又坚决摒弃其经济殖民主义、政治帝国主义和文化霸权主义的弊端。中国特色社会主义的宏大叙事,对内通过协调个体与群体利益,促进社会和谐与协调发展;对外秉持大国担当,倡导和平发展理念,为构建人类命运共同体贡献智慧与方案。中国梦、改革创新、共同富裕、爱国主义、全面小康、社会主义核心价值观及新时代中国特色社会主义思想等,构成了当代中国的核心叙事体系。这些叙事不仅支撑了新中国成立以来,尤其是改革开放40多年的发展成就,更将继续引领中华民族实现伟大复兴的征程。中国人对家庭、对社会、对国家的强烈责任感,中

---

① 孙利天.马克思主义哲学在改革实践中的创新性发展[J].中国社会科学,2018(11):91-103.

② 中共中央马克思恩格斯列宁斯大林著作编译局.马克思恩格斯选集:第1卷[M].2版.北京:人民出版社,1995:712.

国人伟大的创造、奋斗、团结、奉献、梦想精神，创造了人类历史上最伟大的经济奇迹。社会主义宏大叙事吸收了马克思主义的核心理念，是中国共产党人在继承与发展马克思主义过程中凝聚的集体智慧成果。经过中国革命的多次锤炼，它融合了民族精神、时代精神与人民精神，呈现显著的真理性和先进性特征。在马克思主义指导下形成的宏大叙事，根植于深厚的本土文化传统，并经过改革开放以来的伟大实践考验，展现出强大的生命力和说服力。与西方宏大叙事相比，这种叙事具有权威性和合理性，具备历史的正当性与进步性，既无法被解构，也不会被解构。

第三，宏大叙事提供社会主义历史观的价值引领功能。我们可以把宏大叙事理解成在一个较大范围、跨度或层次上描述的故事，这种故事超越单一事件、个体经验，反映更广泛的价值观、历史观和集体意识。宏大叙事是人类社会的组织方式，它维持着一种社会系统，让个体产生归属感和认同感，让身处其间的每一个人寻找到人生的意义和价值。宏大叙事是宏大的，但不是虚浮的假大空口号，和每一个人的生活密切相关。每一个人对世界的过去、现在和未来都有自己的理解，由此获得了自己的价值观念，并在这种价值体系中寻找个人的生存信念和意义。基于这种价值理念，我们判断事物的价值，确定行动的方向。具有社交属性的人类天生善于讲故事。人类用故事交流，用故事传递信息和经验。叙事是人类理解世界的方式，人类在面临挑战和困难时，能够通过叙事获得共同行动的信心和勇气，探寻解决问题的办法和途径。自然界的变化有规律可循，人类社会的发展也是可以预见的。"安得广厦千万间，大庇天下寒士俱欢颜"的理想，"先天下之忧而忧，后天下之乐而乐"的情怀，"为中华崛起而读书"的抱负，共产主义社会的远景目标等，指引和鼓励着人们朝着理想的目标奋力前行。"人类的创造力、聪明才智和天然的社会属性能够释放巨大的力量，必定能战胜一切困难。"①宏大叙事通过构建具有历史纵深感和理论系统性的社会主义历史观，发挥着关键的价值引领功能。社会主义宏大叙事以马克思主义唯物史观为方法论基础，用"觉醒—抗争—解放—复兴"阐释中国近现代史的必然性演

---

① ［德］克劳斯·施瓦布，［法］蒂埃里·马勒雷.大叙事：构建韧性、公平和可持续的社会［M］.世界经济论坛北京代表处，译.北京：中信出版社，2022：序言 4.

进链条,通过揭示历史规律赋予社会主义道路选择以历史合法性。在价值坐标上,将个体生命历程嵌入中华民族伟大复兴的集体目标框架,以历史主体概念重构个人与民族命运共同体之间的意义联结。在意识形态建构层面,"站起来—富起来—强起来"的叙事范式,将制度优势转化为情感认同,使青年在认知百年党史的过程中,同步完成对社会主义核心价值观的历史确证与价值内化,最终实现历史解释权与价值主导权的有机统一。

二、高校思政课宏大叙事的话语功能

高校思政教育工作者需以理性态度审视后现代思潮对教育成效可能产生的积极或消极作用。鉴于后现代思潮在我国高校所面临独特的时空环境,既不应对外来文化思潮陷入过度焦虑,也需保持定力,避免盲目套用西方后现代理论。社会主义宏大叙事的主体地位过去没有,现在和未来也不能被解构。

首先,宏大叙事是中国式现代化的重要理论工具和实践路径之一。宏大叙事是现代社会的决定性力量和组织方式。综观人类的历史发展历程,人类进入现代社会以后,作为一种"保护性装置",国家政体及民族国家所包含的文化传统和社会关系,从根本上来说是靠宏大叙事来支撑的。"以宏大叙事为基本结构的此类故事的构建和叙事,不分政治党派和国家,是社会的主旋律。"①总体上看,人类社会的管理方式有三种:第一种是精神的激励,鼓励人们为共同的目标而努力;第二种是武力强迫就范,暴力机器执行条例来规训;第三种是鼓励每一个人都追求自己的兴趣,造成一个系统,每一个人彼此竞争,又互相合作。某一时代的政治和经济制度,总是和特定的宏大叙事联系在一起。当社会发生变革或者根本性的转型时,就会出现新的宏大叙事取代旧的宏大叙事。"各种奠基于启蒙理性和契约精神的关于人的自由和人类解放的理性设计、以绝对理性的普遍运动为核心的关于绝对真理的阐发等宏大叙事,之所以能够成立并成为现代社会历史运动的强有力的理性设计,重要的原因在于,这些宏大叙事在深层次上建立在一种关于宏观

---

① 杨伯溆.宏大叙事与碎片化:全球化进程中互联网传播及其意义[J].现代传播(中国传媒大学学报),2019,41(11):138-143.

权力的信念上。"①现代社会的宏观政治和宏观权力,都是建立在中心化、普遍化、决定性的信念和话语力量基础之上,是宏大叙事支撑了现代社会的运行机制。宏大叙事以普遍性和总体性为特征的历史、文化或社会理论,解释和整合多样化的社会实践,构建了一种超越个体的总体性视角,使社会成员能够在复杂的现代社会中找到自身定位,使社会成员能够围绕共同目标展开行动。作为现代社会的决定性力量和组织方式,宏大叙事的核心在于整合社会实践、规范价值体系,并为行动提供合法性和方向。宏大叙事将中国式现代化的发展进程纳入具有历史连续性和未来导向性的总体框架,展现出宏大的目标、统一的价值体系和深远的社会意义。

其次,宏大叙事是高校思政课教学话语内核的支撑力量。随着人类社会进入民族国家阶段,宏大叙事成为连接社会共同体的关键力量。国家、政党及各类组织借助宏大叙事的构建来引导社会主流价值观念的形成。在社会发展的历程中,代代相传的核心价值体系源自特定群体的生活秩序、伦理道德、人性常识以及集体无意识,形成了独特的共识,这种共识具备一定的稳定性,不易被完全解构。尽管利奥塔批判宏大叙事,他也承认其在维持社会整体秩序中的重要作用。宏大叙事"包括它伟岸的英雄主角,巨大的险情,壮阔的航程及其远大的目标"②,通过强调"主题性、目的性、连贯性和统一性"来生产"完整的叙事","对社会、对历史提出一种全知的权威的解释"③,从而使自己成为社会整体秩序的"调和力量"④。我国高校思政教育的宏大叙事具有鲜明的政治导向性和历史使命感,以马克思主义为指导,以中国特色社会主义伟大实践为核心,构建系统化、逻辑自洽的意识形态话语体系,是中国共产党领导和团结全国各族人民实现中华民族伟大复兴的中国梦的主流意识形态。高校思想政治教育的重要使命之一便是构建并支撑这一宏大叙事,确保其不偏离核心主线。无论教育者运用何种手段与方式,其根

---

① 衣俊卿.论微观政治哲学的研究范式[J].中国社会科学,2006(6):23-28,202-203.

② 王岳川,尚水.后现代主义文化与美学[M].北京:北京大学出版社,1992:26.

③ 王琳.宏大叙事与女性角色[J].社会科学研究,2001(3):131-136.

④ [英]约翰·斯道雷.文化理论与通俗文化导论[M].杨竹山,等译.南京:南京大学出版社,2001:251.

本宗旨都是服务于国家的主流意识形态,维护宏大叙事的核心要义与目标。

再次,宏大叙事是高校思政课教学话语有效性的基石。宏大叙事与高校思政教育的有效性息息相关,因为思政教育的价值引导和政治认同功能要依托宏大叙事来实现。思政教育的有效性可以从三个层面进行解析:要素有效性、过程有效性和结果有效性。其一,要素有效性:确保教育内容具备权威性、正当性和合理性,这是思政教育有效性的基础。其二,过程有效性:注重如何协调教育主体与对象之间的价值关系,通过哪些策略实现教育内容与对象之间的价值认同。其三,结果有效性:从受教育者的角度评估其对思想政治教育的感知与认同度。在这三者中,要素有效性是思政教育有效性的关键,核心在于教育内容本身的科学性与权威性。社会主义核心价值观和主流意识形态,不仅是当前高校思政教育的核心内容,也是中国宏大叙事的基石,直接关系到"培养什么样的人"和"为谁培养人"的根本问题。社会主义核心价值观和主流意识形态是中国共产党领导人民在革命、建设和改革过程中逐步构建的核心价值体系,具有不可动摇的地位。宏大叙事通过系统性理论框架与历史必然性构建了认知合法性,以马克思主义理论的整体性唯物史观揭示的社会形态演进规律为支撑,将碎片化的政治概念整合为"社会主义发展规律—中国道路选择—个体价值实现"的有机知识链条,使学生在认知过程中形成"理论自洽—现实印证—情感共鸣"的逻辑理路。在意识形态再生产维度,宏大叙事通过"历史逻辑—制度优势—未来图景"的三维叙事策略,将党的百年奋斗史转化为可感知的路线图,既破解了后现代语境下的价值虚无困境,又为青年抵御历史虚无主义提供了认知参照。宏大叙事创造的"历史主体"身份认同,通过唤起集体记忆中的情感共振,实现了从理论灌输到价值内化的质变升级,这种由宏大叙事建构的认知坐标系,使得高校思想政治教育得以超越经验层面的个案解析,真正完成培养社会主义建设者和接班人的根本使命。

三、高校思政课教材体系的宏大叙事话语特征

我国高校思政课教材体系和教学体系都承载着宏大叙事的功能,两者之间存在着内容上的一致性、方法上的互补性、功能上的协同性、效果上的

互证性等密切关系。首先,二者的目标一致。教材体系和教学体系的宏大叙事都是为了实现思想政治教育的根本目标,即培养德智体美劳全面发展的社会主义建设者和接班人。教材体系中的宏大叙事是教学体系宏大叙事的基础,教学体系在教材内容的基础上进行教学设计,使之更加符合教学规律和学生实际。其次,内容互为支撑。教材体系中的宏大叙事为教学体系提供了内容支撑,教材以马克思主义的立场、观点和方法,系统地叙述中国特色社会主义的理论、历史、文化和实践,为教学提供了权威系统的理论框架和知识内容。高校思政课教材体系的宏大叙事特征体现在教材内容的话语特征上。这里以必修课教材为例,探究教材话语内容的宏大叙事引领特征。

《习近平新时代中国特色社会主义思想概论》教材强调中国共产党领导的历史必然性、中国特色社会主义的优越性、现代化道路的独特性,以及构建人类命运共同体的全球意义,融合马克思主义发展观、国家治理现代化和文化自信,形成历史、现实与未来相贯通的系统理论体系。教材开篇就明确指出,习近平新时代中国特色社会主义思想作为一种科学理论体系的指引功能:"一个民族要走在时代前列就不能没有理论思维,一个国家要实现繁荣富强、人民幸福就不能没有科学理论指引。"[1]作为系统阐述习近平新时代中国特色社会主义思想的教材,《习近平新时代中国特色社会主义思想概论》全面展示了这一科学理论体系的指引功能及其与中国发展实践的深刻关联。"习近平新时代中国特色社会主义思想内涵十分丰富,涵盖新时代坚持和发展中国特色社会主义的总目标、总任务、总体布局、战略布局和发展方向、发展方式、发展动力、战略步骤、外部条件、政治保证等基本问题。"[2]教材将中国特色社会主义理论体系推向新高度,通过剖析新时代的历史方位、发展目标、战略部署及实践要求,为中国的改革发展提供科学指引。"中国共产党领导是中国特色社会主义最本质的特征","党的领导是全

---

① 本书编写组.习近平新时代中国特色社会主义思想概论[M].北京:高等教育出版社,2023:1.

② 本书编写组.毛泽东思想和中国特色社会主义理论体系概论[M].8版.北京:高等教育出版社,2023:147.

面的、系统的、整体的"，"维护党中央权威和集中统一领导的重大意义和实践要求"。① 这种理论构建承载着中国特色社会主义的宏大叙事，强调中国道路、中国方案和中国智慧在全球治理中的意义。同时，教材在理论与实践结合中凸显以人民为中心的价值导向，将国家繁荣富强与人民幸福紧密相连，传递出强大的凝聚力和感召力。通过推动这一理论的学习与实践，教材不仅助力当代大学生理解中国式现代化的独特性与普遍意义，还将个人追求融入民族复兴的伟大进程，从而强化对宏大叙事的认同与传承。

《马克思主义基本原理》教材的导论凸显了马克思主义在探索人类历史发展规律和自身解放道路上的巨大历史意义和理论指导价值："在人类历史上，就科学性和影响力而言，没有一种思想理论能达到马克思主义的高度，也没有一种学说能像马克思主义那样对世界产生如此广泛而深远的影响。马克思主义犹如壮丽的日出，照亮了人类探索历史规律和寻求自身解放的道路，至今依然闪烁着耀眼的真理光芒。"②教材系统梳理了马克思主义的科学内涵、历史意义和实践价值，揭示其对人类历史发展规律和解放道路的深刻洞察。作为马克思主义理论的重要学习载体，《马克思主义基本原理》以唯物史观与剩余价值理论为轴心，构建起辩证统一的哲学体系，揭示人类社会发展规律的历史必然性；通过原始社会到共产主义社会的历史演进链条，论证社会主义取代资本主义的客观趋势。教材通过讲解唯物史观、辩证法、剩余价值理论等基本原理，构建了科学理解社会发展与变革的思想框架，其核心在于引导学习者认识历史发展的必然性，理解社会制度更替的规律性，明确无产阶级和全人类解放的历史使命。"社会基本矛盾是历史发展的根本动力"，"生产力和生产关系、经济基础和上层建筑的矛盾，规定并反映了社会基本结构的性质和基本面貌"，"生产力是社会基本矛盾运动中最基本的动力因素"。③ 教材承载着宏大叙事的核心内容，将个人奋斗与人类解放的大目标相连，将社会变革的现实要求与对未来的科学构想相结合。通过

---

① 本书编写组. 习近平新时代中国特色社会主义思想概论[M]. 北京：高等教育出版社，2023：56.

② 本书编写组. 马克思主义基本原理[M]. 2 版. 北京：高等教育出版社，2023：1.

③ 本书编写组. 马克思主义基本原理[M]. 2 版. 北京：高等教育出版社，2023：152.

对马克思主义真理性和实践性的阐释,教材不仅回应了新时代对意识形态领导权的需求,还为中国特色社会主义事业提供了思想武器,彰显了马克思主义在全球思想体系中的独特地位及其引领未来的趋势,进一步巩固了宏大叙事的理论基础和实践支撑。

《毛泽东思想和中国特色社会主义理论体系概论》教材承续马克思主义理论的总体性阐释框架,基于政党领导的历史规律认知,系统建构了新民主主义革命斗争、社会主义制度确立、改革开放范式创新及新时代战略布局的演进体系。该教材以马克思主义中国化的实践为主线,着重解析毛泽东思想的理论奠基功能、邓小平理论的创新价值,"三个代表"重要思想、科学发展观及习近平新时代中国特色社会主义思想的阶段化演进脉络,形成具有中国实践特征的理论范式谱系。该教材的导论指出:"拥有马克思主义科学理论指导是中国共产党坚定信仰信念、把握历史主动的根本所在,是中国共产党鲜明的政治品格和强大的政治优势。历史和现实反复证明,马克思主义只有中国化时代化才能在中国大地上闪耀真理光芒,也只有实现中国化时代化才能救中国、发展中国,才能实现中华民族的伟大复兴。"[①]教材以马克思主义的科学性为基础,揭示了中国共产党通过理论创新掌握历史主动的逻辑。"总路线是党和国家在某个历史阶段制定各方面具体工作路线和政策的总依据,是根本指导路线。""分清敌友,这是革命的首要问题。近代中国社会的性质和主要矛盾,决定了中国革命的主要敌人就是帝国主义、封建主义和官僚资本主义。"[②]通过论述毛泽东思想在新民主主义革命和社会主义建设中的指导作用,以及中国特色社会主义理论体系在改革开放和新时代的实践价值,教材展示了马克思主义如何在中国具体实践中展现真理光芒。"在习近平新时代中国特色社会主义思想指导下,中国共产党领导全国各族人民,统揽伟大斗争、伟大工程、伟大事业、伟大梦想,推动中国特色社会主义进入新时代,实现第一个百年奋斗目标,开启了实现第二个百年奋

---

① 本书编写组.毛泽东思想和中国特色社会主义理论体系概论[M].8版.北京:高等教育出版社,2023:1.

② 本书编写组.毛泽东思想和中国特色社会主义理论体系概论[M].8版.北京:高等教育出版社,2023:45.

斗目标新征程。"①教材核心是明确马克思主义中国化时代化的必然性,强调理论与实践的动态互动,彰显中国共产党领导中国革命、建设和改革的历史合理性与现实合法性。教材通过对理论的系统阐释和历史成就的回顾,塑造了中国发展的宏大叙事,引导学生将个人价值融入国家复兴大业,强化对中国特色社会主义道路、理论、制度和文化的自信和认同,为实现中华民族伟大复兴提供思想支撑。

《中国近现代史纲要》教材以"觉醒—抗争—解放—复兴"为历史演进主线,通过马克思主义中国化的理论逻辑与"三次历史性飞跃"的实践链条,论证中国共产党领导的历史必然性和社会主义道路的唯一性。教材开篇就强调中国近现代史的国家独立叙事、民族解放叙事、社会主义历史进步叙事:"中国近现代史,就其主流和本质来说,是中国人民为救亡图存和实现中华民族伟大复兴而英勇奋斗、艰辛探索并不断取得伟大成就的历史。"②该教材以中国人民追求民族独立和国家复兴的历史主线为核心,深刻揭示了中国近现代社会变迁的主流和本质。教材通过梳理从鸦片战争到改革开放的历史进程,展现了中华民族在内忧外患中崛起、在曲折探索中前行的壮阔画卷,重点突出中国共产党在新民主主义革命中的领导作用和在社会主义建设中的历史性贡献。"中国人民抗日战争从一开始就具有拯救人类文明、保卫世界和平的重大意义,是世界反法西斯战争的重要组成部分,中国战场是世界反法西斯战争的东方主战场。"③教材通过揭示民族解放进程与社会主义发展规律的辩证统一关系,建构起个人主体性、集体实践与国家发展目标的互动框架。这种理论建构以历史哲学为方法论基础,系统论证中国共产党执政的合法性和历史必然性以及中国特色社会主义道路选择的科学依据,从世界历史坐标中凸显中国方案的实践价值。其教育目标聚焦于培育学习者的历史主体意识与民族精神认同,推动微观个体实践与宏观国家战略的有机衔接,深化大学生对国家发展规律的价值认同,促进实现民族复兴

---

① 本书编写组.毛泽东思想和中国特色社会主义理论体系概论[M].8版.北京:高等教育出版社,2023:147-148.

② 本书编写组.中国近现代史纲要[M].9版.北京:高等教育出版社,2023:1.

③ 本书编写组.中国近现代史纲要[M].9版.北京:高等教育出版社,2023:162.

的集体意识的生成。

　　《思想道德与法治》教材首章即创设多维度的价值体系，通过理想与现实的辩证分析、个体与集体的互动关系、权责统一的价值实践等命题，引导青年学生完成主体性价值定位。其核心目标在于建构符合新时代要求的价值认同体系，将社会主义核心价值观的培育过程，转化为对中国特色社会主义发展规律、集体主义伦理范式及现代公民责任意识的理论自觉过程。教材《绪论》指出："怎样处理好理想与现实、个人与集体、竞争与合作、权利与义务、自由与纪律、友谊与爱情、学习与工作等方面的关系，做什么样的人，怎样的生活才有意义等，这一系列的人生课题，都需要大学生去观察、思索、选择、实践。"[1]这种教育设计通过价值内化机制实现微观个体发展目标与宏观国家治理现代化进程的有机统一，在历史唯物主义视阈下深化青年群体的使命感与责任感。第三章"继承优良传统　弘扬中国精神"指出旗帜鲜明反对历史虚无主义的重要性："历史和现实都表明，一个抛弃了或者背叛了自己历史文化的民族，不仅不可能发展起来，而且很可能上演一场历史悲剧。"[2]第四章"明确价值要求　践行价值准则"明确指出社会主义核心价值观的重要意义："历史和现实都表明，核心价值观是一个国家的重要稳定器，能否构建具有强大感召力的核心价值观，关系社会和谐稳定，关系国家长治久安。世界上各种文化之争，本质上是价值观念之争，也是人心之争、意识形态之争。"[3]该教材的话语体系将大学生的个体成长与国家宏大叙事紧密结合，为新时代培养有理想、有本领、有担当的社会主义建设者和接班人提供了重要教育载体。

　　上述教材体系构筑起完整的理论阐释架构，在历史规律揭示、方法论奠基、实践创新验证及价值认同培育四个维度形成互证链条。《习近平新时代中国特色社会主义思想概论》确立新时代发展的实践坐标，为民族复兴规划战略实施路径；《马克思主义基本原理》奠定社会发展规律的元理论基础，揭示人类解放的历史辩证法；《毛泽东思想和中国特色社会主义理论体系概

---

①　本书编写组.思想道德与法治[M].2 版.北京:高等教育出版社,2023:1.

②　本书编写组.思想道德与法治[M].2 版.北京:高等教育出版社,2023:91.

③　本书编写组.思想道德与法治[M].2 版.北京:高等教育出版社,2023:109.

论》呈现马克思主义本土化创新的历史演进路线,论证党在不同历史阶段的理论突破;《中国近现代史纲要》通过革命与建设的历史叙事建构集体历史认知,而《思想道德与法治》则创设价值主体的培育机制,实现微观价值选择与宏观发展目标的辩证统一。五类教材形成互补阐释体系,通过理论逻辑与实践效能的融合作用深化青年对马克思主义中国化成果的深层认知,推动理论认同与实践自觉的双向建构。

第三节　高校思政课宏大叙事的有效性建构[①]

党的二十大报告明确指出,牢牢掌握党对意识形态工作领导权,巩固壮大奋进新时代的主流思想舆论,塑造主流舆论新格局。[②] 在宏大叙事与权威话语面临困境的当下,部分学者提出了"叙事教学"[③]、"日常生活化叙事"[④]和"话语转向"[⑤]等高校思想政治教学改革策略。然而,高校思政教育的核心话语是政治话语,其传递的核心价值观涵盖爱国主义、集体主义和社会主义,精神内核源于伟大建党精神,内容涉及党史、新中国史、改革开放史和社会主义发展史,构成了中国共产党人的精神谱系。因此,高校思政教育的话语本质上属于宏大叙事的权威性话语。西方宏大叙事解构思潮源于其特定的社会背景,它挑战了西方集权化和板结化的主流话语,但并未对西方的国民教育或民族国家的历史叙事造成直接冲击。在此背景下,高校思政教育工作者需要从中西对比的视角出发,认识到构建民族国家叙事的必要性,识别中华民族伟大复兴宏大叙事的典型性,突出中国特色社会主义宏大叙事

① 收入本书时有修订。桑华月.论高校思政教育宏大叙事的有效性建构[J].黑龙江教育(高教研究与评估),2024(6):80-82.

② 习近平.高举中国特色社会主义伟大旗帜 为全面建设社会主义现代化国家而团结奋斗:在中国共产党第二十次全国代表大会上的报告[M].北京:人民出版社,2022.

③ 尹禹文,牛涛.叙事教学提升高校思政课亲和力的逻辑和策略[J].学校党建与思想教育,2022(15):66-69.

④ 王洁.思想政治教育日常生活化叙事研究[D].上海:华东师范大学,2022.

⑤ 詹捷慧.新媒体环境下高校思想政治教育的话语转向[J].学校党建与思想教育,2020(10):73-75.

的历史进步性,并理解微观叙事对宏大叙事的建设性作用。只有这样,才能夯实思想政治教育的有效性,坚定维护社会主义宏大叙事的核心地位,从而为高校思政教育内容的有效性奠定坚实基础。

一、"解构"之后的宏大叙事依然坚挺

宏大叙事的解构思潮最初源自后现代语用学领域。法国哲学家利奥塔是首位从语用学哲学角度对后现代社会宏大叙事进行批判的思想家。在现代科学技术的强大推动下,战后西方国家的政治、经济和军事重建达到了前所未有的高度。与此同时,艺术、哲学、历史学和文学等人文学科领域纷纷涌现出反现代性的思潮。利奥塔采用解构主义的研究方法,对欧美主导的宏大叙事和话语权进行了深入批判。他将"后现代"视为对元叙事的怀疑,认为这种怀疑是科学进步所带来的结果,同时也反映了现代性所带来的困境。利奥塔强调,宏大叙事的合法性危机并非仅仅是后现代现象,而是现代性发展中的一个关键部分,核心在于对普遍化、统一性和总体现象的深刻反思。"人的历史不过是千千万万微不足道的和郑重其事的故事的堆积,时而其中的某些被吸引在一起构成宏大叙事。"[1]科学、理性、线性、进步和占据主导地位的宏大叙事,压抑和遮蔽了地方、具体、边缘和琐屑的小叙事。对宏大叙事体系的解构性阐释构成对现代性认知框架的批判性审视,其本质是解构主义认识论对中心化权力结构与社会认知僵化场域中霸权话语体系的认知突围。

宏大叙事解构运动根植于西方社会结构转型的特定历史阶段。西方现代哲学传统以总体性叙事为认知基础,其本体论根基、基础主义立场及二元认知框架,塑造了线性进步史观与工具理性范式,进而衍生出社会历史领域的集体主义治理模式与威权政治形态。利奥塔的批判路径聚焦于消解本体论预设,通过拒斥历史目的论、消解中心化认知霸权,建构起差异认同、文化异质与流动性经验的价值坐标,以此重构现代性批判的认识论。该思潮的产生具有独特的历史语境:作为巴黎第八大学教授的利奥塔,其代表作《后

---

① LYOTARD F. Instructions Paiennes[M]. Paris:Galilee,1977:39.

现代状态：关于知识的报告》源于加拿大魁北克政府大学教育委员会的委托报告，题词中明确指出将该著献给巴黎第八大学哲学工艺学院。① 在西方学术场域，后现代主义作为高等教育机构内生性知识生产的结果，其思想曲线始终处于社会认知系统动态平衡的阈值范围内，体现着现代大学批判性思维的延续与创新。

然而，当代西方高等教育机构仍在系统性强化宏大叙事框架。宏大叙事解构性批判未对国民教育体系与民族国家历史阐释范式形成实质性影响，欧美现代化叙事非但未被消解，反而呈现叙事强化态势。以美国为例，其公民教育体系远未实现标榜的价值无涉性，政治意识形态渗透始终在场。20 世纪中叶以降，美国学界围绕公民道德教育的目标定位及其与国家意识形态的互动关系，就价值传导机制与国家意识形态功能的适配性问题引发持续性学术争鸣。伴随冷战格局与越战危机，国家安全战略需求、多元文化张力与社会治理效能的现实诉求日益凸显。包括公立院校、私立学府及社区学院体系在内的美国高等教育机构均将公民价值观培育确立为人才培养的核心维度。新世纪以来，尽管各校在道德教育目标阐释维度存在认知差异，但美国高等教育对核心价值观灌输的价值传导机制的精准化与系统化趋势日益显著，道德教育体系的制度性建构日趋完备。当代美国大学物理空间设计普遍内嵌意识形态传导功能，自由、平等、荣誉等核心价值通过铭文地砖、历史人物雕塑、纪念碑廊等空间符号系统构建起沉浸式教育环境。这种将国家叙事转化为空间美学的实践路径，实质是宏大叙事渗透机制在高等教育场域的创新性发展。

后现代主义在当代中国意识形态场域的解构性张力受到时空环境的限制。作为理论移植产物的总体性叙事范式，后现代主义思潮与中国社会语境的适配性存在断裂，形成跨文化传播的裂隙。后现代理论对元叙事的批判逻辑，忽视发展中国家现代化进程的特殊性，消解了现代性范式的路径分殊，漠视民族国家叙事在特定历史情境中的建构价值。尽管市场经济转型催生的消费主义、个体原子化倾向与青年亚文化形态对大学生价值观产生

---

① ［法］让-弗朗索瓦·利奥塔.后现代状况：关于知识的报告［M］.岛子，译.长沙：湖南美术出版社，1996：31.

代际传导效应,但社会主义核心价值体系通过理论创新与实践调适,在动态发展中持续强化其意识形态统摄效能,依然持续展现出与后现代语境对话的建构能力。

后现代思潮对当代中国宏大叙事的解构乏力,根源于中国意识形态建构中独特的"三重互嵌"机制。历史逻辑层面,中国共产党将马克思主义普遍真理与"大一统"政治传统、"家国同构"伦理体系等中国文明基因进行创造性融合和转化,形成了兼具现代性批判与文明主体性的复合型叙事结构,这种既超越西方现代性困境又超越传统政体局限的"双重超越性"使后现代主义的解构策略失去着力点。现实政治层面,改革开放以来经济腾飞、脱贫攻坚、科技进步、人民福祉等"发展型合法性"的持续累积,将宏大叙事锚定于可验证的物质基础之上,通过"制度优势—治理效能—民生改善"的逻辑理路消解了后现代主义的质疑。话语生产层面,建构起"元叙事—亚叙事—微叙事"的动态调适体系,既保持中国式现代化、人类命运共同体等核心概念的权威性,又通过理论大众化工程和将"共同富裕"具象化为老旧小区改造等生活政治转化,实现宏大叙事与个体经验的柔性对接,这种兼具刚性内核与弹性表达的话语策略,使得后现代思潮的碎片化冲击反而成为检验叙事韧性的压力测试,而非颠覆性力量。

二、我国高校思政课话语的本质

思想政治教育内容的本质就是宏大叙事。从文化政治学的角度而言,思想,尤其是政治思想,不能不是宏大叙事,因为政治思想总是负载特定的价值观念。民族国家意识是宏大叙事,集体主义是宏大叙事,现代化理念是宏大叙事,有中国特色社会主义是宏大叙事,人类命运共同体还是宏大叙事。思想政治理论教育是"一定的阶级、政党、社会群体用一定的思想观念、政治观点、道德规范,对其成员施加有目的、有计划、有组织的影响,使他们形成符合一定社会、一定阶级所需要的思想品德的社会实践活动"[1]。高校思政课体系有自己的独立性和整体性,有特定的宏大叙事框架,致力于传递

---

[1]　张耀灿,徐志远.现代思想政治教育学[M].北京:人民出版社,2001:6.

党和国家方针和政策的合法性和逻辑理路。方针和政策是党治国理政理念的具体化,不能等同于宏大叙事,但是支撑方针政策的思维框架和逻辑理路是宏大叙事。高校思政课教学并不等同于政策宣讲和方针落实,但要为大学生提供观察、理解和践行党和国家方针政策的逻辑合法性。换言之,高校思政课不仅在于宣贯党和国家的方针政策,更在于传递支撑这些方针政策的历史观、文化观、人生观、价值观、世界观和民族国家观念。高校思政课的教学目标如果仅仅停留在前者层面,就忽略了思政课宏大叙事的本质,因为宏大叙事不仅仅是方针政策知其然,更是支撑方针政策背后思维框架和知识合法性的所以然。

高等教育体系,尤其是高校思政课教学体系是我国最为重要的意识形态国家机器之一。法国马克思主义哲学家阿尔都塞在提出意识形态国家机器理论时就曾指出,在资本主义生产条件下,国家机器不仅包括暴力镇压性国家机器,还包括意识形态国家机器,后者包括有宗教的、教育的、家庭的、法律的、政治的、工会的、传播的和文化的领域的意识形态和宏大叙事。[①]"任何一个统治阶级为了维护其自身的统治,都是在同时行使这两套不同的国家机器。特别是在现代社会,很难想象一个掌握了政治权力的阶级,却丝毫不重视去掌握和整合其文化领导权。"[②]高校思政课战线,就是我国塑造合格公民、树立主流价值观的主战场。不管教学内容体系如何变化,高校思政课在我国意识形态国家机器中都是核心部件之一。因此,高校思政课的课程性质就带有鲜明的意识形态特征和宏大叙事色彩。

就教学内容和教学目标而言,高校思政课更要讲述宏大叙事、塑造宏大叙事。高校思政课的课程体系就是为中国特色社会主义事业保驾护航,就是为树立道路自信、理论自信、制度自信、文化自信服务的。某种程度而言,"中国近现代史纲要"为中国革命的宏大叙事辩护,"毛泽东思想和中国特色社会主义理论体系概论"为毛泽东思想和中国特色社会主义辩护,"马克思主义基本原理"为马克思主义辩护,"思想道德与法治"为当代中国人的道德

---

① 陈越.哲学与政治:阿尔都塞读本[M].长春:吉林人民出版社,2003:239.

② 侯文鑫,曹歌.阿尔都塞意识形态国家机器理论的两个要点及其启示[J].马克思主义哲学研究,2022(1):337-342.

文化辩护。我们可以理直气壮地说："中国近现代史纲要"要讲述的宏大叙事是近代中国半殖民地半封建社会的国家性质，中国走上社会主义道路的必然性，以及中国人站起来、富起来、强起来的历史轨迹；"毛泽东思想和中国特色的社会主义理论体系概论"要讲述的宏大叙事是中国共产党的成立、发展、壮大的过程，党在不同历史时期所进行的理论创新和实践探索，以及中国未来的发展方向和目标；"马克思主义基本原理"要讲述的宏大叙事是中国特色的社会主义蓝图和发展目标对于全体人类社会发展的意义，中华民族伟大复兴的可能性和必要性，以及中国式现代化道路的科学性和合理性；"思想道德与法治"要讲述的宏大叙事是中国人精神气质，中国特色社会主义的理想信念，社会主义核心价值观，关于国家、法律与个人的关系的整体性理解，爱国主义和集体主义的情感和责任，以及中国在世界"人类命运共同体"的角色等。这些教学内容负载的意识形态和价值观无疑是宏大叙事。

高校思政教育的终极目的是提供一种全民认同的公共认同叙事。统治集团强化国家主流话语权，古今中外皆然。宏大叙事当然是统治逻辑，高校思想政治教育的使命之一无疑就是建构和支撑宏大叙事，思想政治教育绝不能脱离宏大叙事教育。教育者无论采用什么策略和方法，必须服务于国家主流意识形态，服务于宏大叙事的内容和目标。高校思政课教学不仅需要关注怎么教，更要关注教什么，也就是教育的终极目的。与其他大学课程相比，高校思政课的核心目的是培养学生的政治素养和价值观，增强学生的社会主义责任感和使命感，增强学生对国家核心价值和社会主义价值观的认同，而不仅仅侧重于专业知识的传授和技能的培养。

意识形态建构逻辑决定了我国高校思政课教育的话语本质是宏大叙事。在认识论层面，高校思政课教学以马克思主义理论整体性为根基，通过揭示人类社会发展规律与中国特色社会主义实践的历史必然性，构建起贯通历史逻辑、制度优势与未来图景的认知框架。在价值论维度，通过"个人—民族—人类"三级叙事结构，将个体生命历程嵌入中华民族伟大复兴的集体目标，并升华为人类文明新形态的创造者，形成"历史主体"的自我认同。在话语生产机制中，运用"元叙事—亚叙事—微叙事"的弹性融合体系，既保持马克思主义基本原理的权威性，又完成政治话语向生活世界的转译，这种将碎片化经验升华为系统性认知的叙事能力,本质上是对后现代文化解构力量的根本性反制,其深层合法性源于中国共产党百年奋斗史与马克思主义中国化成果形成的历史真理。

三、夯实社会主义宏大叙事的有效性

现代化国家话语体系依托总体性知识架构,其合法性基础根植于国家权力与知识生产、话语传播、资本配置及空间规划等社会要素的整合机制。在当代中国语境中,宏大叙事承载着主流意识形态传导功能,表现为国家意志、集体精神与核心价值的叙事集成。对解构性思潮的应对策略,需在批判性审视中深化对社会主义价值历史必然性的认知,通过实践效能彰显其制度优越性与文化先进性。维护、传播与践行主流叙事,不仅是历史唯物主义的内在要求,更是国家治理现代化进程中意识形态安全的实践命题,这构成了新时代高校思政教育工作者叙事创新的历史使命与价值坐标。

第一,洞察民族国家叙事构建的重要性。中国自古以来的社会运作模式与治理体系,始终依托于宏大叙事的支撑。中华文明作为世界上最早的农耕定居文明,是"轴心时代"三大文明中唯一未曾断裂、亦未消亡并且延续至今仍然繁荣昌盛的文明。在漫长的人类文明史中,中华文明在大多数历史阶段都是全球最强大、最先进的文明之一。庞大的人口规模、广袤的疆域及多元的民族构成,使中国必须塑造强有力的宏大叙事,以抵御各种离心因素的冲击。自晚清以来,中国被迫接受西方的现代性制度、科技与文化,然而均未能取得成功。新中国成立前的一百多年间,国家积贫积弱,国土屡遭践踏。经历长期探索后,中华民族最终在中国共产党的领导下,确立了符合自身发展的社会主义现代化道路,从而彻底摆脱西方现代性所带来的压迫与束缚。在社会主义宏大叙事的支撑下,主流价值观成为国家意识形态的核心,同时奠定了国家长久稳定的根基。

第二,识别中国式现代化路径的独特性。中国式现代化道路的范式独特性需要在全球文明比较视野中凸显。全球范围内的现代化进程并非单一模式,中国式现代化并不是对西方现代化模式的简单复制。现代化不仅关乎经济与科技的发展,更涉及深层次的历史传承与文化演进。中国五千年

的文明积淀孕育出不同于西方的历史观、哲学体系、文化传统及思维方式，塑造了非扩张性、非掠夺性的和平发展模式，与西方殖民主义现代化路径形成本质分野。这种文化根基在教育层面体现为：中国家庭教育的伦理基础建基于性善论的价值预设，其荣辱观培育机制区别于西方原罪论导向的救赎式教育范式。当代社会代际认知加速迭代，青年的价值观呈现个体化取向，但中华文明的连续体特性确保传统文化价值基石的稳定性。中国式现代化在吸收西方科技文明与市场机制合理要素的基础上，通过文明主体性重构形成的创新发展范式，终将确立为人类文明演进史中具有典范意义的独特样态。

第三，重视微观叙事对宏大叙事的建设性。后现代理论家否定历史发展的内在规律和世界的本质性框架，主张以个体差异、文化多元、碎片化流动和即时体验取代传统的中心、权威和本质观念。在西方后现代社会的背景下，这一思潮具有一定的历史合理性。不同于利奥塔所说的"小叙事"，微观叙事不挑战宏大叙事，能够在宏大叙事的构建过程中发挥积极作用。微观叙事强调个体能动性和开放式重构，并未偏离宏大叙事所主导的主流价值观。因为社会主义核心价值观的践行主体是人民，正是千千万万个普通个体的共同实践，构成了社会主义宏大叙事的现实基础。特定价值观能否成为社会主流，"取决于它在多大程度上获得多数民众的认可，因此，它必须首先进入普通人的会意空间——日常生活世界"①。正是借助对现实生活的多元表达，通过个体视角的小人物、小事件、小情感所传递的"差异共识"，宏大叙事才能由点及面、逐步展开其复杂而深远的思想内涵。微观叙事所展现的真实生活经验与个体命运沉浮，映射出无数相似群体的共同生命体验，承载并延续了中华民族共同体日常秩序的伦理基石、社会共识与文化规范，使社会主义核心价值观能够真正为大众所感知、理解和认同。从这一角度来看，微观叙事是宏大叙事的"化整为零"，而宏大叙事则是微观叙事的"聚合效应"。激发普通个体的创造力，凸显个体的日常叙事，与社会主义价值体系动态发展的本质高度契合。

---

① 王庆，王思文."小叙事"何以"载大道"——主流电视媒体对社会热点的价值引导[J].当代电视，2020(6)：102-106.

综上,对解构性思潮的批判性审视需立足现代化路径的时空差异。在欧美现代性语境中,宏大叙事解构思潮具有特定历史阶段的合理性,但其理论移植至后发国家则产生文明演进的历史语境错位。微观叙事与宏大叙事构成非对抗性关系,前者通过具象经验再生产成为巩固后者主导地位的互补机制。高校思政教育者应在跨文明比较框架中,系统认识中华民族伟大复兴叙事与西方现代性范式的本质分野,强化主流话语体系建设的时代自觉。一方面,强化如中华文明连续性特质与中国式现代化独特性等文明主体性认同,在历史虚无主义等解构性挑战中实现批判性对话与创造性转化。另一方面,构建动态化的意识形态防御机制,通过话语权博弈中的策略创新,持续夯实意识形态教育的价值传导效能,确保社会主义宏大叙事在代际传递中的解释力与引领力。当前,高校思想政治教育战线之所以在塑造宏大叙事的具体方法、策略和路径方面创新不足,是因为对中国特色宏大叙事的必要性、典型性和建设性认知不到位造成的。习近平总书记在思想政治理论课教师座谈会上指出,思想政治理论课改革创意"要坚持政治性和学理性相统一,以透彻的学理分析回应学生,以彻底的思想理论说服学生,用真理的强大力量引导学生"①。当代中国迫切需要持续塑造宏大叙事,推动社会主义主流意识形态的传播,这一任务正是时代发展与历史进程赋予高校思想政治教育工作者的重要职责与崇高使命。

---

① 习近平主持召开学校思想政治理论课教师座谈会强调:用新时代中国特色社会主义思想铸魂育人 贯彻党的教育方针落实立德树人根本任务[N].人民日报,2019-03-19(01).

第四章　高校思政课话语的微观叙事特征

高校思政课的意识形态功能、历史与理论逻辑和教育目标决定其宏大叙事的特征。高校思政课的宏大叙事就是以马克思主义理论体系为核心，通过历史逻辑与现实使命的辩证统一构建意识形态叙事框架，系统阐释中国共产党领导的历史合法性、社会主义制度优越性及中国式现代化的全球意义，旨在培育青年学生对党和国家话语体系的整体性认同。高校思政课将个人成长与国家发展相结合，通过展示民族和人类的伟大进程，引导学生认识自身的社会责任。宏大叙事既服务于国家治理需求，又体现了思政课程的学科特性，是实现思想政治教育社会功能的重要话语形态。同时，高校思政课的育人目标要求思政课不仅传递宏大叙事，还要贴近学生生活，用日常化语言和实践内容帮助学生将理论融入实际。大学生作为独立的个体，有多样化的兴趣与需求，这使得课程必须通过个体化叙事，以个人价值、成长和情感为切入点，引导学生与理论建立深层次的情感联结。此外，当代社会的信息多元性和文化多样性要求思政课适应学生接触多种价值观的现实，通过多元叙事展现多样化的历史经验和文化视角，帮助学生在复杂环境中形成正确的世界观和价值判断。鉴于此，如何实现微观叙事与宏大叙事互为补充，二者协同增进思政课的吸引力和实效性，就成为需要进一步探讨的话题。

第一节　高校思政课教材体系的微观叙事话语特征

高校思政课的微观叙事特征源于教材内容、教学实践经验及教学实施过程中多维关系的综合作用。首先，教材内容为微观叙事提供了丰富的素材与理论依据。教材体系中涉及学生熟悉的社会热点、日常生活情境及个体成长话题,通过具体案例和贴近生活的语言展现理论的实际意义。其次,教学实践经验推动了教学方式的创新。教师在课堂中注重将理论转化为学生易于理解和内化的内容,例如运用问题式教学、情景模拟及社会实践活动,使抽象理论与学生的日常生活紧密相连。此外,教学实施过程中多维关系的互动,如教师与学生、学生与教材、学生与社会之间的动态联系,也进一步拓展了微观叙事的范围和深度。从学生的兴趣和实际需求出发,教师能够引导学生以个体化视角理解社会和历史,激发学生的主动思考与参与感。微观叙事的形成正是这种教材内容、教学实践和多维关系交织作用的结果,而微观叙事教学方法和策略反过来支撑了高校思政课的宏大叙事教学内容和教学目标。下面逐一梳理《习近平新时代中国特色社会主义思想概论》《马克思主义基本原理》《毛泽东思想和中国特色社会主义理论体系概论》《中国近现代史纲要》《思想道德与法治》等必修教材的微观叙事特征。

一、《习近平新时代中国特色社会主义思想概论》教材的微观叙事特征

《习近平新时代中国特色社会主义思想概论》教材以中华民族伟大复兴为核心目标,构建起历史进步叙事、民族复兴叙事、中国道路叙事、全球治理叙事等多重框架。教材通过系统阐述中国特色社会主义的理论逻辑、历史逻辑和实践逻辑,展示了中国共产党领导下中华民族实现从站起来、富起来到强起来的伟大飞跃及推动构建人类命运共同体的宏大愿景。同时,该教材文本的微观叙事特征也比较显著。首先,《习近平新时代中国特色社会主义思想概论》教材在日常生活叙事方面,突出表现为将宏大理论与学生熟悉的日常经验和社会实践紧密结合,使理论内容生活化,形成贴近现实的叙述风格。教材在第四章"坚持以人民为中心"中指出:"为人民谋幸福是党始终坚守的初心,让人民过上好日子是党一贯的追求。"①第六章"推动高质量发

---

① 本书编写组.习近平新时代中国特色社会主义思想概论[M].北京:高等教育出版社,2023:80.

展"提出"处理好增强群众获得感和适应发展阶段的关系，既要围绕农民群众最关心最直接最现实的利益问题，加快补齐农村发展和民生短板，又要形成可持续发展的长效机制。"①第十章"建设社会主义文化强国"中明确提出："要强化教育引导、实践养成、制度保障，把社会主义核心价值观融入法治建设、融入社会发展、融入日常生活，使社会主义核心价值观的影响像空气一样无所不在、无时不有，成为百姓日用而不觉的行为准则。"②第十一章"以保障和改善民生为重点加强社会建设"中，围绕居民就业、教育公平、医疗保障等民生议题，引导学生了解我国在改善民生方面的显著成就，同时鼓励学生结合自身生活体验提升对社会公共议题的认知。

其次，教材将宏大理论与学生的个人成长、价值追求和主体性密切结合，使理论具有个体化的情感触动和实践指导意义。第七章"社会主义现代化建设的教育、科技、人才战略"提出："只有不断促进教育发展成果更多更公平惠及全体人民，才能使每个人的成长成才道路更加宽广。"③第十一章"以保障和改善民生为重点加强社会建设"强调"民生是人民幸福之基"和"增进民生福祉"，具体谈及教育公平、就业机会等直接关系学生个体发展的内容，激发学生关注自身成长和社会责任。第十三章"维护和塑造国家安全"结合青年学生在网络安全、个人信息保护等方面的切身体验，引导学生树立国家安全意识，将自身作为"共建者"融入国家安全体系中。又如，教材在探讨"人的全面发展"时，多次通过数据、案例等说明青年个体在中国特色社会主义现代化建设中的角色，增强学生的主体意识和实践动力。这些叙事特征通过个体化的语言和场景，使学生在理论学习中找到与个人生活的深度联系。

再次，教材通过多视角、多层次的叙述方式展现中国特色社会主义的复杂性和开放性，以增强学生对世界多样化的认知。第六章"推动高质量发

---

① 本书编写组.习近平新时代中国特色社会主义思想概论［M］.北京：高等教育出版社，2023：132.

② 本书编写组.习近平新时代中国特色社会主义思想概论［M］.北京：高等教育出版社，2023：213.

③ 本书编写组.习近平新时代中国特色社会主义思想概论［M］.北京：高等教育出版社，2023：144.

展"强调促进区域协调发展,"要深入实施区域协调发展战略、区域重大战略、主体功能区战略。推动西部大开发形成新格局,推动东北全面振兴取得新突破,促进中部地区加快崛起,鼓励东部地区加快推进现代化。支持革命老区、民族地区加快发展,加强边疆地区建设,推进兴边富民、稳边固边。"①第八章"发展全过程人民民主"不仅强调中国式民主的实践,还分析了其与西方民主的本质区别,呈现不同民主模式在社会制度中的独特价值。第十四章"建设巩固国防和强大人民军队"将军队现代化建设放在全球安全治理的框架下讨论,既展示了中国国防建设的独特路径,也分析了国际军事合作与竞争的多样现实。第十五章"坚持'一国两制'和推进祖国完全统一"结合香港、澳门的独特历史和制度背景,阐述"一国两制"政策在多元社会中的实践成效,展现中国对多元文化的包容与治理智慧。这种多元叙事既回应了全球化和信息多样化的现实,也引导学生在对比中形成理性认识和文化自信。

二、《马克思主义基本原理》教材的微观叙事特征

《马克思主义基本原理》教材立足中国实践,将马克思主义普遍真理与中国特色社会主义道路相衔接,形成"理论科学性-制度优越性-实践创新性"三位一体的阐释框架,既维护马克思主义经典理论的整体性,又彰显其在当代中国语境中的现实解释力,最终塑造出具有历史纵深感和政治权威性的意识形态认知范式。教材通过阐述马克思主义的世界观、方法论和基本理论,展现了一个关于人类社会发展的宏大叙事,揭示了社会发展的规律和方向。同时,教材在叙述方式上展现了鲜明的微观叙事特征。

首先,《马克思主义基本原理》教材从认知主体关联、现实问题映射及价值认同激发三个维度提升理论传播的接受效能,其核心在于实现抽象理论体系与学生认知的双向建构,教材文本采用具象化阐释路径,将哲学原理转化为可感知的经验。首章"物质世界发展规律"运用互联网技术、人工智能等现代要素作为认知中介,揭示生产力演进的内在逻辑,使唯物辩证法在技

---

① 本书编写组.习近平新时代中国特色社会主义思想概论[M].北京:高等教育出版社,2023:133.

术变革语境中获得实践确证。第二章"认识论演进机制"通过社会实践形态的分析，设计"实验—调查—验证"的认知系统，结合科技伦理等现实议题构建理论框架，形成知识迁移的转化通道。

其次，教材聚焦理论对学生个体成长的指导意义。导论部分强调马克思主义如何帮助学生树立科学的世界观和方法论，引导他们关注自身的价值追求和人生选择。第三章"人类社会及其发展规律"第三节凸显了个人在社会历史中的作用，用辩证的视角观察个体在历史发展中的地位和作用。"唯物史观从人民群众创造历史这一基本前提出发，既明确了人民群众是历史的创造者，也不否认个人在历史上的作用。""个人在历史上的作用存在差别。有的人作用大些，可称为'历史人物'；有的人作用小些，可称为'普通个人'。"①第七章"共产主义崇高理想及其最终实现"第一节则强调共产主义社会每个人的发展的宏伟蓝图。"共产主义社会中人的自由而全面的发展指的是全体社会成员的发展，即每一个人的发展，而不是只有一部分人的发展。"②第六章"社会主义的发展及其规律"中对"人的自由而全面发展"的论述，则启发学生思考自己在社会中的角色与意义。

再次，教材通过对中心话语之外多种观点和历史经验的多维展现，彰显出多元化叙事的特征。第三章"人类社会及其发展规律"探讨了文明的多样性，强调不同社会形态和文化传统之间的相互借鉴，展现了人类社会发展的多元路径。同时，教材从资本主义与社会主义的互动关系入手，剖析两者的历史演变与内在逻辑，尤其是在科学技术、文化发展等领域的多重影响，帮助学生认识社会发展的复杂性。此外，教材还通过全球视角，分析当代世界格局和社会问题，如经济全球化与不平等等议题，展现主流话语之外的多种声音。这种多元叙事方式突破了中心化权威话语的局限，启发学生理解世界的多样性和相互联系，拓宽了他们的认知视野。通过日常化、包容性、个体性、多维度的微观叙事，这本教材将宏大理论融入学生的日常生活体验与个人成长之中，体现了马克思主义理论的实用性特征，彰显了马克思主义的理论价值。

---

① 本书编写组.马克思主义基本原理[M].2版.北京:高等教育出版社,2023:175.
② 本书编写组.马克思主义基本原理[M].2版.北京:高等教育出版社,2023:334.

三、《毛泽东思想和中国特色社会主义理论体系概论》教材的微观叙事特征

《毛泽东思想和中国特色社会主义理论体系概论》教材以马克思主义中国化的历史演进为主线，揭示中国共产党在制度创新与社会变革中的理论突破。但细究其阐释范式，可发现其建构了主体性叙事与经验性认知的融合机制。

首先，该教材运用主体经济阐释策略，将理论要素转化为可感知的认知模式。第三章"社会主义改造理论"讨论"从新民主主义到社会主义的转变"，通过土地制度变革对基层民众生计的直接影响，阐释生产关系调整的社会实践逻辑。第八章"科学发展观"强调"以人为本"的核心立场："我们推进发展的根本目的就是造福人民。要顺应各族人民对过上更好生活的新期待，把发展的目的真正落实到满足人民需要、实现人民利益上，在经济社会发展的各个环节、各项工作中都体现和保障人民群众的利益。"①将环境治理政策与个体生存质量建立因果关系，以绿色转型的微观案例验证"以人为本"的治理效能。教材对教育资源配置、医疗卫生改革等现实议题的具象化解析，建构了政策文本与日常经验的密切联系，促进理论认知的具象转化。

其次，教材创新性地构建了个体发展与社会变革的辩证关系。第六章"邓小平理论"探讨"社会主义根本任务和发展战略理论"时，通过家庭联产承包制对农民经济地位的改变，论证个体能动性在制度创新中的驱动作用。第七章"'三个代表'重要思想"将人权保障与学生群体的发展权诉求相衔接，以教育机会拓展与医疗保障完善为切入点，建立个体价值实现与社会文明进步的辩证关系。这种主体性叙事策略通过生活史重构理论阐释路径，实现宏观制度叙事与微观经验认知的融合。"建设社会主义政治文明"指出："对于发展中国家，生存权、发展权是最基本最重要的人权。要根据自己的国情把集体人权和个人人权，经济、社会、文化权利和公民政治权利统一

---

① 本书编写组.毛泽东思想和中国特色社会主义理论体系概论[M].8版.北京:高等教育出版社,2023:233-234.

起来加以推进。"①此类叙事结合学生关注的热点问题,引导他们从个人经历出发理解理论内涵。第八章"科学发展观"关于"以人为本"的核心立场强调,现代化建设的根本目标是实现人的全面发展,激励学生将个人成长与国家现代化进程结合起来。这些个体化叙事通过具体的文本细节和生活化案例,突出了学生个人在理论阐释过程中的主体地位,增强了理论的代入感和现实关怀。

再次,教材通过多视角呈现中国革命和建设的复杂性和开放性,超越单一叙事结构,展现丰富的历史逻辑和社会实践。第二章"新民主主义革命理论"指出,中国革命不仅吸收了马克思主义,还借鉴了中华优秀传统文化和国际经验,展示中国革命道路的独特性与开放性。第四章"社会主义建设道路初步探索的理论成果"探讨如何处理"经济建设与国防建设""汉族与少数民族""沿海与内地"等多重关系,强调在建设社会主义过程中,不同区域和群体都具有不可忽视的作用。教材还在探讨理论形成背景时融入多元视角。第五章"中国特色社会主义理论体系的形成发展"通过阐述邓小平理论、"三个代表"重要思想、科学发展观的提出背景,体现各历史阶段的多样化实践需求及其对理论创新的推动。这些叙事特点突破了单一线性叙事的局限,展现了理论与历史实践中多元力量的互动,启发学生理解中国道路的复杂性与包容性。

四、《中国近现代史纲要》教材的微观叙事特征

《中国近现代史纲要》教材以反帝反封建斗争、社会主义建设与改革开放的连续性叙事,将制度优势具象化为脱贫攻坚、科技自立等治理效能,构建"苦难辉煌"的集体记忆;通过解构西方中心主义历史观与重构"人类命运共同体"的中华文明现代性,形成兼具历史批判性与价值主体性的意识形态解释体系,最终实现历史规律阐释与政治合法性建构的辩证统一。教材通过梳理中国从半殖民地半封建社会到实现民族独立、国家富强的历史进程,系统展现了中国共产党领导人民追求民族解放、社会变革和现代化建设的

①　本书编写组.毛泽东思想和中国特色社会主义理论体系概论[M].8 版.北京:高等教育出版社,2023:213.

宏大历史叙事。该教材宏大叙事的特征和微观叙事的特征兼而有之。

首先，《中国近现代史纲要》教材文本在叙述历史事件时，并非单纯局限于宏大叙事，而是巧妙地融入了日常生活叙事，将历史事件与人民群众的生活紧密联系起来，使得历史不再遥远和陌生，使得历史更加生动、鲜活，也更易被学生理解、接受和共鸣。教材中经常用细腻的笔触描绘历史事件中的人物形象、场景细节及民众的日常生活，如太平天国运动中太平军纪律严明，义和团运动中义和团与清军、八国联军在廊坊、天津等地进行殊死搏斗，土地革命战争中根据地军民进行经济建设、开展大生产运动等。教材不仅关注历史事件本身，还关注民众在历史进程中的生活和命运。教材第三章"辛亥革命与君主专制制度的终结"详述辛亥革命政府提倡社会新风，扫除旧时代的"风俗之害"。"以公元纪年，改用公历；下级官吏见上级官吏不再行跪拜礼；男子以'先生''君'的互称取代'老爷'等称呼；男子剪辫、女子放足之风迅速席卷全国等。"①除此之外，还有抗日战争时期中国人民在战争中生活的艰难，解放战争中国民党统治区民众对国民党政府的失望和对人民解放的期待等。

其次，教材擅长以英雄人物或者历史人物的个人视角来叙述历史事件。在讲述宏大历史事件时，巧妙地融入了个体叙事和个人化叙事，使得历史人物的形象更加丰满，历史事件的背后蕴藏着更丰富的个人经历和情感。第四章"中国共产党成立和中国革命新局面"在讲述1920年陈望道翻译《共产党宣言》的历史时，用了这样的个体叙事："为翻译这本书，陈望道秘密回到浙江义乌家中。他在潜心翻译时，把粽子蘸着墨汁吃掉却浑然不觉，还说：'真理的味道非常甜'。"②第六章"中华民族的抗日战争"中抗日英雄个体形象呼之欲出：

> 东北抗联8名女战士陷入敌人包围后，投入乌斯浑河，英勇殉国。在冀西狼牙山地区，八路军5名战士为掩护党政机关和群众，主动把日、伪军吸引到自己身边。在打完全部子弹后，他们毅然砸

---

① 本书编写组.中国近现代史纲要[M].9版.北京:高等教育出版社,2023:81.
② 本书编写组.中国近现代史纲要[M].9版.北京:高等教育出版社,2023:105.

枪跳崖,被誉为"狼牙山五壮士"。新四军"刘老庄连"全部壮烈牺牲。东北抗日联军第一路军总司令兼政治委员杨靖宇、东北抗联第二路军副总指挥赵尚志、八路军副参谋长左权、新四军第四师师长彭雪枫等身先士卒,在作战中以身殉国。①

这样的个体叙事在教材中比比皆是:太平天国运动中洪秀全创立拜上帝教,以及他后期沉迷声色、追求享乐的行为;洋务运动时期张之洞兴办实业、发展经济的努力,以及他对西方文明的借鉴和学习;辛亥革命时期孙中山先生从主张和平改良到最终选择革命道路的心路历程,以及他在领导革命过程中展现出的坚韧不拔的革命精神;五四运动时期青年知识分子如陈独秀、李大钊、胡适等人在探索救国救民道路过程中的思想转变和奋斗历程等。

再次,教材建构了多维度阐释框架,通过去中心化的史料组织策略重构历史认知,其叙事范式突破传统线性史观,建构起事件网络化关联体系。在内容选择上既包含辛亥革命、五四运动等制度转型关键节点,也嵌入非主流历史进程,形成精英决策与民间实践的双向阐释路径。教材对重大事件的分解式呈现尤为显著:关于辛亥革命的社会效应分析,既考察资产阶级革命派的纲领实践,更聚焦商绅阶层态度分化与底层民众生活变迁的互动机制。抗日战争的阐释突破战场地理界限,揭示全民抗战网络中各社会阶层的动员逻辑。文本采用复合型史料,第七章"为建立新中国而奋斗"中叙述重庆谈判时,引用了当事人的日记。"中共代表团在返回延安时,代表团成员李维汉在当天的日记中写道:'国共谈判破裂了,但我党满载人心归去'。"②李维汉日记这类主体性史料作为历史建构的微观注脚,与宏观制度变迁形成呼应。在《南京条约》签订过程的叙事中,通过外交文书对话解构权力关系,暴露传统外交体系的现代性困境。太平天国土地制度的文本分析,既呈现农民阶级的乌托邦想象,也揭示其空想性与实践脱节的弊端。这种多声部叙事策略建构了层次化的历史认知体系,使学习者既能把握制度演进主线,又可透视社会结构的动态博弈过程。

①　本书编写组.中国近现代史纲要[M].9版.北京:高等教育出版社,2023:150-151.
②　本书编写组.中国近现代史纲要[M].9版.北京:高等教育出版社,2023:171.

五、《思想道德与法治》教材的微观叙事特征

《思想道德与法治》教材通过系统阐述社会主义核心价值观、法律法规和道德规范，结合历史唯物主义视角，塑造理想信念教育、道德养成、公民法治意识等，通过中国道路、制度优势、法治精神等，将个人命运与国家命运相连，形成政治认同、文化认同与法治信仰的系统叙事，引导学生在理论认知与实践体验中增强"四个自信"，培养良好的思想道德素养和法治意识，成为德法兼修的社会主义建设者和接班人。这本教材的叙事方式也呈现出宏大叙事和微观叙事并存的特征。

首先，《思想道德与法治》教材经常使用学生熟悉的日常生活事例来阐述抽象的理论。2023年版《思想道德与法治》教材多次强调道德价值观念和大学生日常生活之间的密切关联，共使用了15次"日常生活"关键词。第五章"遵守道德规范　锤炼道德品格"强调"要立足面向大众、服务人民，发挥中华传统美德人伦日用的化育功能，使传统美德与日常生活水乳交融，让传统美德中蕴含的伦理精神点点滴滴地融入人们的生活，生根发芽，不断丰富人们的精神世界，增强人们的精神力量。""推动践行以爱国奉献、明礼遵规、勤劳善良、宽厚正直、自强自律为主要内容的个人品德，鼓励人们在日常生活中养成好品行。""文明礼貌是调整和规范人际关系的行为准则，与日常生活密切相关，自觉讲文明、懂礼貌、守礼仪，可以塑造真诚待人的良好形象。""大学生要尊重父母劳动所得，体谅父母的辛苦操劳，在日常生活中注意节俭，尽量减轻父母和家庭的生活负担，这就是对父母和家庭最实际的贡献。"①在传递"正确的人生观"时，引用了鲁迅的《自嘲》、奥斯特洛夫斯基的《钢铁是怎样炼成的》等作品，以及时传祥、黄大年、张桂梅等人的事迹，将抽象的人生哲理与学生的日常生活联系起来，使学生对人生的意义和价值有更深刻的理解。

其次，个体叙事与集体叙事的辩证关系是《思想道德与法治》教材的核心主线之一。2023年版教材共使用了121次"个人"关键词，包括"个人理

---

① 本书编写组.思想道德与法治[M].2版.北京：高等教育出版社，2023：157，166-168，178-179.

想""个人奋斗""个人利益""个人修养""个人行为""个人自觉""个人品德""个人活动""个人价值""个人梦想""个人自由""个人人格""个人意志""个人隐私""个人权利""个人发展""个人主义""个人命运""个人与社会""个人的主观愿望""个人信息安全""个人的积极性""个人的正当利益""个人兴趣和意愿""个人的荣华富贵""个人的道德风尚""个人的神圣使命""个人的责任与义务"等短语。教材还使用了 30 次"个体"关键词,包括"个体成长""个体实践""个体生命""个体自我完善""个体自身条件""个体精神内驱力"等短语。可以说,聚焦个体和集体、个人利益与集体利益、国家利益之间的关系,是《思想道德与法治》教材文本一以贯之的重要主线。第一章"领悟人生真谛 把握人生方向"指出:"个人与社会的关系,最根本的是个人利益与社会利益的关系。社会需要是个人需要的集中体现,是社会全体成员带有根本性、全局性、长远性需要的反映。个人利益的满足只能在一定的社会条件下、通过一定的社会方式来实现。在社会主义社会中,个人利益与社会利益在根本上是一致的。社会利益离不开个人利益,个人利益也离不开社会利益。"第二章"追求远大理想 坚定崇高信念"指出"坚持个人奋斗目标与国家、民族的奋斗目标相统一,把个人理想融入社会理想之中,在为实现社会理想而奋斗的过程中实现个人理想,这是大学生成长成才的必由之路。"第五章"遵守道德规范 锤炼道德品格"特别强调个人利益和集体利益的辩证关系。"每个人的正当利益,又都是国家利益、社会整体利益不可分割的组成部分。国家和社会的兴衰与个人利益得失息息相关。在现实生活中,国家利益、社会整体利益和个人利益是相辅相成的,要力求做到共同发展、相互增益、相得益彰。""集体主义重视和保障个人的正当利益。集体主义促进和保障个人正当利益的实现,使个人的才能、价值得到充分的发挥。这不但与集体主义不矛盾,而且正是集体主义思想的应有之义。只有在国家、社会中个人才能获得全面发展,才可能有个人自由。那种把集体主义看作对个人的压制、对个性的束缚的思想,是与集体主义的本意相违背的。"该章还号召:"每一个社会成员,都应遵守以文明礼貌、助人为乐、爱护公物、保护环境、遵纪守法为主要内容的社会公德。"并且将英雄和榜样人物具象为大学生身边的普通个体。"道德模范既包括在一定社会道德实践中涌现出的符合特定道德理想类型的人物,又包括人们日常生活中能够近距离感受到的具有积极道德影响的人物。"①在阐述"理想信念"时,教材中介绍了董必武、焦裕禄等人的事迹,展现了他们坚定的理想信念和为国家和人民奉献的精神,激励学生树立远大的理想和信念。

第三,《思想道德与法治》教材的多元叙事特征也非常突出。该教材一共使用了7次"多元"关键词,包括"民族多元一体""多元格局""多元多样多变",第三章"继承优良传统 弘扬中国精神"指出"在几千年历史长河中,中国人民始终团结一心、同舟共济,建立了统一的多民族国家,发展了56个民族多元一体、交织交融的融洽民族关系,形成了守望相助的中华民族大家庭。"教材同时强调尊重少数民族的文化和风俗传统。"在与各民族同胞接触交往的日常生活中,要维护和发展各民族的平等团结互助和谐关系,尊重兄弟民族的传统文化、风俗习惯和宗教信仰。"文本还特别强调培养学生的文化间性意识,破除狭隘的爱国主义,主张具有国际视野的立足中国面向世界的包容的爱国主义。"弘扬新时代的爱国主义,要求我们正确处理立足中国与面向世界的辩证统一关系,既要尊重各国的历史特点、文化传统,尊重各国人民选择的发展道路,从不同文明中寻求智慧、汲取营养,增强中华文明生机活力,又要积极倡导求同存异、交流互鉴,促进不同国度、不同文明相互借鉴、共同进步,共同推动人类文明发展进步。"在论述"中国精神"时,教材中除了讲述以爱国主义为核心的民族精神,还讲述了以改革创新为核心的时代精神,展现了不同历史时期、不同社会阶层和不同政治派别的不同经历和诉求。第四章"明确价值要求 践行价值准则"辩证的论述中国特色社会主义民主制度,妥善处理多数人和少数人、集体利益和个人利益之间的关系。"社会主义核心价值观倡导的民主是最广泛的民主,绝不以牺牲多数人利益为代价来保护少数人的利益,同时又尊重和照顾少数人"。教材对如何在众声喧哗、复杂多样的价值观念中寻找"最大公约数","在复杂的社会变革中,思想领域日趋多元多样多变,各种思潮此起彼伏,各种观念相互碰撞,不同价值取向并存,所有这些表现出来的是具体利益、观念观点之争,但折射出来的是价值观的分歧。"教材第五章"遵守道德规范 锤炼道德品格"中

---

① 本书编写组.思想道德与法治[M].2版.北京:高等教育出版社,2023:16,65,149-151,167,184.

充分肯定了道德的多样功能和多层次样态。"道德的功能是多元的,同时也是多层次的。"①从这些视角而言,《思想道德与法治》教材在主流、中心、权威话语之外,特别注重非主流、非中心、多元化话语方式,体现出道德和价值观念微观叙事的渗透功能。

从以上对五本必修课教材在日常生活叙事、个体叙事和多元叙事三个层面的叙事特征分析可以看出,高校思政课教材体系的微观叙事特征和宏大叙事特征一样显著。在日常生活叙事方面,教材注重从平凡的社会现象、生活场景和实际问题入手,将宏大理论融入人们熟悉的日常经验中,使学生能够从衣食住行、家国情怀等具体情境中感受到中国特色社会主义的优越性与马克思主义的科学性;在个体叙事方面,教材强调将思想理论与个体成长紧密结合,关注青年学生的生活际遇、人生困惑与价值追求,通过展现历史人物的奋斗故事、革命先辈的初心使命及当代模范人物的事迹,激发学生的内在共鸣与价值认同;在多元叙事方面,教材兼顾民族性与国际视野,凸显中国革命和建设历程中的不同群体、区域和文化的独特贡献,同时强调全球化背景下的思想交流和文化对话,展现中国特色社会主义理论体系的包容性与开放性。整体而言,这些教材通过微观叙事的生动化、情感化和多样化,成功将抽象的理论体系具体化、情境化,提升了学生对思政课话语体系的认知,同时也深化了其对中国特色社会主义道路、理论、制度和文化的理解与认同。

第二节　微观叙事视阈下高校思想政治教育有效性研究②

不断加强和改进高校思想政治教育工作,既是发扬中国共产党在革命和建设事业中一贯坚持的优良传统,更是积极推进"中国特色社会主义事业后继有人"重大战略任务的根本举措。2019 年 3 月 18 日,习近平总书记在学校思想政治理论课教师座谈会上指出,思政工作者"要坚持建设性和批判

---

① 本书编写组.思想道德与法治[M].2 版.北京:高等教育出版社,2023:74,89,92,112,121,142.

② 收入本书时有修订。桑华月.微观叙事视阈下高校思想政治教育有效性研究[J].黑龙江高教研究,2019,37(10):130-133.

性相统一,传导主流意识形态,直面各种错误观点和思潮"①。当前,如何在各种外来思潮和内生亚文化杂糅的社会语境中守正创新,传导主流意识形态,弘扬社会主义宏大叙事,成为检验高校思想政治教育有效性的试金石。思想政治教育有效性,包括要素有效、过程有效和结果有效。② 要素有效,即内容有效,指教育内容合理、正当和权威;过程有效侧重教育内容和教育对象之间的价值关系,即如何实现主客体的价值认同;结果有效则强调接受主体的感知认同程度。当前,高校思想政治教育有效性在内容、过程和结果上都面临挑战。其一,教育内容笼统宽泛,承载社会主义核心价值观和主流话语的历史人物及经典作品接连遭到质疑。与西方后现代解构宏大叙事一脉相承的历史虚无主义思潮,解构了宏大叙事的正当和权威。其二,教育过程偏重知识灌输,思想政治教育的渗透功能未能有效压实。其三,教育结果强调民族国家集体维度,脱离大学生社会生活实际和生命体验。这三个方面的问题都指向一个核心维度:当代中国高校思想政治教育宏大叙事和微观叙事的关系。

一、与时俱进的宏大叙事建构

20 世纪 70 年代末,以法国哲学家利奥塔为代表的后现代哲学家,将占据主导地位的科学、理性和线性的现代性历史逻辑指认为宏大叙事,并加以拆解和批判。后现代主义认为欧美发达国家迅速崛起的现代文明,现代性宏大叙事遮蔽了人性,形成了不可挑战的话语霸权和叙事逻辑。理论家们用"千千万万微不足道的和郑重其事的故事"堆积而成的人类历史,③或被宏大叙事压抑和遮蔽的地方、边缘和琐屑的小叙事,取代权威、中心和本质构成的宏大叙事。宏大叙事思潮 20 世纪 80 年代中期进入中国,主要在哲学、历史、文学和艺术领域产生影响,也是高校思想政治教育系统尤其是高校思

---

① 习近平主持召开学校思想政治理论课教师座谈会强调:用新时代中国特色社会主义思想铸魂育人 贯彻党的教育方针落实立德树人根本任务[N].人民日报,2019-03-19(01).

② 沈壮海.思想政治教育有效性研究[M].2 版.武汉:武汉大学出版社,2008:18.

③ LYOTARD J F. Instructions Paiennes[M]. Paris:Galilee,1977:39.

政课教学论领域加强和改进社会主义主流价值观话语体系的重要契机。

　　首先来看高校思政课的微观叙事话语内涵。挑战宏大叙事，并非后现代哲学家心血来潮。西方传统哲学和当代主流哲学，是建立在本质论、本体论、二元论基础上的线性进步主义历史观。建立在科学逻辑和实证主义基础上的现代性，既不神秘，也不慰藉心灵，一本正经，冷峻严密，步步推进，气势威严，其塑造的现代世界政治、经济、文化模式在世界各地快速推进。现代性的车轮滚滚向前，驰骋数百年无人能挡。后现代主义认为，主流的话语权力量过于宏大，抹平了个体和微观。现代科技支撑的实证、理性和线性历史叙事逻辑，对个体性、人文性、异质性叙事造成遮蔽和压制。为了恢复人类精神世界的个体性、差异性图景，后现代思想家采取极端的反抗和解构姿态，尝试对现代性"矫枉过正"。

　　当代中国高校思想政治教育范畴内的宏大叙事，是中国共产党领导和团结全国各族人民，实现中华民族伟大复兴进程中形成的社会主义核心价值观、主流意识形态及其话语权威。可以将微观叙事具体化为日常生活性、个体生命性、差异多元性的私人化话语。相对于宏大叙事的抽象、集体和统一性而言，微观叙事具有日常、个体和多元特征，既是对宏大叙事的具象化、个人化解读，也是对主流意识形态"议题设置"的选择性认同。"微观"相对于"宏观"而言，"叙事"相对于"说教"而言，微观叙事，就是在教育过程中，将整体性的宏大教育内容拆解为具体话题，运用渗透式教学策略，注重个体受众的接受度，并尽可能采取与大学生的现实生活和人生体验相契合的教育方式。无论从西方后现代思潮的广义而言，还是从当代中国高校思想政治教育的狭义范畴而言，宏大叙事和微观叙事都不是二元对立关系。在过去、现在抑或将来，这两种话语方式都同时并存，他们构成了高校思想政治教育有效路径的两翼。

　　其次来看微观叙事对高校思想政治教育的启迪。第一，主流话语要因时而进，不断更新。习近平总书记在全国高校思想政治工作会议上指出："做好高校思想政治工作，要因事而化、因时而进、因势而新。"①社会文化思

①　习近平在全国高校思想政治工作会议上强调：把思想政治工作贯穿教育教学全过程　开创我国高等教育事业发展新局面[N].人民日报，2016-12-09(01).

潮极速更迭,主流价值观亦要不断更新,宏大叙事必须与时俱进。放眼全球,随着时代的发展,统治阶级为巩固国家政权主流话语权的自我调适从未中断。以美国《效忠宣誓》(*Pledge of Allegiance*)为例,这段誓词从1892年滥觞后,引起无数争议、挑战和质疑,甚至被诉诸法律,历经多次修订,在1954年定版至今,成为最能体现美国教育意识形态特征的符号。[①] 美国的效忠宣誓初衷是培养爱国精神,并在学校广泛推广。美国最高法院在1940年作出裁定,学生必须参与效忠宣誓,以维护国家统一。效忠宣誓被纳入公立学校日常仪式,使学生在成长过程中不断接受国家忠诚与爱国主义教育。目前,在大多数美国公立学校,尤其在公立小学和中学,每天的上课前都会组织全体师生面向国旗进行效忠宣誓,通常由校园广播系统或学校领导带领。美国及其他西方国家在巩固主流意识形态方面采取了系统性的策略,法律层面保持国家忠诚的刚性框架,教育体系塑造长期认同,社会文化强化软性渗透,媒体舆论引导共识建构。这种调适既体现了国家对主流价值观的强力维护,也通过灵活策略适应社会变迁、调整话语体系来降低社会冲突,使意识形态话语权得以长期稳固。

当代中国已经进入工业化和后工业化并存、现代性和后现代性并存的复杂时期,西方在几十年甚至几百年的发展过程中遇到的问题,我们要同时面对。中国现代化要吸取西方后现代的经验教训,宏大不压制微观,集体不遮蔽个体,做到宏观和微观统筹,建构和更新兼顾。在可预见的将来,随着中国现代化进程持续推进和新媒体技术平台急速变革,当代高校思想政治教育有效性将面临更多严峻挑战。当代中国的宏大叙事和微观叙事将长期并存,社会主义宏大叙事的主旋律必将伴随着各种微观叙事的变奏曲,甚至出现个体谐谑曲。如何将不同声部、各个乐章整合为一部和谐共鸣的交响乐,考验着高校思想政治教育工作者的认识。

第二,宏大叙事建构要因事而化,避免僵化。后现代主义思潮与历史虚无主义在中国文化思想界逐渐兴起,与此前长时间以来革命历史叙事的主

---

① KAO G Y, COPULSKY J E. The Pledge of Allegiance and the Meanings and Limits of Civil Religion[J]. Journal of the American Academy of Religion, 2007, 75(3): 122-143.

流话语方式密切相关。换言之,国内解构宏大叙事和历史虚无主义思潮与主流历史叙事建构模式的僵化有一定的因果关系。以文化艺术界为例,20世纪90年代中期,反崇高、反伟大和反英雄的后现代流派盛行,大量作品倡导平民意识,刻意颠覆传统,反讽和隐喻意味深长,注重对日常生活进行冗长琐屑的记录写实。这种后现代文艺思潮与长期累积的宏大叙事文艺模式密切相关。新中国成立以来,尤其是"十七年"和"文革"期间,文学艺术被赋予强烈的政治使命,成为塑造革命历史观的重要工具。文学艺术界配合国家主流意识形态,塑造了大批伟大、光辉的革命英雄形象。革命英雄与反派呈现强烈二元对立,敌人"丑化",正面人物高大全,反面人物低矮丑。如《红岩》中的江姐、《林海雪原》中的杨子荣、《青春之歌》中的林道静等,革命者被神圣化、理想化。由于在"三突出"原则指导下塑造的"伟光正"形象缺乏变化,在改革开放社会急速转型背景下,这些形象的平面化、脸谱化、模式化特征逐步凸显,远离生活现实,远离普通个体生命体验,难以适应市场化、消费主义时代的文化需求。部分文学作品将后现代批判转向对革命历史的彻底否定,将革命英雄形象拉下神坛,以"个体历史"代替"革命历史"。一些网络舆论甚至利用"去英雄化"的方式,消解革命历史的意义,导致对国家主流意识形态的削弱。90年代以来的后现代主义与历史虚无主义,一定程度上是对过去革命英雄塑造过度理想化的反拨。在社会转型、市场经济、个体意识觉醒的影响下,传统宏大叙事遭遇挑战,但并非不可重构。这对高校思政课研究者和一线授课教师的重要启示是:如何让革命英雄形象摆脱脸谱化,以更具现实感和历史厚度的方式,与当代大学生建立新的共鸣场域和话语机制。

第三,宏大叙事要因势而新,不能遮蔽微观叙事的温度和光芒。当前出现的以历史虚无主义为代表的无中心、无整体、无根基、无本质和无历史倾向,与长期以来宏大叙事遮蔽微观叙事有内在关联。恶搞革命先烈的噱头之所以"吸睛",很大程度上因为高大全的英雄形象与戏谑行为构成强烈反差。伟大、崇高和神圣一旦被塑造到无以复加之地步,就可能产生审美疲劳和道德逆反。一旦神圣不可亵渎的图像被撕开一条裂缝,就可能会激起部分人反叛宏大叙事的冲动。建构当代社会主义核心价值观和主流意识形态,应吸取西方宏大叙事的经验教训,慎重采用"高屋建瓴"的建构模式,宏大叙事包容微观叙事,而不抹平个体生命痕迹。伟大的英雄不一定永不犯错,英雄也可能有缺点,因为英雄是人;神圣不一定远离世俗生活,也可以带有烟火气,因为神圣源自生活;崇高不一定毫无瑕疵,也能贴地行走,因为崇高来自平凡。真正的英雄,不是凌驾于大众之上的完美化身,而是在奋斗、挣扎、牺牲与担当中不断成长为有血有肉的人。他们也会经历迷茫,也会面对内心的矛盾,但正是这些真实的经历,让他们的精神力量更具说服力和感染力。真正的英雄主义,不是神话传说中金身不破的完美幻象,而是血肉之躯在时代激流中迸发的人性光芒。希腊神话里阿喀琉斯的脚踵、关云长败走麦城,这些"缺陷"恰恰构成了英雄叙事的张力支点。当我们在抗疫纪录片里看到医护工作者防护服下的汗渍与泪痕,在航天指挥中心捕捉到总设计师鬓角的白发与颤抖的双手,这种祛魅后的真实反而让崇高更具直击人心的力量。

当代青年文化中兴起的"凡人微光",本质上是对完美主义叙事的解构与重构。动画电影《雄狮少年》主题曲《无名的人》如此描写一个普通而又隐忍前行的年轻人:"我是这路上没名字的人,我没有新闻,没有人评论,要拼尽所有换得普通的剧本。我是离开小镇上的人,是哭笑着吃过饭的人,是赶路的人,是养家的人,是城市背景的无声,我不过想亲手触摸弯过腰的每一刻留下的湿透的脚印是不是值得。……致所有顶天立地却平凡普通的。无名的人啊,我敬你一杯酒。敬你的沉默和每一声怒吼,敬你弯着腰,上山往高处,走头顶苍穹努力地生活。"还有歌曲《孤勇者》发出的"谁说站在光里的才算英雄"的执拗而坚定呐喊,"人只有不完美值得歌颂,谁说污泥满身的不算英雄。爱你孤身走暗巷,爱你不跪的模样,爱你对峙过绝望不肯哭一场。爱你破烂的衣裳却敢堵命运的枪,爱你和我那么像缺口都一样"。拼尽所有的"无名的人"和污泥满身的"孤勇者"打动了无数默默无闻努力生活的年轻人的内心,引发了无数为了美好生活奋力打拼的平凡人的情感共鸣。这样朴实无华的叙事,却拥有震撼人心的力量。重庆山火中用摩托车灯连成星河的快递小哥,河南洪灾时搭起人墙的普通市民,这些没有鎏金称号的平凡勇者,用带着泥土气息的行动诠释了神圣的当代形态。最伟大的中国人的精神不在云端祭坛,而在滚烫的生活现场,在人性弱点和精神强光的交织处生长出最坚韧的价值坐标。在新时代的高校思政课叙事话语体系中,我们需要塑造既有理想信念,又具备人性温度的英雄。他们或许曾有软弱的瞬间,但最终选择了坚定信仰;或许曾遭遇现实的困境,但仍保持初心。他们的伟大,不在于没有缺陷,而在于在缺陷中仍能坚守使命;他们的崇高,不在于远离凡尘,而在于在烟火气息中践行信念。在平凡生活中孕育的伟大和崇高最能打动人,带有人性温暖的英雄最具引领价值。用微观叙事建构的宏大叙事才能入心入脑,才能演化为个体价值和行为认同。

二、明体达用的宏微并举智慧

习近平文化思想"彰显着'明体达用、体用贯通'的鲜明特质,体现出文化理论与文化实践的有机结合,认识论与方法论的有机统一"①。我们可以用"明体达用、体用贯通"的中国传统哲学智慧来阐释微观叙事建构宏大叙事的逻辑关系。中国传统文化中的核心价值与宇宙观之体为文化的根脉,礼乐典章与文艺形态之相为文化的载体,化育人心与经世致用为文化的效能。"体、相、用"认知范式为把握文化本质提供了立体坐标,三者构成道器合一的认知链条。其一,强调"守正创新",其二主张"通变致久",这种动态平衡在文化传承中体现为双重辩证智慧。新时代文化建设的体用贯通,展现为"创造性转化与创新性发展"的体用互构,正是中华文明历经五千年仍生机勃发的密钥。明体达用揭示出宏大叙事之体与微观叙事之用的共生逻辑,体用贯通则展现二者转化的实践智慧。首先,明体是本体建构维度,宏大叙事作为"体",确立意识形态的价值坐标与历史方位,本体性规定赋予微观叙事以价值灵魂,确保个体经验不陷入相对主义泥潭。其次,达用是叙事转化维度,微观叙事作为"用",通过经验编码完成宏大叙事之"体"的具象化再生产,无数微观镜像拼接出道路自信的完整图景。再次,贯通是价值升华维度。看似平凡的生活叙事、个体叙事和多元叙事,实为宏大价值落地的根系,在生活土壤中持续滋养意识形态的生命力。这种体用互构机制,既避免了后现代解构主义对宏大叙事的消解,又克服了传统宣传中"理论悬空讲

---

①　刘旺旺,胡芳.习近平文化思想蕴含的十大关系论析[J].兰州学刊,2025(2):1-10.

体"的弊端。

正如新世纪前后李政道在预测 21 世纪人类科学研究的发展方向时所说的那样,科学的发展趋势是"整体统一","微观的基本粒子要和宏观的真空构造、大型的量子态都结合起来"①,新时期高校思政课教学研究也要讲宏大叙事和微观叙事视角相结合。宏大叙事是体,以道为体,道,即价值观,马克思主义和社会主义核心价值观;微观叙事是用,以叙为用,教学中注重微观叙事的效能。这就是宏微并举的思政课叙事教学方法,或者宏微并举、微观叙事建构宏大叙事的教学策略。实现宏大叙事的个体认同实效与主流话语统摄下的个人诉求、日常生活和私人生存状态紧密相关。对当代高校思想政治教育工作者来说,如何辩证处理宏大叙事和大学生个体的关系从而确保教育内容、过程和结果有效性,如何构建宏大叙事最终实现结果有效,成为比教育要素有效更棘手的问题。

第一,内容有效:微观和宏大并存。从表面上看,微观叙事否认中心论,强调差异和多元,强调个体和具体,推崇流动、碎片化和当下即时感等,会解构和冲击主流价值观。但正如后现代思潮涌现后现代性依然坚如磐石一样,宏大叙事解构思潮亦未能动摇宏大叙事的根基。辩证地看,后现代思潮既有反现代性的一面,也有支撑现代性的一面,批判宏大叙事并不排除重建新的宏大叙事。利奥塔强调"微不足道的和郑重其事的故事",在于悬置宏大逻辑,恢复历史叙事毛茸茸的原生态。宏大叙事和微观叙事不是你死我活、势不两立的零和游戏。历史存在不是铁板一块,既不是宏大叙事一统天下,也不是琐屑无意义的微观叙事堆积,而是宏大叙事的主流意识形态和微观叙事的个体日常生活交织互生。微观叙事和主流意识形态并不对立,强调微观叙事,并不是要否定宏大叙事、排斥主流意识形态。

第二,过程有效:微观还原宏大。宏观由细节构成,没有微观叙事,就没有宏大叙事。现象学家胡塞尔认为当代哲学之所以不能成为严格的科学,是因为充满了众说纷纭的纷争和错误,没有对当代科学起到奠基作用,因此需要悬置各种定论和偏见,直面事物本身重新起航,通过"本质直观"法得出新的认识。他认为要彻底解决宏大的人类命题,不能从高层面入手,而要把

---

① 李政道.新世纪:微观和宏观的统一[J].科学世界,2000(12):1.

握"最简单的形式"和"最低级的构造层次"①。先从比较细小、贴近地面的问题入手,从事"脚踏实地的分析与描述""细致入微的分析研究",戒除"虚无缥缈的思辨和构想"和"高高在上的纲领"②。胡塞尔主张搁置争议,拆解宏大,聚焦微观,最后还原和重建新的宏大系统。利奥塔融合了现象学本质还原法和德里达解构主义,主张还原被宏大叙事压抑遮蔽的微观叙事,一定程度上起到了反思、批判和更新现代性的作用。他并没有像福柯等后现代理论家那样,因找不到对抗现代性的现实方案而走向"异托邦"灰暗想象。某种意义上,后现代思潮的质疑和纠偏,使得现代性危机得以缓解,宏大叙事在调整中更加稳固,不断更新的宏大叙事与时俱进,成为永葆生机和活力的主流话语。

第三,结果有效:微观建构宏大。高校思想政治教育工作的核心任务之一,就是用"新时代中国特色社会主义思想铸魂育人"③。后现代主义的解构特质确实引发了思想政治教育系统的深层震荡,其消解权威话语的策略,导致教育者的主体性权威面临祛魅危机,碎片化认知范式冲击下,受教育者的理性判断能力不稳定,多元价值博弈更使得马克思主义的真理性面临相对主义的挑战。社会主义宏大叙事是多声部交响乐,不是独奏曲。不同思潮的对立冲突,提供了价值观整合的新契机。但是,从另一个视角观察,非主流思潮与主流意识形态的碰撞实质是价值祛魅与认知重构的双向过程,网络民粹主义在解构传统权威的同时,也倒逼教育者创新话语策略。后现代语境中的"小叙事"狂欢,客观上为思政教育提供了宏大叙事具象化转译的实践场域,甚至解构主义本身蕴含的批判精神,恰可转化为培养青年辩证思维的教学资源。这种复杂性要求我们超越简单的"冲击-防御"思维,在守正创新中实现意识形态阵地的韧性建构。我们并不能简单地把与主流社会价

---

①　[德]胡塞尔.逻辑研究:第 2 卷:第二部分[M].倪梁康,译.上海:上海译文出版社,1998:A 479/B27.

②　倪梁康.代序:何谓现象学精神? 中国现象学与哲学评论第一辑[M].上海:上海译文出版社,1995:1-6.

③　习近平主持召开学校思想政治理论课教师座谈会强调:用新时代中国特色社会主义思想铸魂育人 贯彻党的教育方针落实立德树人根本任务[N].人民日报,2019-03-19(01).

值观对立冲突的思潮,均视为洪水猛兽,而应该看到与主流话语并行的青年亚文化或其他异质思潮,为国家宏大叙事提供了新的整合维度。微观叙事提供了当代高校思想政治教育建构宏大叙事的方法论,这也是加强高校思想政治教育有效性的方法论。利奥塔对宏大叙事的批判,对当代高校思想政治教育体系提出了一个重要的启示:宏大统摄但不遮蔽微观,微观支撑但不消解宏大,宏大叙事和微观叙事相辅相成,同时并存,成为提高高校思想政治教育有效性的两个重要抓手。

三、思政教育有效性的"扎根"策略

如前所述,要素、过程和结果是思想政治教育有效性的三要素,而社会主义宏大叙事的有效建构,也要从内容、过程和结果三方面着手。思想政治教育是主客体的双向互动,不是客体对主体单向灌输。单向知识输出忽视了受教育者的主体地位和内在需求,会导致"教育者与受教育者脱轨,从而严重偏离了道德教育的本质、失掉了道德教育的本真"①。人类实践活动有效性的实质,是特定主客观关系的价值属性,即客体满足主体价值需要的程度。价值观的最终确立,既依赖客体属性,也依赖主客体价值关系认同。"凡是能够满足主体需要的客体,就是有价值的客体,反之则是无价值的客体。"②高校思想政治教育建立在传统的宏大叙事基础上,社会主义核心价值体系建构的有效性,要考虑宏大叙事对于大学生主体需要的契合度,着力从日常生活、个体生命和差异重叠的微观叙事展开。

第一,从日常生活叙事走向理性王国。从教育内容来看,微观叙事强调用日常生活支撑主流话语。人类在一般的生活场景中表达自己作为一个理性存在者的本质。日常生活可能冗长、琐屑、重复、了无生气,但尘世生活是走向理性王国的基础。人类价值观的塑造在日常生活中完成,并最终固化为自然行为。"西马"代表人物之一阿格妮丝·赫勒将生活的"日常性"上升到建构人类历史的宏大叙事的高度。她认为,特定社群内部会产生一种"为

---

① 邹慧,徐志远.新媒体时代公民道德教育的三个维度创新[J].学校党建与思想教育,2016(15):47-50.

② 沈壮海.思想政治教育有效性研究[M].2版.武汉:武汉大学出版社,2008:14.

我们意识"，这种意识不是立足于理性王国之中，而主要是建立在尘世生活的基础之上。日常生活批判理论将尘世生活视为人类理性王国的催化剂，"我们可以断言，日常生活是历史潮流的基础"①。要实现大学生对宏大叙事的群体认同，就要从大学生日常生活的小话题切入，将笼统的话语体系注入日常性，避免主流意识形态悬空成为架空叙事。

日常生活是砥砺大学生价值观的磨刀石。当代社会学研究前沿对日常生活理论和交往理论模式的探究表明，当个体面对现代性困境和社会道德失范时，抽象说教和理性灌输往往适得其反。党史博物馆里最能打动人、最有说服力的展品，就是那些能展现中国共产党人艰苦奋斗的日常生活细节和故事。一部中国共产党党史，始终贯穿着共产党人披荆斩棘的日常生活细节。共产党人的日常生活微观叙事，对提升中共形象发挥着不可磨灭的作用。宏大叙事、主流叙事和中心叙事，可以塑造为国家、集体、宏观和抽象的理念，也可以反其道而行，落实在日常、个体和细微处，嵌入一个人的日常生活。

第二，用个体生命叙事演绎国家话语。从教育过程来看，微观叙事从个体生命角度指向民族国家利益。习近平总书记在思想政治理论课教师座谈会上指出，思想政治教育要坚持主导性和主体性相统一，在坚持教师主导地位的同时，要加大对学生的认知规律和接受特点的研究，发挥学生主体性作用。② 大学生是集体称谓，也是个体名词。教育工作者要用社会主义宏大叙事引导、塑造和培育大学生群体的价值观，但同时要密切关注教育对象的个体诉求。"个人是整体的组成部分；整体的胜利是个人的胜利。当整体为了自身的利益而发展壮大，特性随之茂盛。"③高校思想政治教育目标，既包括为实现中华民族伟大复兴凝聚力量，也包括促进每一个大学生全面自由发

① ［匈］阿格妮丝·赫勒. 日常生活［M］. 衣俊卿，译. 哈尔滨：黑龙江大学出版社，2010：39.

② 习近平主持召开学校思想政治理论课教师座谈会强调：用新时代中国特色社会主义思想铸魂育人 贯彻党的教育方针落实立德树人根本任务［N］. 人民日报，2019-03-19（01）.

③ ［匈］阿格妮丝·赫勒. 日常生活［M］. 衣俊卿，译. 哈尔滨：黑龙江大学出版社，2010：39.

展,后者是前者的前提和基础。人类认识的有效性"以认识、判别实践活动结果是否能够有效满足人们的相应需要为驱动,同时也以提高实践活动有效满足人们需要的程度为目的"①。人类认识最重要的基点是自我,是个体的物质和精神需求。离开大学生个体意识和个人利益维度,国家利益和宏大叙事可能悬空无效。

当高校思政工作者在谈论部分大学生宅、丧、佛系等特征时,应该关注当代青年的代际差异和个体生存状态。大学是人生非常关键的时期,年轻人的价值观在反叛、犹疑、困惑、感动中经受打磨,最终成长成才。他们在日常生活中切身感受到生命的温度、无常、短暂、价值及其意义,在生活中经受的一切促使他们警醒,让他们终身受益。经历了改革开放40多年的物质积累,当代大学生,特别是00后,绝大多数人不再像父辈那样为了基本的物质生存条件而奔波,无须为摆脱贫困、逃离匮乏这样的直接生存动机而努力。物质不再是他们关注的唯一目标,他们更关注自我价值的实现。个体价值诉求一旦被遮蔽、压制或者忽视,大学生就容易迷失理想,沉沦于游戏虚拟世界。

习近平总书记指出:"要提升高校思想政治教育亲和力和针对性,满足学生成长发展需求和期待。"②当前,偏远贫困地区、中西部条件艰苦地区、民族地区、农村社区基层的人才需求与大学生个体诉求之间的价值整合难度加大。同时,社会资本、就业渠道、新兴业态的多样性为大学生提供了丰富的专业、择业和就业选择,行业和地区差异可被技术创新平台弥补,农村、偏远和贫困地区及国家需要的冷门行业,也能够满足当代大学生成长成才需求。思想政治教育工作者要善于"讲故事",从个体在农村偏远地区创业的成功案例出发,就能够激发学生在欠发达地区施展抱负的志趣。教育者从个人案例和个体生命体验出发,国家话语和个人诉求之间的价值通道就能水到渠成。国家利益和个人利益是宏观和微观的辩证关系,不是互相矛盾的排斥关系,可以实现互惠互利。

---

① 沈壮海.思想政治教育有效性研究[M].2版.武汉:武汉大学出版社,2008:13.

② 习近平在全国高校思想政治工作会议上强调:把思想政治工作贯穿教育教学全过程 开创我国高等教育事业发展新局面[N].人民日报,2016-12-09(01).

　　第三,用差异多元叙事建构差异共识。从教育结果来看,微观叙事在多元差异中寻求群体意见的最大公约数。有效的宏大叙事是差异化的重叠共识,而不是平面或妥协共识。平面共识抹平个体差异,千人一面,众口一词;妥协共识强制个体放弃个人诉求,违心认可。这两种"共识"遮蔽或排斥个体差异,实际上是无效共识。差异化的重叠共识是建立在多元对话基础上,可以被信奉不同思想的人们接受、认可并履行的普遍正义思想。① 建立在个体差异基础上的多元认同,会形成最具稳定性、时效性的理性价值观。作为一种重叠共识,社会主义宏大叙事所被各族群个体接受认可,并最终内化为个体的差异化行为模式,这种价值形态正是当代中国高校思想政治教育所追求的有效结果。

　　即便宣称教育保持意识形态中立的美国,其公民教育也具有长远的政治考量。② 美国各类高校都将大学生的道德培养与公民教育视为核心职责。一个发人深思的现象是,由众多种族、宗教、文化组成的移民国家,把族群差异视为资源而非隔膜,把文化多样性视为财富而非混乱,把个体诉求视为要务而非负担,最终反而形成了有效的国家认同。当代美国大学内一整套"以问题为导向""合作教学""服务学习"公民教育体系,成为其普世价值观宏大叙事的压舱石。③ 这给我们的启示是,大学生个体差异和多元,不是宏大叙事建构的负担,而是宝贵契机,教育者要尊重、包容并利用大学生个体差异性。改革开放40多年来,中华民族取得了人类发展史上从未有过的发展奇迹,进一步验证了宏大叙事的合理性、合法性和先进性。教育者应对社会主义核心价值观和主流话语的先进性葆有充分自信,不能粗暴压制学生的个体诉求,要在对话交流中发现大学生群体的思想动态,敏锐把握各种微观叙事话语,防患未然并及时纠偏,聚焦大学生群体价值观认知的重叠区域和"最大公约数",在多声部对话和交流的交响乐中凸显社会主义宏大叙事的主旋律。

---

　　① RAWLS J. A Theory of Justice[M]. Cambridge：Harvard University Press,1971：252-253.

　　② 吴艳东.论美国公民教育的政治性本质及启示[J].思想教育研究,2018(1):105-109.

　　③ 杜海坤.公民资格视阈下美国公民教育的历史与逻辑[J].中国地质大学学报(社会科学版),2015,15(1):86-93.

我们应具备敏锐洞察力、开放辩证的视野,将挑战视为改进高校思想政治工作的契机,立足宏观、着眼长远,因势利导,顺势而为,重视微观叙事,建构宏大叙事,将中国特色社会主义核心价值观和主流话语内化为指引当代大学生日常生活和个体成长成才的重叠有效共识。具象化、情境化与情感化的叙事策略,将抽象理论转化为可感知的生活经验,以个体生命故事为载体,通过"理论概念—生活场景—价值判断"的转译链条,在碎片化语境中重构意识形态认知范式。运用红色家书的情景剧演绎等情感共鸣机制,将制度优势具象为可触摸的温度,以"经验代入"替代"理论灌输",借助短视频案例分析等数字化传播手段,将"人类命运共同体"等宏大命题拆解为"一带一路"留学生见闻等微观叙事单元,既维系了理论阐释的系统性,又契合 Z 世代认知的圈层化特征。这种微观叙事并非对宏大叙事的消解,而是通过"生活政治"的柔性编码,实现意识形态话语从"悬浮"到"扎根"的转化,本质上构成了抵御后现代价值虚无的思想防线。高校思想政治教育建立在传统的宏大叙事基础上,社会主义宏大叙事的有效建构,必须着眼于内容、过程和结果的有效性。内容上,宏大叙事和微观叙事将长期并存,宏大叙事需要更新和重构,不可遮蔽微观叙事;过程上,微观叙事建构并反思宏大叙事,个体心声唱响国家话语;结果上,宏大叙事和微观叙事相辅相成,社会主义主流意识形态和个体日常生活交织共生。高校思想政治教育工作者要用日常生活叙事、个体生命叙事和差异多元叙事,构建理性王国、国家话语和重叠共识,凸显新时代中国特色社会主义宏大叙事,进一步强化思想政治教育的实效性。

第三节　高校社会主义核心价值观的微观叙事教学话语转型[①]

中共中央、国务院印发《关于加强和改进新形势下高校思想政治工作的意见》提出,培育和践行社会主义核心价值观是当前高校思想政治工作的重

---

① 收入本书时有修订。桑华月.论高校社会主义核心价值观"微观叙事"教育策略[J].思想政治课研究,2017(6):59-62.

要任务,该意见对高校社会主义核心价值观教育具有重要指导意义。国家意识形态建设的顶层设计对高校思政课教学传导效能提出新范式要求。价值内化机制的效果取决于理论阐释与主体经验契合的程度,唯有实现价值逻辑与生命历程的认知共振,方能建构稳固的价值认同。当前思政课的核心任务在于通过系统性价值传导工程,将社会主义核心价值观的多维框架转化为青年群体的认知。该价值体系遵循"国家愿景—社会规范—个体准则"的层级化框架,其十二项价值要素在结构维度具有互文性特征,构成不可分割的意义联结网络。实施微观叙事教学模式的学理依据源自双重维度:其一,社会主义核心价值观内生性特质要求具象化阐释路径;其二,通过叙事转译与价值锚定的路径创新,能够有效提升意识形态教育的认知适配度与实践转化率。

一、微观叙事视阈下的社会主义核心价值观

微观叙事话语转换是指意识形态传导范式的创新性调适,其核心在于突破传统思政教育中单向度、超验性的元话语模式,转而建构基于教育主体生活世界与个体经验图式的具象化认知。这种转换遵循"边缘经验—核心价值"的认知逻辑,通过包括生活情境嵌入、个体经验激活与日常实践转译等解构—重构路径,在保持理论体系完整性的前提下,修复传统宏大叙事在微观经验阐释维度的认知断裂,最终实现意识形态话语从理论系统到实践智慧的飞跃。

微观叙事的话语转向聚焦于意识形态价值传导的微观维度。国家意识形态体系呈现宏观制度架构、中观规范体系与微观经验阐释的层级化特征,其建构逻辑与人类知识生产的认知层级具有同构性。现象学家胡塞尔指出破解总体性认知困境需摒弃超验性思维,主张通过"现象学悬置"回归生活世界的基底构造,"去把握它所能达及的认识问题的相对而言最简单的形式,把握它们的最低级的构造层次"①。他强调对日常经验结构的具象化考察,拒绝形而上学的思辨,致力于经验世界的分析,"不是虚无缥缈的思辨和

---

① ［德］胡塞尔.逻辑研究:第 2 卷:第二部分［M］.倪梁康,译.上海:上海译文出版社,1998:A 479/B27.

构想,而是脚踏实地的分析与描述;不是高高在上的纲领,而是细致入微的分析研究。"①。福柯在《知识考古学》中构建知识考古学方法,以离散话语实践分析替代总体史观,主张"文学分析不是将某一时代的精神或感觉作为单位,也不是'团体''流派''世代'或者'运动'……而是将一部作品、一本书、一篇文章的结构作为单位"②。二者方法论虽异,却共同揭示了从微观经验分析到中观规范建构再到宏观价值整合的认知生成路径。这为思政教育创新提供了价值锚定机制的参考,通过课堂微观叙事实践,实现意识形态从生活经验到制度架构的意义整合。

批判宏大叙事虽然可能会解构主流意识形态,但宏大叙事反思对主流意识形态的塑造产生的负面影响并非不可控。从根本上讲,思想政治教育的最终目标本身就是一种宏大叙事,社会主义核心价值观体系亦属于一种宏大叙事。然而,这种宏大叙事的构建策略也可以采取微观的方法。微观叙事教育策略,即在教育过程中,将宏大的教材体系和内容划分为小话题,采用渗透式教学方法,强调师生之间的平等互动,关注大学生的生命体验与日常生活。这一策略有助于提升社会主义核心价值观教育的针对性。回顾社会主义核心价值观教育的落实过程,可以看到国家层面自上而下的推进步伐。党的十六届六中全会首次提出了"建设社会主义核心价值体系"的重大议题和战略任务;党的十八大提出了"三个倡导",首次从国家、社会和公民个人三个层面明确了社会主义核心价值观的构成;2013 年 12 月,中共中央办公厅发布了《关于培育和践行社会主义核心价值观的意见》。2014 年 5 月 4 日,习近平总书记在北京大学师生座谈会上强调青年要自觉践行社会主义核心价值观,2016 年 12 月 8 日,习近平总书记在全国高校思想政治工作会议上再次强调要持续培育和弘扬社会主义核心价值观。由此可见,社会主义核心价值观的国家层面的建设总体是宏大叙事,但对于高校思想政治理论课的教学而言,其教育策略不能仅仅依赖宏大叙事。

---

① 倪梁康.代序:何谓现象学精神? 中国现象学与哲学评论第一辑[M].上海:上海译文出版社,1995:1-6.

② [法]米歇尔·福柯.知识考古学[M].谢强,等译.北京:生活·读书·新知三联书店,2007:4.

二、高校社会主义核心价值观教育的隐忧及路径突破

社会主义核心价值观蕴含着层次分明的结构,跨越宏观、中观到微观的维度,内含细腻的微观叙事层面。这一价值体系的表达策略自上而下,从国家层面的宏大叙事,经由集体层面,细致入微地触及公民个体,体现了逻辑上的逐级深入。具体而言,社会主义核心价值观凝聚为十二个具体的微观要素,每个元素背后都蕴藏着广阔的理解与阐释空间。其叙事特征体现为:其一,通过微小主题、精确切入点和生活化故事来构建价值基础;其二,众多个人价值和日常生活的微观叙事共同编织成核心价值的网络,支撑整体体系的架构;其三,核心价值观的真正内化,依赖于个体的自发认同,而非外在压力或诱导。当这一价值体系融入高校思想政治理论教育的核心时,不可避免地要求教育者审视并解决现有教学体系中的潜在问题。

第一,现行的教学内容呈现高度概括性,其议题结构自上而下单一延续,未能充分彰显思想政治教育的培育特质。传统上,思想政治理论教育倾向于采用理想化的英雄叙事与全面性叙事策略,这在构建集体意识形态中确有其不可忽视的作用。然而,随着社会变迁与信息时代的到来,这种侧重于宏大叙事的教育模式遭遇了融媒体和视觉文化冲击,难以有效捕获学习者的注意力与提高学习者的参与度。教育者在角色与话语策略上的适应不足,导致教学过程中存在理论自循环现象,即从宏观理论到宏观理论的直接搬用,课程内容与案例缺乏时代感和创新性,板块结构僵化。这种"大而无当"的教学方式,未能深入个体生活体验,忽视了通过具体情境启发思考的教育目标,进而使得思想政治理论教育的生动性和实践指导性大打折扣,有悖于其激发学生思想活力与价值观内化的初衷。

第二,教育目标存在理论与实践脱节,偏重知识性内容的单向传输,消解了社会主义核心价值观的价值引领功能。高校思政课的本质应聚焦于价值形塑而非机械式宣导。当前,数字技术建构的全时态传播场域,依托即时通信、人工智能及虚拟现实等新兴技术搭建的新型媒介矩阵,持续吸引青年群体的注意力,现代大学生处于信息超载的持续浸润状态,传统思想政治教育传播渠道面临与沉浸式媒介生态竞争的传播效能式微困境,致使意识形

态工作既面临机遇又遭遇现实挑战。在此情境下,强制性灌输与程式化宣教模式严重削弱了思想政治教育的实效性。部分教育者对青年亚文化圈层的话语表达范式存在认知盲区,将自身角色固化为单向意识形态传导中介,弱化了思想政治教育本应具备的价值涵育与人生指导功能。

第三,教育范式呈现同质化倾向,侧重国家民族集体主义向度,与大学生具象化生存场域及主体性经验存在一定程度的疏离。大学生群体恰似植物叶片,其形态具有显著异质性,原生家庭结构、教育经历积累、个性心理特质及兴趣能力均存在差异。高频生活节奏与复合型社会环境易引发青年群体价值认知误区。因此,思想政治教育的实效性在于实施精准滴灌而非粗放式播撒,而现行思政课程多采用规模化大班授课,难以适配学习者认知特质与差异,教师难以实现差异化教学。由此导致教育者无法深度介入其日常情境中的个体生命经验,难以有效应对学生个体在社会化进程中的思想发展性困境。

针对现阶段思政课程教学存在的现实困境,社会主义核心价值观培育的实施路径可从三个维度进行探索。其一,尝试微观场域切入策略。课程内容体系应在保持宏观叙事框架的前提下实施模块化分解,采用微观案例切入方式实现教学要素的具象化呈现,通过细节叙事彰显价值引导效能。其二,建立精准化教学机制。思政课堂应构建师生情感共振场域,教师需转型为价值引导者而非知识管理者,通过将课程目标拆解至教学单元,实现认知内化替代机械记忆,扭转应试导向的评估范式。其三,实施主体性实践路径。大学阶段恰逢学生价值体系重构窗口期,教育者需将课堂转化为包含国家叙事、情感表达、人生思辨与心理疏导的多维交互场域,通过主体性参与促进价值观的自主建构。

三、社会主义核心价值观教育的微观叙事转型

社会主义核心价值观教育的实践进路,要求传统育人体系完成微观叙事范式的结构性转型。该转型涵盖三重维度重构:知识呈现的叙事逻辑革新、教育主体的职能重塑及学习者的认知范式转移,以此突破传统模式中存在的知识系统宏大叙事、教师知识权威、学生作为单向受体的固有传导格

局,转向以教学内容模块化分解、教师承担价值导航者、学生成为主体性建构者为特征的新型教育生态,从而达成价值内化与认知升华的双重教育目标。

第一,社会主义核心价值观教育方式从宏大叙事向微观叙事转换。"思想政治理论课是大学生思想政治教育的主渠道,要充分考虑学生的接受习惯,注重案例分析、互动交流,对准现实问题,着力解疑释惑,增强思想政治理论课的实际效果。"①因此,在课程改革层面可尝试实现宏大叙事向"具象化叙事"的范式重构,将核心价值观进行模块化分解后融入现有思政课程框架。采用生活化切口与具象化议题设置更契合大学生认知模式,有助于实现价值认同。在国际秩序重构加速、技术革命迭代深化、价值生态持续流变背景下,教育者需突破教材文本固化倾向,通过构建教材内容与社会语境的动态回应机制实现内容创新。应建立全周期备课机制,将专业场域延伸至日常个体实践,在即时性社会素材中提炼课程介入路径。以爱国主义教育为例,需突破传统模式中存在的泛意识形态化表述与目标虚化现象,实施目标具象化、内容场景化、方法情感化的三重转型,通过日常化叙事建立历史与现实的有效联结。需创新教学技术路径,运用对话式教学、情境化体验等多元方法实现认知重构。教育者应具备社会信息流的甄别与整合能力,既要成为信息突变时代的价值导航者,更要转化为青年亚文化谱系的解读者。通过教学实践使学生建构双重认知:国家叙事并非抽象符号系统,而是与个体生存发展形成利益共生关系;个人成就也非孤立事件,其本质是民族复兴进程中的协同演进机制。

第二,社会主义核心价值观传播需实现教育者从知识传播主体向价值引领主体的角色转型。教师应当完成由知识输出者、价值输出者向议题引导者与精神培育者的职能重塑。实证研究表明,获得学生高度认同的思政课教师普遍具备角色转换特质,其教学创新实践多体现微观叙事特征。因为思想政治教育的最高境界是"随风潜入夜,润物细无声";思想政治理论

---

① 刘云山.认真落实责任,积极改进创新,切实做好高校党的建设和思想政治工作[N].中国教育报,2015-03-29(01).

"既是知识体系,又是价值观念;既是一门学科,又是意识形态"①。思政理论兼具学科知识属性与意识形态功能双重特征。育人工作的终极指向在于价值信仰的建构,其效能体现在价值观的渗透机制中。基于情感认同的教育规律,高校思政教师需强化情感共鸣能力,以真诚关怀建立师生信任纽带。高校思政教师课堂魅力的生成机制源于对学生的价值尊重与共情式思维,通过换位思考实现育人效果。要使核心价值观内化为学生的精神坐标,教育者必须践行知行合一原则。"爱国者"才能培育出"爱国者","信仰培育者"必须具备坚定的价值立场,方能实现课堂的价值引领功能。若教育者将教学内容异化为机械传递的知识符号,缺乏深切的价值认同,必然削弱教育的说服效力。教师需在教学中弱化权威话语形态,自觉建构与学生同频共振的价值践行者身份。当教师能够立足时代语境阐释政策内涵,以家国情怀统摄教学内容,实现"居庙堂之高则忧其民"和"处江湖之远则忧其君"的双重价值表达,自然能够激发学生的情感共鸣与获得学生的价值认同。

第三,社会主义核心价值观教育需推动学习者从教育受体向建构主体转型。思政教育的关键目标在于培育学生形成"国家在场、社会关切、自我观照"的生活化认知方式,此三重认知维度对应核心价值观的宏观、中观与微观层面。社会主义核心价值观每个价值维度包含四项具体规范,大学生践行这十二项规范的过程,本质上是完成从独立个体到社会主体再到国家建设者的身份转型。可见,核心价值观培育与高等教育育人目标具有内在一致性。复旦投毒案当事人庭审陈述所揭示的价值失范现象表明,部分大学生存在主体性认知缺位问题。该案例折射出,在价值多元环境中,若个体缺失核心价值坐标,将导致行为选择的迷失。这促使教育者反思思政课程体系的覆盖广度与育人效能。破解此困境需重构学生身份定位:从知识接收终端转变为实践参与主体,从话语被动接受者转型为价值对话的平等主体。应构建参与式教学场域,通过"时政理论融合教学法"直面重大思想命题,设置"两会精神研讨""理论前沿追踪""时代精神与青年发展"等教学模块,提升学生现实问题分析能力。开展"核心价值观实践案例工作坊""青年话语场""价值思辨擂台"等创新活动,激活学生主体意识,实现价值内化目

---

① 刘川生.切实加强和改进高校思想政治理论课[N].光明日报,2015-02-14(03).

标。教育者应正视青年价值观形成的非线性特征,立足其生活经验与认知困惑,助力突破思想发展瓶颈,在关键成长期提供价值引导,最终培养具有家国情怀、社会适应力与自我完善能力的现代公民。

在高校意识形态工作中,培育社会主义核心价值观构成了思想政治教育体系的核心使命,也是思政课程话语体系改革的核心内容。为此,需针对现存教学内容抽象化、目标泛化及方法同质化的话语结构缺陷,实施以叙事范式创新、主体角色重构及受体定位调整为内容的三维转型,探索具象化教育路径,通过去虚向实、贴近认知、具象化实践导向,促进价值观念的内源性生成与行为转化。主流意识形态的建构需构建多层级话语体系,微观叙事作为一种教学策略创新手段,其本质是提升价值传导效能。聚焦具象化场景、主体性经验及生活化情境的教学策略,实质是对传统教育方法体系的优化补充。"一种价值观要真正发挥作用,必须融入社会生活,让人们在实践中感知它、领悟它。要注意把我们所提倡的与人们日常生活紧密联系起来,在落细、落小、落实上下功夫。"①教育者运用具象化叙事策略建立价值共鸣,并非弱化思想政治教育对国家现代化进程的宏观阐释,而是着力通过生活化素材与情境化教学资源,将民族复兴历程具象化为可感知的社会进步轨迹与个体成长轨迹。通过创新性诠释国家战略理念,实现社会主义核心价值观在大学生现实生活场域中的动态阐释,促进国家发展战略与学生日常经验的有机联结。B站青年创作谱写的"奋斗 Vlog",既是承载个体理想的微观叙事,也是编织中国梦的经纬线。高校青年宿舍夜谈中的文化自信思辨、国潮穿搭里的审美觉醒,这些带着生命热力的价值群落,终将在意义共享中聚变为民族精神的引力场。教育者要做的,不是简单的价值移植,而是构建让青年在"圈层化表达"与"共同体认同"间自由转换的意义轨道。当"敬业"准则被具象为实验室通宵显示调试数据的荧光屏,"友善"理念渗入外卖柜互助取餐的温暖留言,抽象价值便在与 Z 世代生活场景的碰撞中完成意义再生产。由此,高校社会主义核心价值观教育就真正完成从"知识相遇"到"价值相知"再到"精神相守"的主体性建构。

---

① 习近平.把培育和弘扬社会主义核心价值观作为凝魂聚气强基固本的基础工程[N].人民日报,2014-2-26(01).

第五章　高校思政课微观叙事教学的
实施路径

　　高校思政课话语体系中，宏大叙事是体，微观叙事是用；宏大叙事是高校思政课教学的根本目的和核心内容，微观叙事是教学的技术手段和实施方法。高校思政课叙事教学话语的"明体达用"，其实质就是用微观叙事建构宏大叙事。在这一构型下，微观叙事教学方法和教学策略的重要意义就凸显出来。因为如何实施微观叙事教学，是"用"的重要维度，而"用"的达成，关系到宏大叙事之"体"的实现。微观叙事教学在高校思政课中的意义和价值在于通过具体、鲜活、生动的个体化叙事，将宏大叙事的抽象理念转化为学生可感知、易理解的现实经验，从而增强思政课的吸引力和感染力。宏大叙事作为思政课的核心框架和价值目标，承载着对国家发展、民族复兴、社会主义核心价值观等重大主题的阐释，但如果仅停留在抽象层面，学生可能难以产生情感共鸣或深刻理解。微观叙事以个体故事、日常事件和多元案例为切入点，通过细腻的讲述和情境化的呈现，让学生从个体视角感受宏大叙事的时代意义和现实价值，达到以小见大的教学效果，实现思政课"明体达用"的教学路径。

第一节　用日常生活叙事阐释抽象理论

　　习近平总书记指出，教育引导和舆论宣传工作要"注意把我们所提倡的与人们日常生活紧密联系起来"，使之成为人们日常工作生活的基本遵循。① 高

---

　　① 习近平.习近平谈治国理政：第 1 卷[M].北京：外文出版社，2018：165.

校思政课微观叙事教学是通过具体的个体故事、生活事件和细节化案例,将抽象的价值观念融入具体情境,从而实现情理交融、润物无声的教育效果。它具有鲜明的真实性、生活性和情感性,能够打破传统思政课宏大叙事的过度抽象和学生实际生活的疏离感,使社会主义核心价值观等宏大理念落地生根,融入学生的日常生活体验之中。高校思政课的核心任务在于培养青年学生正确的世界观、人生观和价值观,而日常生活叙事作为微观叙事教学的重要方式,以其贴近学生实际、情感共鸣易于接受的特征,为思政课教学注入了鲜活的生命力。通过讲述学生身边的真实故事、挖掘生活中的时代精神和社会价值,高校思政课日常生活叙事能够激发学生对思政课程的兴趣,提升教育的亲和力和实效性。结合新媒体技术与交互式教学方法,以学生为主体参与叙事,不仅能够实现思政课"明体达用"的目标,还为教育内容与时代语境的融合提供了重要路径,可能是高校思政课教学话语改革的重要实践方向之一。

一、高校思政课日常生活叙事的定义和内涵

对于日常生活叙事的界定要先从日常生活的定义开始。日常生活的哲学定义,可以从当代西方马克思主义代表性成果中找到有价值的启示。虽然马克思哲学没有关于日常生活和非日常生活的概念对比,但是在《德意志意识形态》中,马克思和恩格斯所说的人自身的再生产、"生命的生产",也就是家庭关系被视为人类的基本关系,"每日都在重新生产自己生命的人们开始生产另外一些人,即繁殖"①。这里的人类自身的生产,就是非常接近于日常生活的概念。早在 20 世纪 60 年代,西方马克思主义哲学领域的学者就开始对日常生活进行专题研究,其中的代表人物之一是赫勒。赫勒延续了马克思主义的社会批判思路,从马克思主义的异化理论和人道主义出发,从日常生活的哲学探究入手,用微观政治哲学视角来探索社会的民主化和人道化途径。她在《日常生活》一书的开篇指出:"我们太习惯于将历史作为政治的历史。历史首要的是社会的和文化的;它是男人和女人日常

---

① 中共中央马克思恩格斯列宁斯大林著作编译局.马克思恩格斯选集:第 1 卷[M].2 版.北京:人民出版社,1995:80.

生活的历史。"①于是,她将日常生活定义为"那些同时使社会再生产成为可能的个体再生产要素的集合"②。赫勒的日常生活理论,是西方马克思主义对日常生活哲学的代表性研究成果,不仅成为我国当代马克思主义研究领域日常生活批判的基本理论框架,而且对于国内学界从文化哲学和微观政治哲学视阈开展现代性批判提供了诸多启示。

国内学者将日常生活定义为同个体生命的延续和个体生存直接相关的"旨在维持个体生存和再生的各种活动的总称"③,"是以个人的家庭、天然共同体等直接环境为基本寓所,旨在维持个体生存和再生产的日常消费活动、日常交往活动和日常观念活动的总称"④。意识形态的宏观阐释体系本质生成于生活化叙事的经验升华。微观叙事的主体性、具象性、周期性和内生性特质,具有将宏观层面的社会整合逻辑、政治经济发展导向与历史演进范式转化为可感知的生活化场景的认知功能。这种转化机制通过主体认知理解社会运行规律,在叙事实践中着重强化人物塑造的具象特质、情节结构的动态张力及价值传导的情感共振效应,避免宏大叙事对个体主体意识、独立思维和个性需要的压制与束缚。⑤

人类的日常生活分为日常消费活动、日常交往活动和日常观念活动三个基本层次。首先,日常消费活动显示出物质客体对人类主体的限定作用,体现了"主体-客体"关系,没有衣食住行、饮食男女的生命延续,就没有人类的繁衍和发展。"人们为了能够'创造历史',必须能够生活。但是为了生活,首先就需要吃喝住穿以及其他一些东西。因此第一个历史活动就是生

---

① [匈]阿格妮丝·赫勒,费伦茨·费赫尔.后现代政治状况[M].王海洋,译.哈尔滨:黑龙江大学出版社,2011:170.

② [匈]阿格妮丝·赫勒.日常生活[M].衣俊卿,译.哈尔滨:黑龙江大学出版社,2010:3.

③ 衣俊卿.现代化与日常生活批判:人自身现代化的文化透视[M].北京:人民出版社,2005:12-13.

④ 衣俊卿.现代化与日常生活批判:人自身现代化的文化透视[M].北京:人民出版社,2005:100.

⑤ 向绪伟,焦迻.高校思想政治工作日常叙事之本质[J].南昌师范学院学报,2017,38(4):68-72.

产满足这些需要的资料,即生产物质生活本身。"①物质生活资料的获取、占有和消费活动是人类生命肉体存在的基本前提,进而也是人类精神生活和理念世界的存在基石。其次,日常交往活动显示出主体之间的交流互动,体现出"主体-主体"的交互关系。随着社会生产力的提升,人类日常生活中用于个体生命延续和繁衍所必需的社会生产资料的时间和精力大幅降低。在满足了物质消费和肉体存在的基本条件之后,人类还需要以语言为媒介,以血缘、情感和社会关系为准则开展日常交往活动,以创造一种自由和平等的人际关系。再次,日常观念活动是一种非创造性、重复性的自在的思维活动,是在日常消费活动和日常交往活动基础上的人类日常生活的高阶形态。日常观念活动"最清楚地昭示了日常生活的一般的结构和活动图式"②。日常观念活动是人类日常生活中最接近世界观、人生观和价值观的层面,其自发的、自在的、重复的和原始的思维模式,是人类价值理念体系中最为基础和自然的层面,是历经长期的物质和精神规约之后一种潜意识的精神层面,也是检验个体价值观念最直观和最本质的标志之一。

人是自然的一部分,但人本身也具有复杂的自然属性。人本身的自然,也就是人的本性包括四个部分:人的物理自然,即自在的宇宙;人的生物自然,即肉体组织和本能的世界;人的文化自然,即日常生活的世界;人的社会自然,即机构与异化的世界。"文化更多地同既成的传统、习惯活动模式和图式、给定的行为规则和规范系统等相联。而这些因素主要以人们的日常生活为寓所。所以,这里谈论的人的文化世界主要指日常生活的世界。"③人类要通过叙事对日常生活实施有效介入,抵抗人的主体意识的部分。作为自然一部分的人类具有自然性、自主性和创造性,这些属性之间既互相支撑又互相冲突,在众多属性之中,人和动物的最本质的区别之一是人超越自然属性的自主性和创造性,而自主性和创造性又是建立在人的动物性基础之

---

① 中共中央马克思恩格斯列宁斯大林著作编译局. 马克思恩格斯选集:第 1 卷[M]. 2 版. 北京:人民出版社,1995:79.

② 衣俊卿. 现代化与日常生活批判:人自身现代化的文化透视[M]. 北京:人民出版社,2005:14-16.

③ 衣俊卿. 论人的自然——对人与自然关系的微观透视[J]. 哲学研究,1991(9):11-16,68.

上。换言之，人类日常生活的本质既有人类满足动物性的基本物质和肉体需要，还有人之所称为人的非动物性，也就是人的社会属性。就此而言，马克思主义对日常生活哲学的倚重，对人类日常生活的异化现象的深入剖析及其批判，实质上是通过日常生活的内涵来探究个体和社会的关系。这就是赫勒把日常生活定义为"个体的再生产"的肯綮之所在。

马克思主义认为，在学校中对年轻人实施思想政治教育，往往会与日常生活经验相脱离，所以学校的思想政治教育工作应在日常生活中展开。"年轻人应当在日常生活斗争中从成年人那里获得这种教育。"①列宁认为应该将社会主义思想政治教育与人们的生产生活融为一体，透过日常生活的再生产，形成社会主义的价值观念。"青年们只有把自己的训练、培养和教育中的每一步骤同无产者和劳动者不断进行的反对剥削者的旧社会的斗争联系起来，才能学习共产主义。"②思想政治教育的叙事教学本身就是实践性极强的教育领域，因为在叙事研究被引入思想政治教育领域之初，就以更加倾向于日常实践的方式实施教育活动。"有关日常生活的理解与诠释必须与日常生活的性别、情境、结构、实践特征相吻合，并透过现象，将研究对象的言语、感受、情感与行动揭示出来。"③实际上，将大学的思想政治教育活动与日常生活割裂的观念是不符合人类社会实践活动特征的，因为工作是个体再生产的必须活动，而日常生活就是个人再生产的基础，劳动和工作就是日常活动的一部分。④

借用学者对高校思想政治工作日常叙事的定义，⑤可以对高校思政课日常生活叙事教学进行内涵的界定。高校思政课日常生活叙事教学是在高校思政课堂这一特定场所的活动范围内，以人才培养的目标指向为动力，以受

---

① 中共中央马克思恩格斯列宁斯大林著作编译局. 马克思恩格斯全集：第16卷[M].北京：人民出版社，1965：655.

② 中共中央马克思恩格斯列宁斯大林著作编译局.列宁选集：第4卷[M].北京：人民出版社，1995：292.

③ 丁钢.教育叙事的理论探究[J].高等教育研究，2008(1)：32-37.

④ [匈]阿格妮丝·赫勒.日常生活[M].衣俊卿，译.哈尔滨：黑龙江大学出版社，2010：61.

⑤ 向绪伟，焦逢.高校思想政治工作日常叙事之本质[J].南昌师范学院学报，2017，38(4)：68-72.

教育者日常生活为中心进行文本构建、意义阐释和价值传递的叙事活动。换言之,高校思政课日常生活叙事教学活动是围绕高校思政课教学目标而在大学生的政治意识、社会诉求、文化认同中建构一种校园文化场域的角色关系,帮助大学生理性反思日常生活中的各种问题和挑战,在尊重学生个体差异的基础上激发受教育者的价值观念认同,运用隐性、内敛和生活的话语形式向大学生讲述社会主义宏大叙事和主流价值体系合法性的叙事行为。高校思政课日常生活叙事概念的具体维度包括叙事主体、叙事内容等方面。教学主体涵盖具有认知能动性的知识传播者与价值建构者,二者通过主体性叙事实践实现教育信息的双向流通。教师运用生活化叙事完成教育内容解码,学生通过经验性叙事实现价值内化,形成教育共同体的话语交互机制。叙事内容遵循马克思主义理论具象化原则,以民族集体记忆为经,个体社会化需求为纬,编织包含国家认同、人格发展及价值判断的认知范式。这些叙事单元通过生活化情境交互,将抽象理论转化为具象化实践,使学生在消费行为、人际交往等日常实践中完成认知与行为的融合,最终实现价值传导的无意识内化。

二、高校思政课日常生活叙事教学的特征与功能

习近平总书记指出,"高校思想政治工作关系高校培养什么样的人、如何培养人以及为谁培养人这个根本问题",做好高校思想政治工作要"因事而化、因时而进、因势而新",并"围绕学生、关照学生、服务学生"而实施。[①]高校思政课日常生活叙事教学的本质特征是服务于社会主义意识形态和培养时代新人的需要,开展日常生活叙事教学的时空范围、内容维度、话语方式等都必须服务于思想政治工作的总体目标。具体而言,高校思政课日常生活叙事教学的特征有以下几个方面。

第一,用日常生活的故事把握社会运作的宏大逻辑。因为日常生活叙事与个体的具体生活情境紧密相连,所以呈现出琐碎无序的特征。然而,正

①　习近平在全国高校思想政治工作会议上强调:把思想政治工作贯穿教育教学全过程　开创我国高等教育事业发展新局面[N].人民日报,2016-12-09(01).

如俄国形式主义叙事学提出的那样,故事的人物千变万化,故事的形态各异,但是故事的功能却有着形态学上的稳定性。普罗普把俄国神话故事都看作同一种类型,将其总结为七种叙事模型,而日常生活叙事和普罗普视野中的俄国神话故事具有相似之处。"在充满差异、矛盾和冲突的各种日常行为和活动的背后,存在着许多起支配作用的一般的、自在的活动图式或归类模式。"①"在形形色色的故事中读出普通人于日常生活所体验到的意义与价值,在日常表达和叙述中把握住一种处在溶解状态的、当下中国人的普遍感受和社会心理,这些正是社会学挖掘'中国故事'的题中之义,也让我们得以从整体上理解中国社会,继而发展出如'差序格局'一般的、能够把握当下中国社会运作逻辑与大众情感结构的本土概念。"②高校思政课教学中不同的日常生活叙事都有着相同的叙事结构,这种叙事结构的总体指向就是当代中国社会运作的宏大叙事逻辑。"从存在表面的任何一点,都可放下一支探针,直达心灵深处,结果就会发现,生活中一切平庸肤浅之事,都与有关生活意义和生活方式的最终决断紧密相关。"③简单而又实在的日常生活,是现代人理念建构的细微之处,是窥视现代人与世界、社会、技术关系的锁孔。"每个人的个体生活是由多种故事组成的,需要深入挖掘个人历史,因为每个人都有许多不同的生活故事。"④个人历史中的不同故事帮助个体整合复杂的生活经历,使其形成对自我和世界的整体理解。每个故事都是对某一生活片段的总结,当人们将这些片段编织成更大的叙事时,能够将零散的经验组织成一个具有意义的整体。

第二,以重复程式化的叙事展示信仰的力量。从现代性的视角观察,日常生活百无聊赖、千篇一律,是绵绵无绝期的程式化。起床、洗漱、泡茶或者咖啡、早餐、和熟人打招呼、疲惫的地铁通勤、扫码共享单车、app 下单外卖、

①　衣俊卿.现代化与日常生活批判:人自身现代化的文化透视[M].北京:人民出版社,2005:18.

②　刘子曦.故事与讲故事:叙事社会学何以可能——兼谈如何讲述中国故事[J].社会学研究,2018(2):164-188.

③　FRISBY D and FEATHERSTONE M. Simmel on Culture:Selected Writings[M].London:Sage Publications,1997:177.

④　丁钢.教育叙事研究的方法论[J].全球教育展望,2008(3):52-59.

网购、看日出日落、敲打键盘、浏览新闻网站、回复微信或钉钉、刷小红书或抖音、打印文档、做笔记、听课、下课铃响、撸猫、遛狗、睡觉前刷手机，如此等等，这些不计其数而又平凡琐碎的事情，构成了人们日常生活的主要内容。"日常生活所涉及的都是人为了维护其直接生存所必不可少的基本因素和基本条件，正因为这些因素或条件具有最为基本、原初、不可或缺的性质，它们也就较少变化，具有稳定性和不变性的特征，这构成了重复性思维与重复性实践的客观前提。"①没有什么比日复一日的日常生活更能消磨人的时光，也更没有比年复一年的日常生活更加清楚明澈。人们把日常生活过得如此程序化，以至于人们认为日常生活根本不值一提。"从日常时间的特征来看，日常生活领域是一个相对凝固、恒常的世界。日常时间同日常空间一样，是日常生活得以进行和展开的重要方式之一。一个人的日常时间即是他从生到死的自然流程，而群体的日常时间则表现为世世代代、生生死死循环往复的过程。同非日常活动的时间相比，日常时间具有在同一平面上均匀流逝和周而复始循环往复的特征。"②但是，日常生活累积了大部分共享的生活经验，这就意味着日常生活叙事是处于同一时空环境中的人们都要经历的相同的经历。"人们天生就是故事的叙说者，故事为人们的经历提供了一致性与连续性，并在我们与他人交流中扮演着主要的角色。"③日常生活的叙事的表达具有内在矛盾性，它的内容是平庸的，是普通的，但是蕴含着连续的重现，持续的重复，而这种重复和重现意味着对单调乏味的工作和异化人性进行的补偿。"它既是普普通通的，又是超凡脱俗的；既是自我显明的，又是云山雾罩的；既是众所周知的，又是无人知晓的；既是昭然若揭的，又是迷雾重重的。"④高校思政课的日常生活叙事旨在培养解决日常问题的思维，具有实用主义和经验主义的特征。日常生活思维充满着感觉，也充满着情

　　① 衣俊卿.现代化与日常生活批判：人自身现代化的文化透视［M］.北京：人民出版社，2005：37.

　　② 衣俊卿.现代化与日常生活批判：人自身现代化的文化透视［M］.北京：人民出版社，2005：21.

　　③ 马一波，钟华.叙事心理学［M］.上海：上海教育出版社，2006：28.

　　④ ［英］本·海默尔.日常生活与文化理论导论［M］.王志宏，译.北京：商务印书馆，2008：30.

感,还具有高度想象的特征。"在日常生活领域中,人们之所以可以凭借各种给定的图式或归类模式而成功地和理所当然地活动,重要原因之一在于,传统、习惯、风俗、常识、自发的和直接的经验在这里占据统治地位。"①日常生活思维是一种显而易见、不证自明的直觉思维,包含对这个世界的基本常识的理解,具有日常行为规范的知识和价值。所以,"正是在日常思维中,我们最先遇到信仰问题。""信仰在日常生活中所起的作用,比在其他任何地方都更大。"②信仰不仅是高深的哲学或宗教命题,它更是一种活生生的力量,渗透在每个人的日常生活中。日常生活叙事塑造了人们的思维方式、行为习惯和社会关系,提供了意义、方向和力量。信仰在日常生活中的作用远远大于其他场合,日常生活是信仰的具体表现场域,也是信仰转化为实际力量的根本所在。

第三,以对抗异化的叙事凸显个体能动性。现代社会,尤其是后工业化或者后现代社会,信息化、智能化促进了个体的日常生活呈现新的形态,资本运作进一步控制了个体的日常生活。在资本主义条件下,个体的日常生活被工作时间和工作性质占据。工人被迫为了生存付出大量的时间和精力,生活逐渐成为维持生产的工具,丧失了自主性和创造性。日常生活的价值观和意识形态往往被资本控制的媒介和文化产业塑造。人们在日常生活中追求个体成功与利益最大化,导致社会关系冷漠化。现代都市生活中,个人常常感到孤独,缺乏归属感和共同体意识,这种孤独感正是异化的表现。大众文化通过娱乐化和商品化掩盖了异化的实质,使个体难以意识到自己被支配的地位。资本的权力异化了个体日常生活,工作和生活的界限模糊,社交媒体使得人际关系虚化,消费主义和个体化趋势给更加公平和人性化的社会生活带来巨大挑战。马克思在《1844年经济学哲学手稿》中提出异化理论,包括劳动的异化、劳动产品的异化、人的自身的异化和人与他人的异化等多个维度,有学者指出马克思分析异化时,论及日常生活的异化。"马

---

① 衣俊卿.现代化与日常生活批判:人自身现代化的文化透视[M].北京:人民出版社,2005:29.

② [匈]阿格妮丝·赫勒.日常生活[M].衣俊卿,译.哈尔滨:黑龙江大学出版社,2010:198-199.

克思主义的异化理论是对阶级社会,对私有财产,对在劳动的分工中展开的日常生活的批判。"①高校思政课日常生活叙事教学,有助于师生通过叙事交流发现和反思个体日常生活中的异化情境,保持个体主观能动性和潜能的发挥。在日常生活叙事的交流中,师生可以明确体认到个人日常生活的异化现象,如消费主义导致的身份认同困惑、社交媒体塑造的人际关系冷漠、工作学习中的机械化倾向等。这种教学方法以学生熟悉的生活经验为切入点,将抽象的马克思主义异化理论转化为贴近生活的具体案例,激发学生的共鸣与深思。通过叙事交流,师生不仅能够识别异化情境对自主性和创造力的压抑,还能共同探讨应对异化的方法,从而强化个体的主观能动性,发掘潜能,追求更有意义和价值的生活,实现教育的思想性与实践性的统一。

　　探讨了高校思政课日常生活叙事教学的话语特点之后,来看这种叙事教学的功能和作用。首先,日常生活叙事具有认知功能。"不是意识决定生活,而是生活决定意识。"②叙事是人类认识世界的重要方式,叙事学研究领域已经"将叙述上升到人类认识与表达世界的基本方式的高度"③。叙事是记忆的重要工具。人类的记忆通常以故事的形式存储和提取,因为故事具有时间顺序、因果关系和情感要素,有助于记忆的加工和提取。当人们回忆一段经历时,会自觉或不自觉地将事件组织成故事。随着认知科学的不断进步,尤其是认知语言学、认知叙事学、认知文体学、认知诗学等分支学科的兴起,叙事能力逐渐被视为一种日常认知能力。人们在日常生活中的叙述行为本质上是一种认知活动。④ 个体叙事为认知重构提供多重视阈,多元生活经验的交互分享,使主体能够建立多维问题分析模型,这种认知弹性既催化创造性思维,又优化环境适应能力。

　　其次,日常生活叙事具有教育功能。对于高校思政课教学活动而言,教

---

① 　[匈]阿格妮丝·赫勒.日常生活[M].衣俊卿,译.哈尔滨:黑龙江大学出版社,2010:18.

② 　中共中央马克思恩格斯列宁斯大林著作编译局.马克思恩格斯文集:第1卷[M].北京:人民出版社,2009:525.

③ 　[美]阿瑟·丹图.叙述与认识[M].周建漳,译.上海:上海译文出版社,2007:12.

④ 　熊沐清.故事与认知——简论认知诗学的文学功用观[J].外国语文,2009(1):6-15.

师和学生的叙事行为不仅是一种认知过程,更是一种日常生活过程,教学过程中的师生交往是日常交往的重要形式。教学过程中的人际沟通,对教与学的行为效能都会产生重要的影响。"教师的生活状态影响着其教学的状态,同样,学生的生活状态也影响着其学习状态。"①可以说,日常生活的过程决定着教学的处境。陶行知说,"我们深信生活是教育的中心","我们深信教育应当培植生活力,使学生向上长"②。日常生活如此琐碎和平凡,之所以还能成为哲学研究领域和教育学的关注对象,吸引众多学者和教育者,是因为日常生活叙事包含的内容远比我们想象的要有意义。"即使是最为普通、不起眼的生活形态",也是对更为普遍的社会和文化秩序的表达。③ 日常生活叙事通过讲述真实而具体的生活经历,能激发思考、增强认知,并帮助人们理解复杂的社会现象,以情感共鸣和真实细节吸引受众,从而传递道德价值、社会规范和人生智慧。日常生活叙事通过分享他人经验,促进个体反思自身行为,提升社会适应能力,具有潜移默化的教育力量,能将抽象的理念转化为贴近生活的故事,使教育更具感染力和实际意义。

再次,日常生活叙事具有凝聚理念共识的功能。人类个体降生于具体的社会环境之中,就意味着被置于有限选择的文化共同体之中。个体需要漫长的成长时间来适应并塑造自己所在的文化共同体,而日常生活是塑造个体的文化共同体属性的重要渠道。"叙事具有将人的空间经验、时间经验、内部经验与外部经验结构化的功能。"④一个人是否属于共同体,属于哪一种共同体,这些文化属性必然表现于日常生活中,表现在日常生活的行为模式和伦理认同中。团体、集体和共同体概念的重要区别之一,是民族文化认同。人是通过具有某种价值观的整体的人参与共同体,虽然个体可以成为诸多团体的成员,但是只能成为某一种文化共同体的一员。在日常生活叙事中,个体的文化共同体意识时隐时现,个人自发地接受公认的价值体系,通过占有这些价值而使自身适应由共同体赋予他的角色和使命。

① 丁钢.教育经验的理论方式[J].教育研究,2003(2):22-27.

② 陶行知.陶行知文集:上[M].修订本.南京:江苏凤凰教育出版社,2008:202.

③ [英]戴维·英格利斯.文化与日常生活[M].张秋月,周雷亚,译.北京:中央编译出版社,2010:4.

④ 陈然兴.叙事与意识形态[M].北京:人民出版社,2013:129.

"在日常生活中,存在某些凝固于每一具体道德习惯领域之中的基本的和一般的规范,舍此则日常生活在事实上将不可能运行。"①用日常生活叙事的方式进行宏大叙事和主流价值观的教育,具有同时调动受教育者思想认同、理论认同和情感认同的先天优势。"以生活化言语符号解读文本、建构文本及阐述文本能够增进受述者对文本的认识与理解。"②"正义、平等、自由、民主、法治、权利等宏观政治理念只有在日常生活的微观层面上转化为内在的文化机理,才不会变成一种抽象的口号和普遍化的宏大叙事。"③通过日常生活叙事教学进程,宏观的政治理念和主流意识形态的传递就能最大限度地避免悬置化和空洞化的弊端,而通过个体日常生活经验的体认实现入脑入心。

三、高校思政课日常生活叙事教学的实施路径

高校思政课教学中,如果教学内容与学生的实际需求、社会现实脱节,就难以激发学生的学习兴趣和主动性,党的创新理论也就无法真正深入人心。④ 日常生活叙事在建构历史叙事、演绎宏大理论和回应热点社会问题三个方面具有重要的实践价值。在历史叙事建构中,日常生活叙事通过个体化的生活故事,将宏大历史事件融入具体情境,拉近学生与历史的时空距离;在宏大理论建构中,它以鲜活的日常细节承载抽象理论,让社会主义核心价值观等宏大叙事变得可感、可信、可学;在热点问题回应中,它通过当代生活的具体现象与历史逻辑的关联,为学生提供理解社会现实、回应价值困惑的实践路径,增强思政课的吸引力与思想深度。高校思政课日常生活叙事教学的实施路径也就和这三个维度紧密相关。

---

① 　[匈]阿格妮丝·赫勒.日常生活[M].衣俊卿,译.哈尔滨:黑龙江大学出版社,2010:83.

② 　向绪伟.论高校思想政治工作日常叙事的结构与实践[J].南昌师范学院学报,2022,43(1):77-82,122.

③ 　衣俊卿.论微观政治哲学的研究范式[J].中国社会科学,2006(6):23-28,202-203.

④ 　韩旭.高校要坚持思政课建设与党的创新理论武装同步推进[N].中国社会科学报,2025-01-15(01).

(一)由远及近,为历史过往加注生活注脚

习近平总书记强调:"要在学生中加强中国历史特别是中国近现代史、中国革命史、中国共产党史、中华人民共和国史、中国改革开放史等的教育,坚持不懈培育和弘扬社会主义核心价值观。"[1]历史事件、历史人物和历史逻辑不仅是理论生成的背景,更是理论生命力的来源。所以,高校思政课教材体系中,历史叙事占据相当大的比重。通过历史叙事,学生能够从实践中理解理论的真实内涵,从历史中汲取思想的力量,从具体的情感中获得价值认同。历史叙事的教学方法为学生提供了理论学习的实践坐标,也为新时代价值观的构建提供了文化和思想根基。首先,高校思政课教学内容依托重大历史事件构建理论体系。其次,思政课教学通过历史人物的实践经验,引导学生的思想观念与价值认同。再次,思政课教学通过历史逻辑深化理论认知。我们可以看到,"习近平新时代中国特色社会主义思想概论""马克思主义基本原理""毛泽东思想和中国特色社会主义理论体系概论""中国近现代史纲要""思想道德与法治"等必修课的教学内容核心之一是关于历史事件、历史人物和历史逻辑的历史叙事。

日常生活叙事在拉近历史事件、历史人物、历史逻辑的时间和空间距离方面具有独特的实践意义。"面对日常生活的繁琐、平庸或是烦闷,重新编排和诠释的叙事不仅是一种单纯的重写,更是以不同角度、更新立场看待问题、处理问题的方式方法。"[2]其一,日常生活叙事让事件具体化,让宏大历史贴近日常生活。日常生活叙事能将抽象或遥远的历史事件通过日常细节展现出来,使学生能以具体的生活场景感知历史的真实性和可触性。讲述抗战时期普通农民如何隐藏粮食、支援前线,将宏大的抗战故事转化为日常情境,学生更易感知民族危亡时普通人的选择与担当。其二,日常生活叙事让人物鲜活化,将伟人还原为普通人。通过日常生活的叙述,揭示历史人物的情感、行为和内心世界,学生感受到他们与普通人的共性,进而建立情感联系。描述毛泽东在长征路上与战士同吃野菜、同披破棉被的故事,不仅凸显

---

① 习近平.论教育[M].北京:中央文献出版社,2024:7-8.
② 李瑞奇.叙事疗法在大学生日常思想政治教育中的应用[J].高校辅导员,2014(1):30-33.

其领导魅力,更展现了他作为普通人的坚韧与情怀。其三,日常生活叙事让历史逻辑具象化,通过生活化场景理解历史规律。通过描述特定历史时期人们的日常选择和行为逻辑,日常生活叙事让学生在熟悉的情境中感悟历史发展的内在规律。用解放战争时期普通民众支持土改的生活场景,展现社会矛盾与解放战争胜利之间的内在逻辑,学生认识到历史变迁背后深刻的社会动力。其四,日常生活叙事让时空缩短化,构建历史与当代的对话。通过生活细节的对比,日常生活叙事连接过去与现在,使历史事件的影响延续到当代,让学生看到历史的延续性。将新中国成立初期农民从封建束缚中获得解放的日常生活,与当代农村脱贫攻坚中的生活场景进行对比,学生能直观感受到中国社会发展的历程与成果。日常生活叙事通过具体化、鲜活化、体验化、共鸣化和时空缩短化的作用,将宏大的历史叙事转化为鲜活的生活故事,使学生在细腻的生活场景中感受历史事件的真实、历史人物的生动和历史逻辑的必然。这种方式不仅拉近了历史的时间和空间距离,还提升了学生对思想理论体系的理解与认同。

当代中国的核心价值观和道路自信、理论自信、制度自信、文化自信,建立在对中国古代社会历史发展进程规律和近现代历史变迁脉络的梳理之上。"思政课教学应着力为历史与传统有的放矢地建立起合理的生活链接。"①社会主义核心价值观既继承了古代文明的智慧,又借鉴了近现代社会变迁的经验,形成了科学、合理、可持续的价值体系。这种体系既是对历史的尊重与总结,也是对未来的坚定与展望,为新时代中国特色社会主义事业提供了强大的精神动力和理论支撑。道路自信源于古代"治国理政"的传统智慧和近现代选择社会主义道路的历史实践,理论自信源于对马克思主义理论与中国历史文化、具体国情相结合的深刻认识,制度自信承继古代选贤任能的政治智慧,并结合近现代国家治理的探索经验,文化自信立足于中华优秀传统文化的深厚积淀,同时吸收和超越外来文化的有益成分。所以,对中国古代历史传统和文化发展脉络的梳理,对中国近现代历史的内在理路的深入理解和体认,是高校思政课教学的重要

---

① 杨红星,梁燕.生活化·生态化·叙事化:高校思想政治理论课教学探索的三个维度[J].河北师范大学学报(教育科学版),2017,19(1):86-90.

知识背景。

为了拉近历史事件、历史人物和历史逻辑与大学生的认知距离,高校思政课教师在叙事教学中可以通过深度挖掘历史的日常细节,运用场景模拟和角色扮演,借助现代数字技术等重建历史和现实的对话平台,拉近时空距离。首先,深度挖掘历史中的日常细节,构建"可感知"的教学内容。在讲述重大历史事件和人物时,选择与学生日常生活经验相关的具体细节,以小见大。具体而真实的细节让学生感受到历史人物和事件的现实感,拉近心理距离。讲解红军长征时,加入描述红军用野菜和皮带果腹的生活细节;在讲述抗美援朝时,引用普通士兵写给家人的信件,展现战争中的亲情与信念。或者让学生想象自己是抗战时期的中学生,写一封致未来的信,或设计一份"根据地的每日任务清单",代入革命根据地的生活。还可以结合问题驱动式教学,提问"如果你生活在长征时期,会如何应对艰苦环境?红军成功的关键是什么?"组织学生讨论,并通过历史细节给予启发。其次,运用场景模拟与角色扮演,让学生"走进历史",在体验中感悟历史逻辑和人物抉择,形成身临其境的深刻印象。情境教学或角色扮演,将学生带入历史场景,使其以参与者的身份体验历史的生活化场景。可以模拟长征中的一次分粮情景,分配战士、指挥官、医生等不同角色,让学生参与决策和讨论。再次,借助现代数字技术,重现历史中的日常生活。数字化技术能够极大增强历史场景的真实感和沉浸感,让学生更直观地感受历史事件与生活的交织。利用虚拟现实(VR)、增强现实(AR)和数字档案等技术,直观再现历史时期的生活场景和细节。在讲述井冈山斗争时,运用VR技术让学生"置身"井冈山革命根据地,体验红军战士的简陋居所、日常训练和生活。利用"百年情书"等互动环节,通过讲述普通人在历史事件中的经历,讲解文物、书信等个人化史料,使宏大叙事更加人性化。还可以适时播放影视资料或者纪录片,利用电影《建党伟业》、电视剧《觉醒年代》中关于新文化运动、五四运动、共产党成立等历史片段,或分享《红星照耀中国》中关于红军生活的描写,结合课堂分析其历史背景与细节。通过挖掘细节、情境模拟、技术支持、情感共鸣、历史对话等多种教学路径,日常生活叙事能够生动呈现历史事件、丰满历史人物形象、揭示历史逻辑本质,从而有效拉近与历史的时空距离,增强思政课的吸引力与教育实效性。

（二）由情入理，为宏大理论建立生活观照

叙事在塑造思想和传播价值中具有独特的渗透力量，特别是在通过日常生活叙事为宏大理论建立生活观照的过程中，叙事教学的实际效能就能有效凸显。马克思指出："理论只要说服人，就能掌握群众；而理论只要彻底，就能说服人。"①在高校思政课课堂教学实践中，如何将抽象、悬置和宏大的理论体系落地，是至关重要也是具有挑战性的工作。如何使大学生理解、接受并喜爱宏大的理论体系，提升理论的吸引力，"提升马克思主义的亲和力，这就需要以生活为叙事境遇，讲好马克思主义的故事，使马克思主义由'理论预设'转变为'生活世界'。"②宏大理论往往因其高度抽象和系统性而难以直观触及个体，但日常生活叙事能够通过具体、细腻的情节与真实可感的情感，将理论根植于生活经验中，为其提供鲜活的解读和人性化的表达。"作为一种人生价值观的体现，叙事具有广泛而独特的启迪作用。它让心理学与日常教育结合起来，使心理和社会历史、现实文化有机糅合。"③社会主义核心价值观通过劳动者的奋斗故事体现社会公平与共同富裕，爱国主义通过普通人的家国情怀呈现责任与担当。这种叙事方式不仅让宏大理论从生活中汲取意义，也让理论在日常观照中体现温度，从而实现思想教育的润物无声，增强其吸引力与感染力。

理论来源于生活并最终服务于生活。任何原理、哲理或思想体系，都根植于具体的社会实践和生活场景。"生活是理论的发源地和忠实注脚。无论是原理、哲理还是深邃的思想理论体系，都有其诞生和演绎的生活场景和具体化的生活形态。"④马克思主义的诞生便是对资本主义社会矛盾的深刻观察与总结，而中国特色社会主义理论体系则源于中国改革开放和社会主

---

① 中共中央马克思恩格斯列宁斯大林著作编译局.马克思恩格斯选集：第1卷［M］.2版.北京：人民出版社，1995：9-10.

② 王强，张宇娜.新时代马克思主义叙事的三重向度［J］.思想教育研究，2019（10）：38-43.

③ 李瑞奇.叙事疗法在大学生日常思想政治教育中的应用［J］.高校辅导员，2014（1）：30-33.

④ 杨红星，梁燕.生活化·生态化·叙事化：高校思想政治理论课教学探索的三个维度［J］.河北师范大学学报（教育科学版），2017，19（1）：86-90.

义现代化建设的实践探索。"在思政课建设中,高校要坚持理论性与实践性相统一的要求。将思政小课堂与社会大课堂紧密结合,引导学生感悟党的创新理论的实践伟力,坚定理想信念,增强对实现中华民族伟大复兴的信心。"①生活赋予理论以鲜活的素材,成为其演绎和深化的源泉。同时,理论又以指导实践为目标,不断在生活中检验其科学性与有效性。理论若脱离生活,便会失去生命力;而生活的复杂性、具体性,又要求理论通过具体化的表达贴近日常经验,从而实现普遍性的价值。这种辩证关系凸显了理论与生活的互动统一。在思想政治教育课程体系的学理建构中,强化现实场域观照与经验性要素的整合具有双重逻辑必然性:从认识论维度看,实践理性作为真理验证的根本尺度决定了理论阐释必须植根于现实经验;从价值论视角看,课程实效性的评估维度与价值维度指向学生的现实人生。

日常叙事与宏观理论之间展现了一种既对立又相依的复杂关系。一方面,前者体现为直观感受、个人体验及情感流露,采取演绎法,后者则基于理性分析、归纳逻辑和概念抽象,似乎形成鲜明对比。然而,这实则是深层的二律悖论。宏观理论需借由日常叙事的情感动人与情境化,使之接地气,转化为指导生活的实际准则。日常经验通过感性体验转化为理论的生动诠释,赋予抽象概念以生命力和感知度。理论虽以理性为核心,但要落地生根,必须经由日常生活的案例和情感色彩得以具象化,从中提取实例并用生活语言传达其价值。二者不是单纯对立,而是辩证共存,日常叙事让理论温暖且具象,理论则提升日常叙事的内涵与导向性,二者通过这种动态平衡,在生活中相互强化,宏观理论因此获得实践基础,日常叙事则升华其哲学深度,共同促进理解和共识的形成。高校思政课教师授课中可尝试从以下几个路径开展抽象理论的日常生活叙事话语转型。

首先,情感引入,通过日常故事唤起情感共鸣。高校思政课可以通过日常生活中具有普遍意义的故事引发学生情感共鸣,进而为宏大理论的学习奠定情感基础。在讲解个体和集体的辩证关系时,可以引用疫情期间普通人自发参与防疫的真实故事,如快递员、志愿者和医护人员的默默付出。这

---

① 韩旭.高校要坚持思政课建设与党的创新理论武装同步推进[N].中国社会科学报,2025-01-15(01).

些故事贴近日常生活,体现了个人与国家命运相连的现实。引导学生从情感体验出发,思考个体在国家面临危机时的责任和担当,让学生从感性走向理性。在这一过程中,学生不仅理解了爱国主义的理论内涵,还体会到其与个人生活的密切联系,实现了"由情入理"的转化。

其次,实践关联,采用情境化教学策略,通过具象案例缩短认知距离。理论联系实际情境能有效增强学生对抽象概念的理解力。以马克思主义生产力与生产关系原理为例,可选取外卖员等配送从业者的劳动过程作为分析对象,剖析数字平台算法如何重构劳动强度与权益分配格局。这种教学路径既阐释了技术革新引发的劳资关系动态演变,又揭示了资本增殖机制的内在矛盾。案例教学法不仅实现理论具象化,更凸显其现实解释力,通过解构生活现象中的生产关系异化,使理论突破文本框架,转化为分析社会现实的认知工具,从而深化其对现实问题的阐释效能,提升理论认同度。

再次,价值升华,通过总结日常经验提炼理论内核,提升思想认同。高校思政课还可以通过学生的日常生活经历,引导他们总结其中的经验和价值,从而提炼出宏大理论的核心理念。在讲授"共同富裕"时,可以让学生观察家庭、社区中对共享资源的分配与管理,讨论学校奖学金、助学金制度如何体现公平与效率的平衡,用具体鲜活的生活经验为共同富裕的理论内核提供支撑。通过这些讨论,教师将共同富裕的内涵从国家层面下沉到学生身边的实践中,帮助学生认识到共同富裕并非一个遥远的国家目标,而是每个人都能参与的生活实践。这种教学方式通过总结具体生活场景,提炼出理论的普适价值,使理论具有生活映射,提升学生对思想理论的深度认同。

(三)由外而内,为热点问题链接生存体验

当下的社会热点问题与日常生活叙事共同反映了学生对现实生活的关注和情感体验,是思想政治教育与生活实践联结的重要纽带。"问题是时代的声音,回答并指导解决问题是理论的根本任务。习近平新时代中国特色社会主义思想是在准确发现中国问题、深入分析中国问题、着力解决中国问题的基础上创立和发展起来的,体现了强烈的中国问题意识。"[①]社会热点问

---

① 姚宏志.回答并指导解决问题是理论的根本任务[N].中国社会科学报,2025-01-21(01).

题通常源于日常生活中广泛存在的现象或事件,例如就业压力、数字经济发展、人工智能的影响等,这些问题直接或间接地影响着学生的生活体验和价值认知。日常生活叙事能够通过细腻的情感和真实的场景,将抽象的热点问题转化为具体的故事和情境,从而帮助学生更直观地理解这些问题的内涵及其社会意义。高校思政课教学需要紧密结合学生的实际生活,将社会热点问题转化为生活化的叙事内容,通过讲述贴近学生生活的真实案例或情境,激发学生的情感共鸣,引导他们从热点问题中思考更深层次的社会关系和理论逻辑。通过这种方式,社会热点问题不再是遥远的、抽象的议题,而是嵌入学生日常体验的生动内容。

社会热点因其时效性显著且关注度高,能有效激发学生的认知兴趣与思辨动力,强化思政教育的现实回应能力,故将其纳入日常化教学体系具有方法论价值。这类议题通常折射大众生存境遇,蕴含集体情绪,并映射社会心态的变迁轨迹。"生活热点问题往往与大众生活密切相关,牵动神经,关联情感,同时也是社会舆情和生活情态的风向标。"①作为时代矛盾的集中表征,热点事件与学生价值观塑造形成互动场域,为课程供给具有现实张力的教学资源。以"共同富裕"议题为例,解析乡村产业振兴与农产品电商发展实例,可直观呈现宏观政策与微观生活的深层关联机制。此举既培育了学生的家国视野,又促使其审视个体在现代化进程中的主体定位。热点议题的持续演变特征推动教学素材的动态更新,助力思政教育突破程式化教学框架,实现与时代脉搏同频共振。将热点转化为生活化教学叙事,借助案例分解与情境模拟,促进学生在具象认知中掌握理论内核,深化价值共识。

时政热点问题往往涉及社会发展的核心矛盾和人民群众的切身利益,与大学生的现实生活和情感体验高度相关,所以社会热点问题具有由内而外链接社会和个人价值认同的心理效应。在高校思政课中,热点问题可以作为桥梁,将抽象的宏大叙事与学生的个体体验紧密结合,通过情感共鸣和现实映照,激发他们对社会价值的内在认同。在讲解"全面依法治国"时,通

---

① 杨红星,梁燕.生活化·生态化·叙事化:高校思想政治理论课教学探索的三个维度[J].河北师范大学学报(教育科学版),2017,19(1):86-90.

过热点案例如明星偷逃税款或网络主播违反直播规范的法律事件,学生不仅能感受到法治对社会秩序的重要性,还能从中反思自身行为与社会规范的关系。这种教育方式通过热点问题的现实性与贴近性,引导学生从感性层面体验国家治理的意义,再逐步过渡到对理论逻辑的理解和认同,从而实现外在的宏大叙事通过热点问题得以具体化、生活化,内在的价值认同则通过个体与社会的共鸣逐步形成。这种由内而外、内外联动的链接过程不仅提升了思政理论课的吸引力,也让学生更加深刻地认识到自己的成长与国家命运息息相关,激发其社会责任感和历史使命感。

第二节　用个体叙事建构意义共生网络

如果说日常生活叙事是高校思政课微观叙事教学内容的革新,那么个体叙事既有叙事内容的转型,又有叙事主体的更新。个体叙事既包括叙事内容的个体性,也包括叙事主体的个人化,换言之,叙事内容从宏大的、集体的、国家的叙事内容转变为个人的叙事,叙事主体从国家、集体和组织层面转化为教师个人和学生个体。在高校思政课教学改革的背景下,个体叙事作为一种新的叙事方式,正逐渐成为连接宏观理论与微观实践的重要桥梁。传统思政课教学往往以宏大的、集体的、国家的叙事为主导,强调普遍性和统一性,而个体叙事则通过聚焦个人生活、经历和情感,实现了叙事内容的转型和叙事主体的更新。个体叙事不仅将叙事内容从集体层面转向个体层面,赋予学生和教师更多的表达空间,还将叙事主体从国家、集体和组织转化为教师个人和学生个体,凸显了个体在叙事中的主体性和参与性。这种叙事方式通过讲述个人故事,使思政教育更加贴近学生的实际生活,促进学生对理论知识的深度理解和内化。个体叙事并非对集体叙事的否定,而是通过个体的视角和体验,进一步巩固和丰富集体叙事的内涵,使思政课教学在个体与集体的互动中实现更有效的价值传递和思想引领。在此,拟探讨个体叙事在高校思政课中的独特价值及其对集体叙事的补充与深化,以期为思政课教学改革提供新的思路和实践路径。

一、个体叙事的内涵和思政教育功能

马克思认为世界历史的主体是人类本身,而不是大自然或者绝对精神,从而实现了世界历史"主体"从"大自然的隐蔽计划"和绝对精神到"现实的人"的"颠倒"和回归。① 同理,如果高校思政课教学体系的主体将国家话语、主流价值观和宏大叙事悬置于教师和学生的主体之上,宏大叙事因缺乏现实主体的切实体认,就迷失了"明体达用、体用贯通"的思政话语实践路径。就此而言,高校思政课的个体叙事教学是指在课堂授课进程中,认可、还原并凸显教师个体和学生个体的主体性叙事方式。其内涵体现在两个方面:其一,叙事内容的个体性,即从传统的宏大、集体、国家层面的叙事转向个人生活、经历和体验的微观叙事,强调个体的独特性和主观能动性;其二,叙事主体的个人化,即叙事主体从国家、集体和组织等宏观层面转变为教师个人和学生个体,突出个体在叙事中的主体地位和参与性。"故事创造一种世界观,一种人生价值。这既是个体叙事的魅力所在,也是应用于思想教育中的价值所在。"②个体叙事通过聚焦个人故事和个体视角,增强了叙事的亲和力和感染力,使思政教育更加贴近学生实际生活,促进学生对理论知识的理解和内化,从而实现思政课教学的有效性和针对性。

把个体叙事作为高校思政课叙事教学的重要路径之一,并非要将思政课话语体系的集体主义、宏大叙事解构为个体的、边缘的和碎片化叙事,而是因为就高校思政课课堂教学实践的时空范围而言,社会主义主流价值观和宏大叙事的集体话语形态最终是通过授课教师的个体话语、通过大学生个体的主观接受实现价值传递的。第一,高校思政课宏大叙事话语是通过教师的个人话语传递的。在高校思政课的教学过程中,宏大叙事话语,即关于国家、集体和社会的广阔历史、文化和价值观的叙述,并非直接以抽象、宏观的形式通过教材文本呈现给学生,而是主要通过教师个人的话语体系进

① 吴宏政.21世纪马克思主义世界历史观的叙事主题[J].中国社会科学,2021(5):4-25,204.

② 李瑞奇.叙事疗法在大学生日常思想政治教育中的应用[J].高校辅导员,2014(1):30-33.

行转化和传递。教师作为知识传授和价值引领的主体,其个人经历、观念、情感和表达方式直接影响着教学内容的传达效果。教师将个人理解、体验和情感融入宏大叙事中,能使这些叙事更加贴近学生的生活实际和认知水平。这一过程不仅要求教师具备深厚的专业知识和教学技能,还要求教师能够巧妙地将个人话语与宏大叙事相结合,实现社会主义核心价值观的有效传递。因此,教师在思政课教学中的个人话语不仅是知识传递的媒介,更是价值引领和情感共鸣的重要工具。

第二,高校思政教育需借助学生主体的阐释实践完成价值转化。思政教学本质是学习者对宏观话语体系进行意义解码与重构的过程。借助个体叙事策略,学生将抽象理论与其生活经验对接,实现理论体系的主体建构。人类如何建立自身的存在意义问题,"既不能到大自然中寻找,也不能从'理性'中寻找,只能在感性的'现实的人'的实践中寻找"①。这种阐释过程推动价值理念向行为范式的转化,使教育内容既具认知深度又具实践向度。当学生通过叙事重构将宏观话语具象为可操作的行为准则时,思政教育便突破了文本阐释层面,转化为指导现实选择的行动框架。因此,教学改革应着力构建个体叙事空间,促使学生在主动阐释中完成对宏观价值的解构与再编码,最终实现价值传递与实践转化的双重目标。

第三,思政课教师和大学生的个体叙事是当代中国主流价值观体系和宏大叙事的微观展示。社会结构的权力关系会在无意识中塑造个体的行为和命运,社会秩序和权力关系通过微观叙事的通道渗透到每一个人日常生活的方方面面中。个体的经历并非孤立的,而是社会结构的产物,个体的喜怒哀乐,反映了社会整体的权力样态。不同地区的社会发展水平是否均衡,不同职业人群的经济收入水平是否平等,不同地区和人群的教育资源是否公平,不同性别和学历水平人群的工作机会是否均衡等,最终都会在个体生活中以具象化的形式表现出来,影响师生个体对"平等"价值观念的体认。法国社会学家布尔迪厄认为,社会学应深入到个体生活中,以鲜活的故事和具体的境遇还原社会问题的复杂性,这是他"反思性社会学"的

---

① 　吴宏政.21世纪马克思主义世界历史观的叙事主题[J].中国社会科学,2021(5):4-25,204.

重要方法论之一。他通过普通人的声音,打破精英视角对社会问题的垄断,赋予沉默的大多数以发言权。在《世界的苦难》一书中,布尔迪厄试图通过个体化的叙事来展现社会结构对人们日常生活的深刻影响,揭示宏观社会问题在微观层面上的具体表现。他通过田野调查和访谈记录了来自法国不同社会阶层和领域的普通个体的苦难生活故事。如:一位全职家庭主妇的故事展示了她如何因为婚姻制度和性别观念的束缚而无法追求个人发展;一位学生家长描述了自己的孩子在学校被贴上"难以教导"的标签,因为家庭缺乏经济和文化资本,孩子无法像中产阶级的同龄人一样获得优质教育。还有,法国乡村农民在工业化和城市化进程中的生存困境;法国移民工人通常从事低薪、危险的体力劳动,居住在拥挤不堪的贫民区,同时饱受种族歧视和社会排斥等。这样的故事展现了不同群体如何在社会不平等、经济压迫和文化歧视中挣扎生存。他指出:"在小社会里(办公室、车间、小企业、邻居和大家庭)可以直接感受到的社会互动甚至会支配或者至少改变人们在大社会里对于自身地位的体验。"①布尔迪厄通过普通个体的生活故事,将宏大的社会学理论融入微观的日常现实,以具体而真实的故事揭示了社会问题的复杂性和紧迫性。同样,在高校思政课堂里,更可以直接感受到的社会互动也会不同程度上支配或者改变大学生对个体自身在社会中的地位的体验。教师要善于发掘这样的故事,并善于倾听这样的故事。

第四,从文化哲学角度而言,个体叙事是思政教育领域对抗后工业时代人的异化和现代性生存困境的有效手段。在现代性的语境中,人面临着被物化的风险,人的价值被物质所衡量,人际关系被物化所侵蚀,导致人的精神空虚和生存意义的丧失。"我们的一切发现和进步,似乎结果是使物质力量成为有智慧的生命,而人的生命则化为愚钝的物质力量。"②现代性"将我们所有的人都倒进了一个不断崩溃与更新、斗争与冲突、模棱两可与痛苦的

---

① [法]皮埃尔·布尔迪厄.世界的苦难:布尔迪厄的社会调查[M].张祖建,译.北京:中国人民大学出版社,2024:5.

② 中共中央马克思恩格斯列宁斯大林著作编译局.马克思恩格斯选集:第1卷[M].2版.北京:人民出版社,1995:775.

大漩涡"①。而个体叙事作为一种人文关怀的方式，能够唤醒人的主体性和内在价值，帮助个体找回自我意识和存在意义。个体叙事通过讲述个体的生活经历、成长故事和内心世界，将抽象的思政理论和价值观与个体的日常生活相结合，使个体能够从经验中找到共鸣和启发。这种叙事方式有助于个体重新审视自己的生活和价值观，反思现代性带来的困境和挑战，从而实现自我救赎和自我超越。同时，现代社会会导致人际关系的物化、异化和原子化。"人的关系转化为物的社会关系；人的能力转化为物的能力。"②人被物化之后，物成为衡量人的价值的根本标准，"人们只须默默地彼此当作那些可以让渡的物的私有者，从而彼此当作独立的人相对立就行了"③。物欲崇拜与感官沉溺诱发当代社会的价值解构困境。叙事交互机制在此背景下具有独特的关系调适功能，通过主体间生存经验的共享，培育共情认知与包容性思维，消解人际互动的异化状态。当个体在叙事场域中解码他者生命历程时，能够突破原子化生存的认知局限，重构社会联结的情感基础。这种主体间性对话有效应对了现代性衍生的存在焦虑，在社群认同层面形成价值支撑。个体叙事策略在价值教育中呈现双重向度，既实现个体存在意义的主体性确证，又构建集体价值共识的生成路径。通过将抽象价值观嵌入个体日常叙事逻辑，思政教育完成从理念渗透到行为规约的转化，推动现代人在意义重构过程中实现主体性发展。

第五，个体叙事有针对性地弥补了高校思政课主体性危机和话语本真性的流失。个体叙事在高校思政课中针对主体性生存危机和本真性丧失的困境，发挥着至关重要的正向修复作用。现代性背景下，教育者和受教育者之间的关系往往被简化为主客体二元对立的控制性关系，教育者可能将思政教育降格为谋生的手段，而受教育者则被视为缺乏主体性和自由意志的"他者"。个体叙事作为一种教学方法和路径，能够有效地弥补这种主体性

---

①　[美]马歇尔·伯曼.一切坚固的东西都烟消云散了[M].周宪,张辑,译.北京:商务印书馆,2003:15.

②　中共中央马克思恩格斯列宁斯大林著作编译局.马克思恩格斯全集:第46卷:上册[M].北京:人民出版社,1979:103-104.

③　中共中央马克思恩格斯列宁斯大林著作编译局.马克思恩格斯选集:第2卷[M].2版.北京:人民出版社,1995:144-145.

危机和本真性的丧失。通过讲述和分享个体的生活经历、成长故事和内心世界,个体叙事重新确立了教育者和受教育者的主体地位,恢复他们的本真性。教育者通过个体叙事,可以展现出自己作为个体的独特性和价值,而不仅仅是国家意识形态的宣传工具或传声筒。同时,高校思政课教师通过个体叙事,能够表达自己的思想、情感和需求,重新找回自我意识和存在意义。其一,激活主体自觉。叙事实践促使师生双方在生命经验分享中实现价值重估,完成主体性建构。其二,培育情感共鸣。叙事交互机制在主体间生成共情认知,深化教学关系的认知互信基础。其三,构建对话场域。叙事模式消解传统教育的主从关系,形成平等协作的师生互动范式。其四,催化反思机制。叙事过程驱动参与者对既有价值体系进行反思和审视,形成自我更新的内驱力。其五,释放创新势能。叙事场域为差异化表达提供载体,激发教学主体的创造性实践能力。叙事教育范式通过上述机制重塑师生关系结构,使价值传递突破单向灌输模式,转化为具象化的认知实践过程。

二、高校思政课个体叙事教学的原则

我们可以将高校思政课的个体叙事教学过程描述为:思政课教师从思政课教学内容和教学目标出发,将显性、宏大、抽象的思政价值理念演绎为隐性、微观、具体的个体叙事,在教学过程的设计中将教师个体的生活经历、日常体验和个体感悟引入价值传授进程,打破教师和学生的身份圈层,引导和鼓励学生分享个体生活经验和个人感悟,建构课堂全员参与的叙事场景,在开放的环境中实现价值引导。"作为一种人生价值观的体现,叙事具有广泛而独特的启迪作用。它让心理学与日常教育结合起来,使心理和社会历史、现实文化有机糅合。"①从叙事主体而言,高校思政课教学实践中的个体叙事包括教师和学生两个维度,而教师维度又包括教师个体叙事的择取和学生叙事的设计和引导策略两个方面。

首先来看作为教学主导者和内容组织者的教师个体叙事。高校思政课

---

① 李瑞奇.叙事疗法在大学生日常思想政治教育中的应用[J].高校辅导员,2014(1):30-33.

教学在传统教学模式下,教师常以权威角色呈现客观理论,而忽略了个体经验对教学效能的潜在影响,教师个人叙事和课堂个体叙事的重要性并未引起足够的重视。实际上,教师的成长历程、社会经历等个人故事,天然具有情感共鸣与价值引领的双重属性。在思政课中,教师不仅是知识的传授者,更是价值观的示范者。教师个人叙事指教师在课堂教学中有意识地融入自身生活经历、价值体悟等个体化经验,以具象化方式传递抽象理论。鉴于此,高校思政课教师的个体叙事需要遵循以下组织原则。

第一,关联性原则,即教师的叙事内容与教学主题的深度关联。高校思政课教师的个体叙事需严格遵循关联性原则,确保叙事内容与教学主题深度嵌合。教师应基于课程目标筛选叙事素材,如以脱贫攻坚经历诠释"人民至上"理念,借家族红色记忆具象"家国情怀",通过精准的"同理心介入"将抽象理论转化为可感经验。叙事须始终服务于教学目标,避免无关轶事的冗余铺陈,聚焦于通过个人故事搭建理论认知与价值认同的桥梁,使叙事成为激活课堂、深化理解的催化剂,而非分散注意力的"脱缰野马",从而真正实现"叙事为舟,载道以渡"的教学实效。

第二,真实性原则,即教师个人叙事是基于教师自身的真实经历和感悟,以此引起学生的共鸣和认同。高校思政课教师的个体叙事需恪守真实性原则,以自身认知为根基,依托教师的真实经历建构"经验可信性"。非虚构叙事通过"自我表露"激活学生的情感共鸣机制,形成师生间的心理契约,以非虚构叙事的"真实在场"为内核,通过教师亲身经历的细节铺陈构建可信的叙事。教育叙事学强调真实情境下的"叙事具象",因为真实具象能触发认知重构,真实故事中具象化的场景、可溯源的细节与可感的情感逻辑,能够消解理论输出的悬浮感,促进价值观的经验传递,在课堂场域中形成情感共振。"由理至情的过程,是叙事中个体与问题相互作用的效果,也是经历'由薄到厚'的自我审思后,人的问题变得更加清晰和客观,在完成由外而内的自我接纳中,不断的感悟着人生的过程。"[①]非虚构叙事强调事实的严谨性与叙事的温度感,教师以"目击者"身份还原事件原貌,通过克制而精准的

① 李瑞奇.叙事疗法在大学生日常思想政治教育中的应用[J].高校辅导员,2014(1):30-33.

讲述避免价值说教的生硬,使学生在具象化的生命经验中自然抵达对理论的认同。这种非虚构叙事既没有文学加工,亦非理论的概念平移,而是以"人的尺度"重构意识形态话语,让马克思主义基本原理在师生共筑的叙事时空中获得血肉丰满的阐释。在高校思政课意识形态叙事框架中,真实故事携带的情感可以消解理论疏离感,通过情感认同实现核心价值观和马克思主义理论的生活化转译,最终破除师生圈层,在交往互动过程中完成价值共识的再生产。

第三,引导性原则,即教师个人叙事并非仅限于教师讲述吸引人的故事,而是以引导学生思考问题为目标,激发学生的思考和讨论,促进学生的主动学习。教师以"问题导向"主导教学过程,通过叙事聚焦认知冲突点,将故事转化为思想启蒙的触点。教师需在叙事中预设"隐形的提问者角色",借助情节的留白、价值观的张力或事件的未完成性,构建课堂的对话场域。例如,讲述基层调研中目睹的城乡发展差异时,可通过细节呈现矛盾而非结论输出,以"剥洋葱式"的叙事策略引导学生自主追问公平与效率的辩证关系。这种叙事设计本质上是一种建构主义教学观的实践,教师作为"认知脚手架"的搭建者,通过故事中嵌入伦理困境、价值选择等认知节点,触发学生的元认知活动,使其在情感共鸣基础上进入批判性思考的深层通道。最终,叙事不再停留于单向度的经验传递,而是成为点燃思辨火种的引信,推动学生在"叙事-讨论-重构"的循环中完成对理论内核的自主解码,实现从被动接收者向主动探索者的身份转变。

第四,适度性原则,即思政课教师个体叙事要特别留意叙事策略的规范化把控。一方面,避免为迎合趣味性而引入无关轶事,确保叙事服务于教学目标;另一方面,控制叙事时长与频次,防止课堂沦为个人经历的展演场。教师需在叙事中嵌入"认知锚点",通过精练的叙事时长与频次,确保学生的注意力资源分配符合认知负荷理论的最优阈值,避免冗余信息稀释教学目标的聚焦度。例如,在解析"法治精神"时,教师可简短分享曾遭遇的维权案例,重点落脚于法律程序的实际应用,而非过度渲染事件细节。通过精准调度,教师个人叙事方能成为理论阐释的催化剂。需要注意的是,叙事时长与情感卷入程度呈倒 U 形曲线关系,因为过度延展的叙事容易触发情感钝化效应和共情疲劳,而克制的叙事留白则能激活认知的"未完成张力",驱动学生自主补全理论逻辑。例如,讲述维权案例时仅呈现"立案受阻—法律条文介入—程序正义实现"的关键节点,可激发学生对"法治何以可信"的追问,而非沉溺于事件本身的情感漩涡。尤其需要注意的是,思政课作为国家意志的传导载体,需警惕个体经验对集体叙事的解构风险。教师通过控制叙事的适配度,在个体鲜活性与政治规范性间建立动态平衡,既避免"泛娱乐化"消解课堂严肃性,又防止"过度提纯"导致叙事失去鲜活性,如此才能达成高校思政课知识传递、情感共鸣与价值引领三位一体的目标。

其次来看学生个体叙事教学的设计原则。学生个体叙事教学以其独特的情感渗透力和价值塑造力,为高校思政课教学提供了创新路径。这一教学模式需聚焦叙事方法论内核,兼顾学生主体性与课程的意识形态属性。在具体实践中,应遵循主体性、情境适配、价值锚定与安全阈值四大原则,从赋予学生叙事自主权,到动态融合教学目标,再到价值引导和心理安全保障,以个体叙事为起点实现思想升华和理论建构,为宏大叙事注入生活温度与现实内涵。

第一,主体性原则,即以学生为叙事建构核心。在学生个体叙事教学环节中,学生作为叙事建构的核心,教师要通过赋予叙事自主权激发其内在动机和参与热情。"在日常生活中,叙事总是和反思或者省视有着内在的关系,这种反思是一种自律性的有为,它使个体在叙事中能够发现人生的价值,创造一种新的更为正向、更加常态、更人性化的世界观。"[①]在个体自主叙事中,学生基于真实生活经历的表达有助于促发深层次的自我反思和价值观重塑,这种叙事体验能够让学生在情感与认知中完成理论的个人化阐释。与此同时,这一原则也有效避免了传统课堂中过度依赖教师权威的单向输入模式,使学生在自由探索中深化对社会现实与制度价值的理解,培养其独立思考与社会责任意识。教学设计时,高校思政课教师要摒弃"教师主导-学生表演"的模式,赋予学生充分的叙事自主权。通过"议题开放式框架"设计,鼓励学生基于真实生活提炼叙事素材。教师需退居"倾听者"与"催化者"角色,运用苏格拉底式提问引导叙事走向纵深,如"这件事如何影响你的

---

① 李瑞奇.叙事疗法在大学生日常思想政治教育中的应用[J].高校辅导员,2014(1):30-33.

价值观?""若重新选择会如何行动?"等,促使学生在自我言说中完成对经验的反思与重构。

第二,情境适配原则,即叙事与教学时空的动态融合。思政课教师注重叙事内容与教学目标的动态适配,通过贴合课程主题的叙事设计,增强理论知识与生活实践的联结。将叙事主题融入学生熟悉的生活场景,有助于降低认知障碍,提升理论学习的情境代入感。这种方法不仅能引发学生对社会问题的关注和思考,还能通过具体情境的再现促使学生将个体行为置于宏观社会结构中反思,逐步形成从个人到社会的内外联结通道,增强教学的现实穿透力和历史纵深感。叙事主题需紧扣课程阶段目标,形成"理论导入—叙事呈现—思辨回归"的认知路径。例如,在讲授"社会主义核心价值观"前,可布置"我亲历的诚信故事"任务;在"法治专题"中嵌入"身边的法律冲突案例"分享。同时,借助短视频、互动弹幕等新媒体工具拓展叙事场域,使线上线下的叙事碎片在课堂中聚合为教学内容和教学目标,增强叙事的时空穿透力。

第三,价值锚定原则,即从经验叙事到意义升华的定向引导。思政课教师鼓励学生从经验叙事中提炼意义,通过对叙事内容的深入分析,引导学生发现其中蕴含的价值冲突与理论逻辑。通过提炼个人经历中的普遍性问题,学生能够从具体情境出发,超越感性层面,进入理性思辨。这样的过程让叙事活动不止于情感交流,而是逐渐形成对社会规则、伦理规范及价值体系的认同,从而实现从生活经验到理论认知的升华,最终在集体交流中构建公共价值的共识,落实宏大叙事的教育目标。思政课教师要避免叙事陷入"为讲故事而讲故事"的误区,需预设明确的价值提炼路径。教师可通过如情感坐标轴、伦理决策树等工具辅助学生解构自身故事,识别其中的价值冲突点。例如,针对学生分享的"社团竞选矛盾",引导其用"公平-效率""规则-人情"等理论框架进行复盘,将个体困惑升华为公共议题,最终在集体讨论中形成制度理性与人性温度平衡的共识,完成从具象经验到抽象理论的认知深化。

第四,安全阈限原则,即构建叙事表达的容错空间。叙事表达中的心理舒适感对学生个体叙事的情感体验至关重要,思政课教师要倡导通过去评判化的课堂氛围,降低学生表达个人经历和观点的心理防御机制。在这种环境中，叙事成为学生探索内心困惑、分享真实感受的媒介，而不会因担心错误或异议而退缩。通过积极的引导策略，学生得以在安全空间中讨论复杂的价值问题，逐渐将个人叙事融入更为广阔的社会语境。这种容错机制不仅能减少个体间的对立情绪，还能推动多元观念向集体共识的转化，使课堂既鲜活生动又始终聚焦育人目标。创设"去评判化"的课堂氛围，通过匿名叙事、小组围炉等形式降低学生的心理防御，推动叙事向积极维度延展，让学生在安全语境中暴露真实困惑，避免因价值观差异引发群体对立，确保叙事活动既开放鲜活又符合育人导向。

三、高校思政课个体叙事教学的策略

探究了高校思政课个体叙事教学的原则之后，接下来要探讨高校思政课个体叙事教学的实施策略。在高校思政课教学中，个体叙事教学策略的构建旨在通过个体化的叙事体验搭建宏大理论与学生生活世界之间的连接桥梁，深化思政课程的思想引领作用。从高校思政课教师的教学实践而言，策略设计关注学生主体性的发展，通过"现身说法"与"经验分享"搭建师生间情境化、互动式的学习场景，打破圈层隔膜，激发学生的认知参与和情感共鸣；"同理心"策略通过历史与个体叙事的对话关系，重塑学生对国家与社会发展的情感认同与责任意识，"分组轮换"与"互评机制"则构建起民主式的教学场域，推动学生由被动接受到主动生成思想的转变；"即时反馈"以正向强化促进学生对叙事经验的再认知，"结构化框架"确保群体参与的规范性和开放性，"意义编织者"角色则实现教材理论与学生叙事的深层次融合，在认知与情感的双向互动中提升学生的思想深度与价值认同，最终达成个体叙事在育人目标中的实践价值。

第一，以"现身说法"策略搭建宏大理论的落地场景。情境化教学激发学生的先前经验与理论知识的连接，可以促进知识和价值意义的主动建构。通过教师个体真实经历的分享，将宏大理论嵌入具体生活场景，为学生提供可感知、可内化的理论实践图景。教师的亲身实践展现主流价值观的现实张力，将抽象的理论具象化为可观察的国家治理实践与社会参与路径，增强学生对主流价值体系的政治认同。教师的现身说法通过情感传递和榜样效

应触发学生的情感共鸣与角色代入,使理论知识从理性认知层面深入至情感认同层面,实现价值观教育的深层次渗透与行为动机强化。

第二,以"同理心"策略建构历史故事和个人叙事之间的对话关系。在探讨"家国情怀"时,通过家族历史中的红色记忆,将宏大叙事转化为微观情感体验。"教师主体以当下历史中的活动者的身份,对历史上作家们的情境做出设身处地的思考,以自己类似的亲身经历或个人故事为基础,对历史进行'同理心'的阐释。在情理相同的情况下,既能让'两个故事'——客观的文学史故事和主体的个人故事之间形成一种对话关系,也能让学生瞬间理解当时的情境。"①"同理心"策略能够消解理论的距离感,使抽象概念具象为可感知的身边故事。通过思政课教师对历史事件的同理心阐释,学生能够从投射效应中找到情感契合点,将他人的历史经验转化为个人感悟,完成对宏大叙事的情感内化与意义生成。

第三,以"经验分享"突破师生圈层隔膜。课堂个体叙事组织学生分享生活经验,构建师生、生生间的意义对话网络,通过课堂个体叙事实现师生之间从圈层隔阂到个体融合。经验分享策略通过师生共同参与的个体叙事构建课堂内的意义对话网络,打破师生之间的圈层隔膜,实现教学的情感共振与思想互动。这种策略激发了群体归属感与社会认同,减少课堂内的心理距离,构建积极的学习环境。使学生能够通过个人经验与集体经验的对话,理解个体、集体、国家三者的价值关系。

第四,以"结构化框架"塑造全员参与的叙事规则。教师设计结构化叙事框架,保障每个学生的表达权利。以"分组轮换"与"互评机制"促使学生从"沉默听众"转变为"积极言说者"。教师引入"叙事轮盘"模型,将课堂划分为若干人组成的小组,每组配备如"数字时代的隐私困境""代际价值观碰撞"等主题卡片,要求成员按"情境描述—行为选择—伦理反思"的标准化路径完成3—5分钟叙事,并触发组内"认知接力",要求后发言者需回应前序叙事的困惑点和矛盾点。例如,在"人生观"专题中,可设置"生命中的转折点"主题,要求每位学生进行3分钟叙事分享,内容涵盖家庭事件、社会实践或文

---

① 刘郁琪.论高校文学史课堂叙事化教学中的教师个人叙事[J].牡丹江教育学院学报,2019(10):38-41,78.

化作品感悟。通过梯度化任务设计,通过叙事触发器—情感映射—价值提炼三阶段降低学生参与门槛。保障叙事权平等分配,采用计时器强制轮换发言、匿名便签收集边缘化声音,消解传统课堂的话语霸权。依托责任分散效应破除"旁观者沉默",借助结构化设计将抽象议题转化为可操作的具体流程,使个人经验升华为公共伦理议题,实现从私人叙事到公共讨论的意义升华。

第五,以"即时反馈"将零散叙事升华为共性议题。教师设置容错机制,允许学生叙事的偏离,教师进行话题评估和引导,及时点评纠偏,将学生个体散点分布的叙事议题引导到教学主题和教学内容框架内,最终实现个体价值的最大公约数和主流价值体系的合流。依托形成性评价和过程性评价,通过动态介入实现叙事建构的定向引导。教师设定反馈层级,当学生叙事偏离时,设置追问梯度,如"你的经历如何反映代际差异?""这与乡村振兴战略有何联系?"等,将碎片叙事纳入教学目标。教师作为"理想言说情境"构建者,运用议题收敛技术,包括话题热力图、加权投票等,在多元叙事中提取价值公约数,确保个体表达与主流意识形态的合流。

第六,以"意义编织者"角色实现教材体系、教学体系和叙事话语的视阈融合。高校思政课的个体叙事教学,本质是通过经验具象化与意义生成性重构教学逻辑。思政课堂的实质是教师和每一个学生都作为"意义编织者"参与构建教材叙事、教学叙事与生命叙事的交互网络。教师个人叙事凸显教育者的主体温度,课堂个体叙事激活学习者的参与效能,推动思政课从知识灌输走向价值共生。思政课教师首先将教材知识转化为可经验化的叙事素材,通过情境重构搭建教材体系向教学体系转化的中介桥梁。其次,在教学设计中创设多维叙事空间,教师通过个人叙事展示价值判断的思维过程,学生通过反思性叙事反思个体经验,二者在对话中形成价值协商机制。这种围绕个体叙事的全员参与的视阈融合策略,[①]既能尊重学生的话语方式,又能实现主流价值的柔性渗透。个体叙事编织策略既保持了教材的理论逻辑,又激活了教学场域的情感动能,最终实现意识形态教育

---

① 毛高仙.突破圈层:基于个体叙事的高职思政课互动教学[J].职业技术教育,2020,41(29):65-68.

的入脑入心。最后,运用"叙事编织"技术,将教材的规范性叙事与师生的生成性叙事编织为一体的意义网络,实现价值观念从认知认同到情感认同的转变。

综上,在高校思政课教学中,个体叙事教学策略的构建旨在通过系统性设计实现知识传授与价值引领的有机统一,其核心逻辑在于以个体叙事为纽带,激活学生的生活经验与理论认知之间的深层互动,形成"情境浸润—情感共振—认知重构—价值升华"的动态育人路径。现身说法与经验分享策略通过师生共同构建叙事共同体,打破传统单向灌输模式,强化教学现场的真实性与代入感,使抽象理论在具体生活情境中获得具象化表达,这种双向互动不仅提升了课堂参与度,更通过主体间性对话培育学生的批判性思维。"同理心"策略通过个体生命史与国家发展史的共生结构,将政治话语转化为情感认同的催化剂,而"分组轮换"与"互评机制"借鉴协商民主理念,构建平等对话的公共空间,使学生在观点碰撞中自发完成从"他者叙事"到"自我建构"的价值内化过程。"即时反馈"机制通过正向激励形成良性学习循环,而思政课教师"意义编织者"角色引导学生在个体叙事与教材体系的交织中自主建构意义网络。这些策略最终指向思政教育叙事的本质目标:在尊重个体差异性的基础上,通过叙事经验的共享与升华,使集体价值认同超越简单的观念移植,转化为学生自觉的精神追求与实践准则。

第三节　用多元叙事维护主流价值

后现代主义用多元主义解构主流意识形态、解构宏大叙事、解构社会的中心结构,用碎片化、地方化、边缘化取代中心和主体,将马克思主义视为中心主义、本质主义、普遍主义的代表加以批判。实际上,历史唯物主义和马克思主义的阶级斗争学说是普遍的历史规律,但并不否认具体民族、种族、地方和国家的具体发展特征,而是一种多元历史主义。马克思主义的多元历史观为高校思政课微观叙事教学的多元叙事策略提供了理论支撑和方法论启示。

一、马克思主义的多元历史观及其中国实践

如前所述,利奥塔等后现代哲学家将马克思主义视为宏大叙事的重要依据是:马克思主义主张人类社会的单一进程,这种单一进程和共产主义的终极目标排斥和压抑了个体主观能动性和不同地方、不同民族的差异性。这是一种误读。正好相反,马克思主义的历史观,是一种尊重不同国家、不同地域、不同民族特色的多元历史观。"马克思的多元历史观在很长时间内并没有被充分注意,甚至被曲解了。"①根据唯物史观,人类的社会历史是一个从原始社会到奴隶制社会,再到封建社会、资本主义社会,最终进入共产主义社会的单向的进程。实际上,马克思"避免将印度和美洲——以及中国——合并成一个单一的整体,在这个整体中,所有社会都可能被视为必然遵循的相同道路"②。也就是说,马克思已经注意到处于不同发展阶段的不同国家、地区和民族存在着不同的发展特征,都有着自己独特的社会问题,在现实的社会发展进程中,每一个地区、国家或民族发展到资本主义社会、然后进入共产主义社会的方式和动力都不相同。

马克思将中国、印度等受到殖民侵略的亚洲国家的生产方式称为"亚细亚的",认为这种生产方式的自然规律是"实质上不同的规律"。③对于美国的南北战争和国内的社会革命问题,马克思认为其问题的肯綮在于种族隔阂为表征的奴隶制度造成了阶级问题和种族问题的交叉堆叠,"在黑奴制度实际上行不通的北部各州,白种的工人阶级将逐渐降到赫罗泰的地位"④。在爱尔兰民族主义和劳工运动问题上,马克思认为爱尔兰问题的复杂性在于民族和阶级问题交织在一起,确切地说是阶级、民族、种族和民族

---

① 吕佳翼,许雯霖."边缘的"马克思著作中的多元历史观叙事——基于对凯文·安德森著作的评析[J].社会科学论坛,2025(1):16-28.

② ANDERSON K B. Marx at the Margins:On Nationalism,Ethnicity,and Non-Western Societies[M]. Chicago:The University of Chicago Press, 2010:188.

③ 中共中央马克思恩格斯列宁斯大林著作编译局.马克思恩格斯全集:第48卷[M].北京:人民出版社,1985:163-164.

④ 中共中央马克思恩格斯列宁斯大林著作编译局.马克思恩格斯全集:第15卷[M].北京:人民出版社,1963:364.

主义交织在一起,"在爱尔兰不仅是一个单纯的经济问题,同时还是一个民族问题"①。马克思主义认为,像中国这样受到殖民掠夺的亚洲国家,要通过反抗殖民斗争实现国家独立进而实现社会主义,对于多种族的美国则需要通过解决种族问题来推动历史进程,对于民族冲突严重的爱尔兰来说,则需要推动民族解放运动实现民族独立自主。"对资本的批判不能局限于某种固定的斗争形式或历史规律,而是要结合每个国家历史发展的进程,社会主义实现的过程也未必是简单地通过单一的无产阶级对资产阶级的革命实现,因为每个国家内部的矛盾各不相同。"②由此可见,马克思在强调阶级斗争这一唯物历史观的同时,也强调了阶级斗争的复杂性和人类社会斗争形态的多样性。换言之,马克思主义运用历史唯物主义分析和解读人类社会历史的过程中,强调辩证法在不同民族、种族、地域、国家的社会发展进程中的具体性和多元性,建构了一种民族、种族与阶级斗争的辩证哲学。这也就意味着,我们用多元历史观去解读马克思主义的唯物史观,就可以推翻西方历史中心论,因为不同国家的社会历史发展进程不是按照西方的话语进程演进的。

自马克思主义进入中国开始,中国知识分子、政治家和革命家就开始用其指导中国的革命实践,诞生了毛泽东思想、邓小平理论、"三个代表"重要思想、科学发展观和习近平新时代中国特色社会主义思想等理论成果。"走自己的路,是党的全部理论和实践立足点,更是党百年奋斗得出的历史结论。中国特色社会主义是党和人民历经千辛万苦、付出巨大代价取得的根本成就,是实现中华民族伟大复兴的正确道路。我们坚持和发展中国特色社会主义,推动物质文明、政治文明、精神文明、社会文明、生态文明协调发展,创造了中国式现代化新道路,创造了人类文明新形态。"③马克思主义中国化、中国特色社会主义以及中国式现代化等理论和道路结晶就是马克思主义多元历史观的中国实践。马克思主义多元历史观的中国实践充分展现

---

① 中共中央马克思恩格斯列宁斯大林著作编译局.马克思恩格斯全集:第 32 卷[M].北京:人民出版社,1974:626.

② 吕佳翼,许雯霖."边缘的"马克思著作中的多元历史观叙事——基于对凯文·安德森著作的评析[J].社会科学论坛,2025(1):16-28.

③ 习近平.习近平谈治国理政:第 4 卷[M].北京:外文出版社,2022:10.

了辩证唯物主义和历史唯物主义的基本原则,其不仅认识到社会发展的普遍规律,即生产力与生产关系、经济基础与上层建筑的矛盾运动,而且强调了这些规律在中国特殊国情下的具体表现。中国式现代化不是简单复制西方的发展模式,而是在马克思主义指导下,结合中国的实际情况,探索出一条符合中国国情的发展道路。

中国式现代化作为马克思主义的本地化实践,打破了西方现代化范式的认识论霸权,彰显历史唯物主义对文明发展多样性的科学判断。马克思主义揭示社会演进规律并非线性模式复制,而是根植于特定文明体的文化基因、制度惯习与全球互动格局。中国式现代化立足中国历史语境,在社会主义制度框架内通过生产关系的适应性改革,开创内生型发展道路。其本质区别在于突破资本积累逻辑的现代化窠臼,以全民福祉为导向构建发展共同体,实践了马克思关于社会形态变革的辩证方法论。该模式扬弃了对单一经济指标的崇拜,推动物质生产与精神生活的辩证统一,践行生态可持续理念,与马克思关于社会进步的整体性构想形成理论呼应。

从思想政治教育学的角度来看,马克思主义多元历史观的中国实践也是对社会主义核心价值观的生动诠释。马克思主义多元历史观的中国实践不仅追求经济的快速发展,更注重社会的全面进步和人的全面发展。社会主义核心价值观被赋予了具体的实践内涵,成为引领社会风尚、凝聚社会共识的重要力量。中国式现代化所体现的,正是马克思主义关于人的自由全面发展和社会全面进步的理论在中国的具体实践。中国式现代化实践为思政课提供了丰富的微观叙事素材,使得社会主义核心价值观能够通过具体的社会变迁、基层发展故事等微观叙事呈现宏大叙事的历史合理性和现实可行性。中国式现代化不仅是对马克思主义多元历史观的实践创新,也为全球发展提供了超越西方现代化模式的现实范式,证明了现代化道路具有多样性,而非西方所定义的单一路径。

二、高校思政课多元叙事的内涵和维度

之所以凸显马克思主义历史观的"多元性"属性,并非要解构马克思和恩格斯建立的历史唯物主义,或者否定阶级斗争这一贯穿人类社会发展的

主线,而是要批判后现代主义贴在马克思主义上的"普遍主义""中心主义""本质主义""绝对主义"等各种宏大叙事标签,也是为了还原高校思政课微观叙事教学实施路径中"多元叙事"的方法论基础。马克思主义多元历史观的中国实践既符合马克思主义哲学的基本原理,也体现了思想政治教育学的实践要求。马克思主义多元历史观为高校思政课教学过程中用多元叙事塑造宏大叙事提供坚实的理论基础。

首先,利奥塔等后现代主义者刻意凸显地方性、区域性、具体性、边缘性叙事的重要性,强调所谓来自人民而不是国家的"自由的叙事"①。他们批判马克思主义的阶级斗争学说,认为将社会看作为阶级斗争的、统一的、真理的、系统的、封闭的、绝对的和普遍的叙事话语,是一种形而上的理论预设和普遍性的宏大叙事,一种"符合系统管理者的统一的、整合的实践",一种"由各种事实和解释构成的、完全封闭的循环"②,抹平了地方性叙事、边缘性话语、特定族群的声音。而实际上,马克思主义在强调人类社会阶级斗争主线的同时,从未压制、否定和抹平不同民族、种族、地方和国家的具体社会发展特征,而是强调了一种民族、种族与阶级斗争的辩证哲学。由此,后现代理论家们对阶级斗争学说的批判和对历史唯物主义的责难,在马克思主义多元历史观面前"烟消云散了"。

其次,马克思主义的多元历史观理论范式给高校思政课微观叙事话语体系的多元叙事路径提供了方法论。第一,从历史唯物主义的角度看,社会发展并非固定模式的复制,而是由各国的生产方式、阶级关系、文化传统等具体历史条件所决定。多元历史观强调了具体问题具体分析的原则,提醒我们在思政课中要充分考虑不同学生的背景、需求和认知特点,因材施教,避免一刀切的教学方法。这要求思政课教学应当结合学生的现实经验,以个体叙事的方式展现宏大理论的多元实践形态,使学生在自身经历与社会发展之间建立有机联系。第二,从思想政治教育的认知机制来看,马克思主

① [法]让-弗朗索瓦·利奥塔.后现代状态:关于知识的报告[M].车槿山,译.南京:南京大学出版社,2011:116.

② [法]让-弗朗索瓦·利奥塔.后现代状态:关于知识的报告[M].车槿山,译.南京:南京大学出版社,2011:48.

义多元历史观揭示了社会发展的复杂性和多样性,启示我们在构建思政课微观叙事话语时,要涵盖丰富多样的内容,不仅关注主流价值,也要纳入边缘群体和特殊情境中的价值维度。多元叙事能够适应不同学生的知识结构和生活体验,构建情境化的教学场域,使学生在具体叙事中实现价值认同。教师可以通过地方史、家族史、社会变迁中的个体故事,增强学生对社会主义核心价值观的情感认同,并通过主体间的互动构建具有社会共识的价值体系。第三,从意识形态领域来看,多元叙事促使我们重视矛盾的特殊性,有助于打破僵化的说教模式,通过具体的历史情境与现实案例,在教学中针对不同的思政话题和情境,采用灵活多变的叙事策略和方法,使社会主义核心价值观的阐释具有更强的针对性和说服力。最后,从政治社会化的角度看,多元叙事能够弥合宏观理论与个体经验之间的认知落差,使学生在具体情境中理解社会主义核心价值观的现实意义。多元历史观要求我们在教学中引导学生以多元视角看待问题,培养其批判性思维和创新能力,使其能够在复杂的社会现象中把握本质。

可以说,在高校思政课教师如何通过多样化的微观叙事策略使教学更加鲜活、生动,如何在个体体验与宏大叙事的交融中构建具有时代感和现实意义的思想政治教育话语体系方面,马克思主义的多元历史观为高校思政课微观叙事话语体系的构建提供了重要的方法论支撑。也正是在这个方法论基础上,结合高校思政课微观叙事教学话语转型的实践需要,我们可以尝试提炼高校思政课微观叙事教学路径的"多元叙事"内涵,即在高校思政课教学过程中,教师基于马克思主义多元历史观,采用多样化的叙事方式,在教材内容、教学方法、学生参与等多个维度构建多层次、多视角的教学体系。其核心在于通过个体叙事、社会实践、历史案例等多元素材,使宏大理论具象化、情境化,推动中国化时代化的马克思主义的有效传播,从而实现理论阐释与现实体验、历史叙述与个人经历、集体认同与个体认知的有效融合,提升思政课的思想性、针对性和实效性。

多元叙事教学策略从不同的"元"可以分为不同的维度。从叙事要素而言可以从作为核心叙事内容的教材体系、作为核心叙事主体的思政课教师和大学生三维度展开;从教学要素而言,可以分为叙事内容的多元、叙事主体的多元、叙事方法的多元等维度。首先,在教材的多元叙事方面,在严格遵循教材内容架构的基础上,超越传统教材单一的线性编排和理论阐述,融入丰富多样的案例、故事和实践经验。不仅要有主流的重大历史事件和英雄事迹,也要纳入地方特色文化、普通人的奋斗故事等,使教材内容更具丰富性和贴近性,结合不同历史时期、不同社会背景下的社会主义发展路径,融入全球化、多元化的视角,构建更加开放、立体、多维的叙事体系。同时,拓展教材核心内容,引入不同社会阶层、民族、性别群体在社会主义实践中的历史经验,避免单一视角带来的局限性。融入多阶层、多群体的叙事,如工人、农民、少数民族、女性等群体的历史经验,增强内容的包容性,使教材既具理论深度,又能贴近学生现实,提升思想政治教育的生动性和实效性。

思政教师叙事策略的多元性体现在教学范式与话语形态的创新上。针对课程特征与学情差异,需整合个体经验与历史脉络,实施情境模拟、案例解析等教学手段,构建多维互动场域。通过主体间性对话促进历史情境重构与价值认知内化,同步激活学生的批判性思维。在话语转换层面,采用具象化叙事符码替代抽象理论阐述,实现理论具象化传播,使教学内容嵌入生活世界。学生的多元叙事则强调学生的主体参与,将每一个个体叙事视为"一元",不同个体的叙事凝聚为"多元",在多元叙事中找寻最大公约数。思政课教师鼓励学生分享自己的经历、见解和感悟,以"经验分享"打破思维圈层壁垒,构建"师生-生生"对话网络。组织学生分享个人、家庭、家族、家乡的经济、社会、文化变迁故事,引导学生分析不同地区发展的不平衡性,使其在个人经验与国家政策之间建立联系。运用"叙事写作""情景访谈"等形式,让学生通过采访身边的劳动者、社区干部等社会主体,将个人视角融入社会发展宏大叙事,提升思政教育的现实关联性。

三、高校思政课多元叙事教学话语的建构路径

高校思政课教学过程是在社会主义核心价值观体系和宏大叙事架构主导下"用生命塑造生命"的育人过程,这一过程同时具有马克思主义指导思想、国家主流意识形态的规定性和思政课教学主体的主观能动性,也就是说,高校思政课宏大叙事落地是通过教师个人和学生个体组成的多元生命共同体之间的理念共识实现的。高校思政课教学的"多元叙事"策略旨在构

建一个开放、互动、包容的教学环境,使思政教育不再是单向的知识灌输,而是师生共同参与、多元交流的思想碰撞和价值塑造过程,从而让社会主义核心价值观在学生心中扎根。高校思政课的"多元叙事"教学策略强调宏大叙事与微观叙事的结合,通过教材、教师、学生三个维度的多样化叙事方式,使社会主义核心价值观的教学更加贴近现实、贴近生活、贴近学生。

(一)处理好一元化教材体系与多元化教学体系的关系

高校思政教育多元叙事转型路径的关键在于从教材范式向教学实践的叙事转换,在于协调教材统一性叙事与教学多样化阐释的辩证关系。思政课教材采用统一性叙事结构,源于意识形态规范与编纂逻辑的双重规约。在意识形态层面,单一叙事保障价值传导的定向性与稳定性,作为社会价值中枢的意识形态需通过课程实现精准传播,统一性叙事聚焦党政核心价值与战略部署,塑造学生明确的政治认知框架。在编纂维度,统一性范式维护知识架构的系统化与权威性,教材需构建严密的理论体系,统一性叙事能有效规避多元阐释可能导致的价值离散与认知偏差,确保知识传递的准确性。这种编纂策略既强化了文本的学理权威,又为学生建立系统化的价值认知基础,助力其深度把握国家战略与核心价值观的实践逻辑。

思政课教材作为知识传播的重要载体,在思政课中具有基础性地位。教材体系注重理论的系统性和完整性,然而在实际教学过程中,教材的一元化叙事需要从相对单一、抽象的话语向更具生动性、具体性和贴近生活的教学体系叙事话语转变。这种转型并非对教材内容的简单删减或增添,而是基于对教材核心思想的精准把握,将抽象的理论知识融入丰富多样的现实案例与情境中。通过转变叙事话语,教材中的宏大叙事得以与微观叙事有机结合,使教材中的理论不再是生硬的条文,而是能引发学生情感共鸣、激发思考的生动素材。同时,这一转型能够更好地适应不同学生的认知水平和学习需求,提升教材的可读性和吸引力,为高效的课堂教学奠定坚实基础,从而推动思政课教学目标的有效达成。

以《毛泽东思想和中国特色社会主义理论体系概论》教材为例。从教材叙事特征来看,该教材的叙事话语是单一的主流意识形态话语,但是在实际教学过程中,思政课教师要向学生阐述"中国特色社会主义"这一概念的核心关键词"中国特色"。毛泽东思想是"在马克思主义中国化时代化的历史进程中"①产生的,"中国特色"正是马克思主义多元历史观的多元化、本地化叙事。马克思主义多元历史观强调社会发展的多样性和复杂性,认为不同国家和地区的发展道路具有特殊性。中国式现代化正是基于这种观点,充分考虑了我国独特的历史、文化、社会条件,展现了矛盾的特殊性。鉴于此,我们需要将马克思主义的基本原理与中国的具体实际相结合,讲述具有中国特色的社会主义叙事。《毛泽东思想和中国特色社会主义理论体系概论》教材虽然以单一的主流意识形态话语进行叙述,但在实际教学中,教师需要引导学生理解这种主流意识形态背后的多元历史观和本地化实践。从历史维度看,通过解码中共领导的现代化进程,揭示马克思主义原理的本地化演进,即在文明传统与现实条件交互作用下,形成社会主义道路的本土化创新。从现实维度看,整合传统文明基因、社会治理架构与市场经济特征等要素,构建分析框架,具体涉及文化价值的创造性转化、社会组织的适应性演进及经济模式的独特发展路径。这种教学策略使学生不仅掌握"中国特色"的哲学内涵,更能体认马克思主义的实践智慧及其在不同文明场域中形成的多维实践形态。

（二）处理好公共教学资源与教师多元叙事的关系

高校思政课多元叙事教学实现路径的第二个维度是思政课教师在授课进程中的叙事话语转型,其核心是如何处理公共课件、集体备课成果与个人叙事之间的矛盾关系。教育部关于印发《新时代高校思想政治理论课教学工作基本要求》中对"统一实行集体备课"制度进行了规范化要求,②组织专家建设"全国高校思想政治理论课教师网络集体备课平台",旨在为思政课教师提供教学资源、集体备课、教学研讨等功能,推动思政课教学质量的提升。高校思政课采用规范化课件与集体备课机制具有双重效能。标准化教

①　本书编写组.毛泽东思想和中国特色社会主义理论体系概论[M].8 版.北京:高等教育出版社,2023:10.

②　教育部关于印发《新时代高校思想政治理论课教学工作基本要求》的通知[EB/OL].[2025-02-27].http://www.moe.gov.cn/srcsite/A13/moe_772/201804/t20180424_334099.html.

学资源保障了意识形态传导的精准度,经权威审定的内容体系有效维护了课程政治属性与价值导向,规避个体化解读产生的认知偏移,实现教学要素的全国性均衡配置。该模式依托政策研究与学理支撑,系统整合课程核心要素,既提升知识传递效能,又优化教师资源配置,将备课重心转向教学法创新而非基础内容建构。集体备课机制驱动师资团队的教研共生,通过思维碰撞,形成教学方法的升级,促进优质资源的集约化利用,确保课程实施的内在一致性。

但集体备课模式存在三重矛盾。其一,标准化资源与教师主体性的张力。规范化课件可能制约教学风格的个性表达,教师个人特长难以充分施展。其二,协同创新与教学自主的悖论。集体决策机制易导致课程设计的趋同化,削弱教师个体的创新动能,可能抑制教学热情。其三,统一框架与适配效度的冲突。标准化内容难以全面响应区域教育生态、学科特性及学生认知的差异性需求,影响知识接受效能。这种结构性矛盾揭示出制度设计与教学实践间的适配性问题。

鉴于此,在高校思政课多元叙事教学实现路径中,教师叙事话语的编码处理方式就成为关键问题。相对于日常生活叙事和个人叙事而言,高校思政课教师的多元叙事策略并不是一种独立的叙事样态,而是相对于思政课教材体系和备课制度的一元化叙事而言。与思政课教材的一元化叙事相比,教师在课堂上的日常生活叙事和个人化叙事就是一种多元叙事,与使用统一课件和集体备课制度相比,鼓励教师发挥自己的主观能动性,进行个性化的教学设计和创新也是一种多元化叙事。统一教材、参考课件和集体备课代表了高校思政课程的主流叙事和核心价值观,而多元叙事则体现了教师的主观能动性和个性化教学风格。教师在授课过程中需要将这二者有机结合,实现叙事话语的转型。高校思政教师多元叙事创新需把握三个维度。首先,注重个体性叙事建构,教师需分解标准化教学资源,整合生活经验与学术专长,形成具有辨识度的教育话语体系。其次,注重叙事层级的辩证统一,运用宏观制度叙事与微观经验叙事的交互阐释,通过典型案例、社会镜像等具象化路径,实现理论话语向实践逻辑的转化,强化学生的认知共鸣。第三,注重叙事策略的修辞矩阵,借助类比推理、隐喻解码等认知工具,构建多维叙事路径。需要注意的是,叙事架构包含故事本体与阐释方法,叙事是讲故事,但是只有故事不是叙事。故事是叙事的支撑架构,但不是叙事的全部。叙事除了有故事,还要有讲故事的细节和话语,也就是说教师讲台上的"台词"和讲故事的技巧,是故事达成叙事的"临门一脚"。教师应实现双重超越,既突破制度性框架的叙事惯性,又规避个体化表达的失焦风险。这要求其深度内化课程纲要精髓,同步提升教育自觉与专业素养,在公共规范与个性表达间建立动态平衡,最终实现意识形态话语的个人化多元化传播。

(三)处理好差异共识与学生多元叙事的关系

高校思政课多元叙事教学实现路径的第三个维度是建构学生叙事话语,共同体的核心是如何处理学生个体叙事之间的差异,以及在多元叙事基础上实现差异共识。罗尔斯在《正义论》中提出了"重叠共识"(Overlapping consensus)的概念,"重叠的共识不是严格的共识",但是在"多元主义"社会中"不同的前提有可能导致同一个结论"。① 在罗尔斯看来,虽然公民对正义的定义和理解各不相同,但这些多样化的政治观念仍可能促使他们形成相似的政治判断。"重叠共识"可以理解为:"不同的人们在承认彼此观点上存在分歧的同时,在态度上却具有共识,即持不同观点的人们都愿意以合理的态度相互对待。"②"重叠共识"的政治自由主义色彩虽然并不完全符合当代中国思想政治教育的实践,但是重叠共识理论给予我们的重要启示是:在日益多元化的现代社会中,在具有个性化和个人能动性的个体组成的群体中如何达成关于真、美、正义等价值的最大共识,这种最大共识,是承认个体差异性基础上的共识"最大公约数",即"差异共识"。这或许可以说,在高校思政课教学进程中,教师和不同的学生个体从不同的前提出发,从各自的日常生活叙事、个体叙事出发,也有可能达到相同的结论,最终实现对马克思主义的高度认同。

高校思政课教学的价值观塑造进程是大学生"差异共识"的形成过程,

① RAWLS J. A Theory of Justice[M]. Cambridge：Harvard University Press，1971：387-388.

② 童世骏.关于"重叠共识"的"重叠共识"[J].中国社会科学，2008(6)：55-65，205-206.

是建立在对当下中国高校大学生日常生活、个体生存和思想观念塑型的现实判断基础上的。现代社会人们日常生活已经越来越全球化、多元化，充斥着各种外来文化、非主流文化、地域性文化、"饭圈文化"或者"信息茧房"。全世界各地的文化符号都已经深深植根于我们的日常生活的每一个层次。一个法国青年穿着印度服装，梳着非洲发型，他手里拿着的苹果手机是美国设计、中国组装的，他穿过麦当劳和肯德基的街角，来到中国餐馆吃午餐，午饭后他去看了一场韩国电影，之后开着日本丰田车去 Costco 买了越南的椰子水、墨西哥的玉米饼、俄罗斯的蜂蜜和澳大利亚的牛肉，他把这些食品放入德国的冰箱，顺便喝了一杯丹麦的鲜牛奶。晚上，他用泰国的香皂洗澡，美国的牙膏刷牙，躺在英国的床垫上，睡意来临之前，他才放下手中的那本拉美小说。这一场景看起来如此魔幻，但却又如此真实。全球化商业体系为当代人甄选了世界各地的产品和服务，满足不同人群日常生活的高效率、品质化需求。这种多元化的生活方式，让某一种地域和民族的文化中心主义受到挑战，产生了文化相对化和政治多元化。

正是基于这种全球化、多元化的现代生活方式，社会科学认为："从任何意义上说，惟一能够存在的知识，就是这些分散于不同的人中间、经常彼此不一致甚至相互冲突的观点。"[1]20 世纪 70 年代末以前的很长一段时间内，我们经历的是"政治挂帅"的时代，政治无疑是社会生活的绝对中心。改革开放以后，发展才是硬道理，以经济建设为中心，聚精会神搞建设，一心一意谋发展，经济生活成为人们社会生活的中心，"社会逐渐从全面政治化的牢笼中解脱出来，社会生活重心发生的转变意味着之前的总体性权力与总体性社会的变革"[2]。在政治不再"挂帅"的时代，社会从全面政治化时代回归到多元化时代，并不意味着政治不再重要，更不意味着可以放松对主流意识形态和文化领导权的掌控，所以，对社会主义核心价值观的认同，或者说对中国特色社会主义宏大叙事的"差异认同"就不仅仅是一个理论问题，更是

---

① ［英］哈耶克.科学的反革命：理性滥用之研究［M］.冯克利，译.南京：译林出版社，2003，49.

② 郭于华.回到政治世界，融入公共生活——如何重新激发底层公众的政治参与热情［J］.人民论坛·学术前沿，2013（23）：74-83.

一个现实问题。这个问题对于高校思政课叙事教学而言,就是如何塑造一种叙事话语平台和机制,让参与社会主义宏大叙事的相关的主体,也就是高校思政课教师和全体大学生都能以高度负责的态度自觉参与形成"差异共识"的实践进程。

当代中国正处于经济、科技、文化等各个领域智能化、国际化、多元化、迅速转型的时代,不同个体的饮食、娱乐、消费、阅读、社交等生活方式都有越来越多的选择,每一个大学生的思想动态、知识结构、思维圈层和认知水平都存在一定的差异。每个大学生都有独特的生活背景、价值观和思考方式,其个体叙事必然存在差异。在此情境下,高校思政课多元叙事教学的优势就凸显出来。"叙事研究所关注的是教育实践经验的复杂性、丰富性与多样性,同时在研究者和读者之间开放教育理论的思考空间,引申出教育理论视阈的复杂性、丰富性与多样性。"①在高校思政课教学中,学生来自不同的背景,拥有各自的个体叙事。这些叙事反映了他们的生活经验、价值观念和文化背景。高校思政课多元叙事教学建构学生叙事话语共同体,本质在于统筹个体叙事差异性与价值共识公共性的辩证关系,通过"差异—对话—共识"的实践路径破解多元主体间的认知张力。因为在思政课教学中,不能仅仅停留在差异的呈现上,还需在多元叙事的基础上寻求差异共识。

首先,客观认识差异。需立足历史唯物主义"现实的人"的立场,承认学生因家庭背景、地域文化、代际经验差异形成的叙事多元性客观存在,这种差异构成共同体建构的原始素材而非障碍。思政课教师充分尊重并鼓励学生表达个体叙事的差异,有助于激发学生的主动性和创造性,让他们积极参与思政课的学习。教师需要引导学生认识到个体叙事之间的差异,并尊重这些差异。教师应营造开放包容的课堂氛围,鼓励学生表达多样化的观点和经历。通过引导学生分享个人叙事,课堂汇集多元视角,倾听学生丰富多彩的故事。

其次,创设平等对话空间。通过"议题锚定—叙事展演—批判反思"三阶机制,引导学生在课堂辩论、情境模拟、跨文化比较中实现个体叙事与他者叙事的视阈融合。教师需具备敏锐的洞察力,善于发现学生叙事中差异

---

① 丁钢.教育叙事的理论探究[J].高等教育研究,2008(1):32-37,64.

的共性,引导学生关注不同叙事之间的联系,寻找共同的价值观或经验。同时,教师应注重培养学生的批判性思维能力,鼓励他们在分析他人叙事的同时,反思自身观点的局限性。思政课教师引导学生认识到,尽管存在差异,但在某些核心价值观和社会发展的基本理念上依然能够达成共识。通过讨论、交流和互动,学生在理解和包容差异的同时,找到共同的价值追求和目标。

最后,构建"差异共识"生成机制。思政课教师以"平等中的首席"身份介入,借助阶级分析法、历史辩证法等马克思主义方法论工具阐释个体叙事背后的资本、权力、文化等结构性要素,推动学生超越经验碎片化表达。通过协作学习,学生能够在多元叙事的碰撞中,逐渐形成对特定主题的共同认知。学生在批判性对话中自发认同中国化时代化马克思主义的正当性与包容性,最终使叙事共同体成为"一元主导性与多元丰富性"有机统一的意义生产场域,实现从"差异对抗"向"共识共生"的转化。最后,教师应引导学生将课堂上达成的共识应用于实际生活,促进知行合一。通过将理论与实践相结合,学生能够更深刻地理解多元叙事的价值,实现个人成长与社会责任感的提升,用开放包容的心态去拥抱这个丰富多元而又充满差异的世界。

余 论

人工智能技术的急速发展，已经成为当前颠覆教育领域的最大变量之一。推动高校思政教育与人工智能融合发展，已经成为中国高校思政教育领域的热点话题之一。[①] 人工智能既带来了高校思政课教学的教学方法、教学理念、教学模式[②]、学习环境[③]等多方位的积极影响，也潜藏着深重的意识形态话语权危机。人工智能给高校思政课教学带来的机遇已经在学界引起广泛的讨论，[④] 而关于人工智能给高校思政课带来的负面影响研究目前大都停留在技术主义对人类的异化[⑤]、数据依赖、算法黑箱[⑥]、师生风险防范意识[⑦]等方面，其负载的意识形态话语权和数字霸权并未引起学界和高校思政课一线教师的足够重视，应对方案也相对有限。高校思政课教学改革研究，不能只局限于国内舆论思潮，还应关注国际环境，前者和后者往往密切相关、互相勾连。西方在人工智能技术上的话语霸权打通了中国高校思政课

① 姚丽娟，尹晓军.推动高校思政教育与人工智能融合发展[N].中国教育报，2025-02-08(04).

② 上官文丹，王黎斌.人工智能驱动高校思政课教学模式创新的基本原则[J].湘潭大学学报(哲学社会科学版)，2024，48(6)：187-192.

③ 李秋梅.基于人工智能的高校思政课智慧学习环境构建[J].青海师范大学学报(社会科学版)，2024，46(5)：159-164.

④ 魏荣，杨嘉欣.人工智能赋能高校思政课数字化建设探赜[J].思想政治课研究，2024(5)：149-156.

⑤ 李明宇，李寒琦.生成式人工智能赋能高校思政课的辩证分析[J].思想政治课研究，2024(6)：133-144.

⑥ 王健崭.人工智能赋能高校思政课教学的生成、风险及对策[J].江苏高教，2023(9)：114-120.

⑦ 潘建红，祝玲玲.生成式人工智能赋能高校思政课的风险生成及规避[J].思想政治教育研究，2024，40(3)：94-100.

教学的国内舆论环境和国际思潮场域,使得高校思政课面临的国内舆论和国外思潮混杂在一起,作为受教育者的大学生的思想动态和信息接受通道不可预测,让教师的教学场域更为复杂。

当前,世界范围内"宣扬文化竞争并挑起文明冲突、意识形态对抗的倾向也有增无减。尤其是中国快速发展引起个别国家强烈不安,他们凭借信息优势和舆论霸权丑化我国形象,歪曲抹黑的舆论攻势不断加剧"①。对中国高校思政课教学实践而言,由西方主导的人工智能技术支撑了新的叙事霸权,数据主义搭建了教育内容的垄断硅幕和"数字独裁",算法逻辑编织的信息茧房对教育对象实施精准投放,引发新的叙事危机。数据和算法是塑造西方意识形态话语霸权的两翼,而算力则是构成维持这种话语霸权的硬件平台。人工智能的话语霸权,似乎有取代20世纪60年代末后现代主义批判的宏大叙事之倾向,一种新的西方"数字霸权"隐藏的意识形态,构成对当代中国核心价值体系和中国特色社会主义宏大叙事最大的挑战。在当下高校思政课教学实践中,应对基于师生日常生活叙事、个体叙事和多元叙事基础上的微观叙事教学策略给予更多的关注和尝试,对人工智能技术给思政课教学带来的机遇与挑战葆有清醒认知,坚守思政课教学的育人之"道",发挥人工智能之"术"的积极效能。

一、硅基宏大叙事的崛起

当前,人工智能技术正深刻重构当代世界的生产逻辑、知识获取方式和权力结构。人工智能技术正通过优化生产、创新服务、重塑社交与变革思维等多方面全方位地改变着世界,也在通过优化数据处理、增强决策能力和推动自动化,深刻改变着各行各业,从医疗健康到交通物流,从教育学习到社会治理,塑造一个更加智能互联的世界。截至目前,人工智能能够完成的工作中几乎涵盖了绝大部分人文学科的基础范畴。根据给定的信息和数据撰写通知、辩论稿、演讲稿、体育赛事报道、财经报告等应用文体,模仿特定作家的风格创作诗歌、小说、散文等文学作品,按照研究者提供的素材和逻辑

---

① 李书磊.深化文化体制机制改革[N].人民日报,2024-08-07(06).

架构制作论文框架、文献综述、教学案例等学术类写作，在相关资料基础上生成调研解读图表、制作文案、撰写调研报告等实务类写作，制作插画、渲染图、设计辅助、动态演示、修复和增强图片、动画等，已经成为 ChatGPT、DeepSeek 等生成式人工智能的基本功能，这可能会导致部分人文学科领域的工作面临被替代的风险。按照目前人工智能发展的趋势，不仅人文学科受到巨大冲击，连理科的未来也可能面临文科相同的局面。当李世石前两局赢了 AlphaGo 开始准备继续战胜硅基算法时，AlphaGo 已经把棋谱复盘了千万次，从第三盘开始，李世石皆中盘认负。借助人工智能和大数据分析，盘古大模型仅需短短 10 秒钟，就能完成对全球 7 天内重要气象要素的全面预报，这一速度比传统的数值方法提升了 1 万倍。这对气象专家工作角色的冲击是不言而喻的。类似的困局，几乎在大部分人文学科和理科中都不同程度地存在。计算机科学的兴盛，让其他的人文和理科都变成计算机的内容和数据，有了算法和算力的加持，传统的经验积累、记忆堆叠和灵光闪现都似乎失去了价值。人工智能时代，人类思考自己还能做什么的次数就爆发了，自从使用 DeepSeek、ChatGPT 以来，人类最痛苦的一件事可能就是发现自己提出问题的能力是有限的，因为语言大模型在理论上已经拥有全世界所有的知识和观点。拥有全世界所有的知识和观点，也就意味着没有知识和观点，因为任何人都可以通过提示词让大模型说出自己想要的任何知识和观点。

人工智能时代的知识权威和宏大叙事已经远超利奥塔等后现代思想家的判断。与利奥塔所说的后工业时代相比，人工智能时代的知识权威不但没有解构，反而更加集中，知识不再是文化资本，而成为经济商品，技术逻辑代替了宏大叙事成为新的"硅基宏大叙事"。和数据一样，算法并不是中立的工具，而是嵌入了其开发者或公司背后意识形态、商业利益和技术逻辑的产物。因此，那些掌控算法的企业和机构实际上掌控了知识的生产和传播。大科技公司通过其平台和算法，控制着信息流动的结构和节奏，决定了哪些信息被优先推荐、哪些内容被隐藏，进而影响人们的知识获取和社会舆论。利奥塔在《后现代状态：关于知识的报告》中反思了现代社会中知识的合法性问题，认为现代社会依靠宏大叙事来证明知识的合法性，如启蒙、自由、进步等理念，然而在后现代条件下，宏大叙事逐渐失去权威，知识变得更加碎片化、地方化,知识的合法性不再依赖于统一的叙事,而是转向"语言游戏"
和局部的共识。虽然后现代主义思想家预测未来民族国家之间"将来会为
了控制信息而开战"①,但他们主张的知识碎片化和多样化、知识权威的分散
和相对化,在人工智能时代演变为知识的生产和控制转向了算法和数据的
运作逻辑,知识的生产不但没有多样、知识权威不但没有被解构,反而更趋
向集中化,由少数掌握算法和数据的科技巨头控制。

　　为了审视人工智能建构的"新宏大叙事",让我们回过头来简要回顾一
下利奥塔在 20 世纪 70 年代批判宏大叙事的自信和勇气。利奥塔之所以对
宏大叙事的瓦解持有自信,部分原因在于他观察到当时的社会、文化和科学
发展中,已经出现了明显的知识分散化趋势。二战后的世界局势,冷战、去
殖民化、全球化和文化多样性等因素加剧了宏大叙事的崩塌,西方启蒙叙事
和资本主义进步观的合法性受到质疑。他所处的后现代社会与传统现代社
会不同,后现代社会更加多元化、分散化,全球信息网络和大众文化的发展
也削弱了统一的宏大叙事。由此他预言,社会中越来越多的人会对宏大叙
事表示怀疑,转而依赖于局部的、具体的、与自己切身相关的"小叙事"。

　　这里特别要指出的是,计算机和信息技术带来的人类知识新样态正是
利奥塔批判宏大叙事的论据之一。然而,他却未曾预料到,时至今日,在互
联网技术基础上发展而来的人工智能却再次改写了知识的合法化进程,计
算机和网络技术的发展轨迹并不是按照利奥塔等后现代主义思想家预料的
那样,而是走到了他们的对立面。人工智能正是网络和计算机技术发展的
产物,人工智能技术建造的"硅幕霸权"让利奥塔对宏大叙事的反思已经失
去了逻辑支撑。利奥塔反思和批判宏大叙事的对象,已经发生了颠覆性变
化,他批判宏大叙事的大部分论据,重新用于批判今天的人工智能宏大叙
事,也依然适用。也就是说,利奥塔反对的宏大叙事,已经被另一种宏大叙
事取代。

　　尽管利奥塔在 70 年代就提出了对"宏大叙事"的解构,但到了今天,宏
大叙事不但没有解体,反而在新的权力结构下变得更加强大,甚至出现变

---

① ［法］让-弗朗索瓦·利奥塔尔.后现代状态:关于知识的报告［M］.车槿山,译.南
京:南京大学出版社,2011:14.

异。虽然人工智能时代是在利奥塔所说的后工业时代的基础上发展而来的,人类知识生产的趋势具有连续性,但是人工智能时代的知识生产、传播和控制与利奥塔所说的后现代时期有若干重要的不同点。首先,在利奥塔的时代,虽然知识的分散化和碎片化是显著趋势,但当前的人工智能时代却展示出另一种特征,即知识生产的集中化。其次,当前的知识合法性不仅是地方化或碎片化的问题,而是由算法控制。与利奥塔的时代不同,现代社会的知识生产受控于少数科技巨头,这种集中化甚至比 20 世纪的知识商品化更为深刻。此外,在资本和科技巨头控制下,知识的商品化和垄断更加突出。知识不仅是一种商品,还是一种受数据控制、算法塑造的资源。在科技巨头和资本的主导下,新的宏大叙事以技术进步、效率、数据至上等名义重构了社会的知识和权威结构。利奥塔解构和批判的"宏大叙事"在今天不仅没有消失,反而在资本和技术的掌控下变得更加隐秘、复杂和强大。

如果后现代主义思想家身处人工智能时代,其批判的矛头将会聚焦算法体系。如果说启蒙理性和进步叙事就是"宏大叙事",那么利奥塔批判的逻辑同样适用于批判人工智能的知识权威和话语霸权。人工智能的数据独裁和数据主义将整个宇宙的有机体和无机体都视为"数据流",消弭了人类作为碳基生命的自我意识和主体能动性。算法逻辑创造了一个包罗万象的数据处理系统和代码自动运行筛选机制,包括人的肉体在内的有机体都视为不多不少的"生化算法",算力平台的物理架构在摩尔定律的基础上层层堆叠,将机器和代码的权威建构在个人感受之上,硅基宏大叙事将个人叙事、地方叙事、边缘叙事一扫而空,一个新的人类自己创造的异化力量、一个人类亲手缔造的压迫力量高高耸立在云端。

二、"智能帝国主义"的挑战

正如党的二十届三中全会强调的那样"完善生成式人工智能发展和管理机制"①。"发展"是着眼于人工智能的巨大生产力提振优势,"管理"则着

---

① 中共中央关于进一步全面深化改革 推进中国式现代化的决定[N]. 人民日报,
2024-07-22(01).

眼于人工智能技术带来的巨大挑战,我们要在把握技术红利与防范风险之间实现平衡。人工智能既要大力发展和突破,又要防范技术风险,高度关注意识形态安全。从发展维度来看,生成式人工智能依托大数据、深度学习等前沿技术,能够大幅提升信息处理、知识创新和智能决策的效率,成为推动经济高质量发展和产业转型升级的重要生产力引擎。而从管理维度看,这项技术在快速变革中也暴露出数据隐私泄露、算法偏见、伦理风险和安全漏洞等诸多问题,容易导致信息失真、价值观扭曲及社会治理风险的累积,因此亟须构建严密的监管框架和风险防控机制,以确保人工智能在发挥巨大正向效能的同时,不会对国家安全、社会公正和意识形态安全产生负面影响。

对于高等教育领域而言,作为新质生产力跃迁的核心引擎,生成式人工智能技术不可避免地逐步渗透到高等教育的各个环节中,这无疑也引领了高校思想政治理论课教学的创新与发展。① 人工智能投射至教育领域,催生了人机协同的教育新范式。AI驱动的个性化学习系统颠覆传统课堂的批量生产模式,虚拟教师和智能评测工具重新定义师生互动关系。在此背景下,传统课堂的师生关系,转变为师、生、机、环多维互动关系。人工智能技术正深度重构大学课堂教学活动的核心逻辑,其通过智能评测系统实现学习行为的精准画像,虚拟教师与生成式AI工具颠覆传统讲授、接收的单向模式,使课堂转化为师生共同探索的人机协同空间,海量数据分析能力让教学资源匹配突破时空限制。同时,人工智能也迫使教育者直面技术赋能与人文坚守的深层矛盾。

就人工智能技术的数据、算法和算力三要素而言,生成式人工智能对高校思政课教学的积极意义是不言而喻的。有学者将人工智能技术视为改变当前思政课教学话语权疲弱的契机,"为了有效应对高校思政课教师话语主导权被削弱、话语认同度低和影响力减弱的风险,高校思政课教师要主动接纳并使用生成式人工智能,利用生成式人工智能转换思政课教学话语范式,

---

① 罗华丽:人工智能赋能高校思想政治理论课的价值意蕴[EB/OL].[2025-2-26].https://www.cssn.cn/skgz/bwyc/202412/t20241225_5826911.shtml.

把牢思政课教学的话语主导权"①。还有学者认为人工智能技术促进了思政课智能化教学场景的打造、思政课学习资源个性化供给、思政课学生测评体系智慧化建设。② 人工智能技术推动中国高校思政课教学实现从经验驱动到数智融合的范式转型。数据要素通过采集学生课堂互动、在线学习行为等全维度信息,构建动态学情画像,使教师精准识别价值观认知偏差,实现靶向纠偏;③算法赋能将抽象理论转化为个性化学习路径,例如基于知识图谱的"红色基因"智能推荐系统,可针对学生兴趣点生成定制化案例库,增强教学吸引力;算力支撑则通过国产化云计算平台驱动大规模虚拟仿真场景,如"重走长征路"沉浸式教学,让学生在具身体验中深化对理想和信念的理解。这些技术协同不仅提升了思政课的思想穿透力,更推动教学内容动态适配国家战略需求,融入 AI 治理、数据主权等前沿议题,使思政教育从理论灌输升级为价值内化的智慧育人体系。

　　然而,人工智能技术也是一把双刃剑。对于高校思政课教学而言,人工智能技术带给我们最大的挑战正是社会主义宏大叙事的主流话语权问题。与利奥塔等后现代主义思潮对马克思主义宏大叙事的公开批判相比,西方人工智能技术的强大话语霸权,不但让后现代主义批判的启蒙叙事、解放叙事、历史进步叙事等中心主义、普遍主义宏大叙事相形见绌,而且凭借数据、算法和算力的技术控制论加持,凭借数据独裁、算法逻辑和算力霸权,人工智能的叙事霸权轻松碾压后现代主义等人文科学的话语。强调人工智能的意识形态博弈问题,并不是杞人忧天,而是建立在人工智能技术发展的地缘政治和国际竞争现实基础上的。在人工智能技术的话语主导权竞争中,隐性的意识形态博弈与技术伦理定义权争夺正成为更深层次的战场。从表面上看,人工智能的竞争态势是一种技术层面的较量,实际上双方竞争已超越单纯技术维度,延伸至算法伦理、数据主权、标准制定的全方位博弈。

---

　　① 潘建红,祝玲玲.生成式人工智能赋能高校思政课的风险生成及规避[J].思想政治教育研究,2024,40(3):94-100.

　　② 王健崭.人工智能赋能高校思政课教学的生成、风险及对策[J].江苏高教,2023(9):114-120.

　　③ 姚丽娟,尹晓军.推动高校思政教育与人工智能融合发展[N].中国教育报,2025-02-08(04).

西方世界通过人工智能高地进一步占领叙事霸权和意识形态高地的野心不言而喻。通过掌控技术中立、算法透明等概念的话语阐释权，西方不遗余力将自身价值观嵌入全球技术标准体系。当前，西方以技术优势为工具，通过控制全球数字基础设施、标准制定权和数据资源，形成对发展中国家在政治、经济和文化领域的系统性支配。西方科技巨头通过算力垄断和算法闭源化，形成技术、资本、权力三位一体的扩张模式。OpenAI 与微软的合作被批评为"技术垄断联盟"，其闭源大模型授权策略强化了技术寡头对市场的控制，导致发展中国家在算力、算法和数据层面陷入依附性关系。① 对此，十几年前就有学者指出，要高度警惕"智能帝国主义"（intelligent imperialism），因为西方国家通过技术规则约束新兴经济体崛起，通过国际规则制定权和技术标准垄断，试图维持全球技术霸权，这将会"对中国梦的实现构成一定程度的挑战"②。时至今日，通过人工智能、数据垄断和算法霸权构建的新型技术殖民体系构建了新的"智能帝国主义"。西方通过数字平台和算法重构全球信息流动秩序，形成文化输出与价值渗透。"数字帝国主义依托数字霸权打造数字消费主阵地，突破实体消费固定时空的限制，夺取对消费者群体的时空操控权，进而控制世界经济格局、威胁他国政治领域和消解民众阶级意识。"③社交媒体算法的推荐逻辑隐含着西方个人主义价值观，通过"点赞经济"和注意力收割，潜移默化地消解非西方社会的文化主体性。

数据本身是中立的，数据的来源却并不是中立的，带有强烈的地缘政治、价值观念和意识形态属性，所以西方人工智能技术的意识形态风险不可低估。人工智能模型的训练需要大量数据，这些数据所依赖的数据多源自其本土文化和价值体系。西方国家在人工智能领域处于领先地位，其模型多基于西方社会的文本、图像和音频数据进行训练。在我国思想政治教育中应用此类技术，可能导致教育内容被西方价值观渗透，影响学生的思想认知。这种数据来源的话语霸权，可称之为"数据独裁"（digital dictatorship）。

---

① 郑戈.人工智能不应成为资本的"独角戏"[J].文化纵横,2024(2):34-42.

② 杨卫东.中国应学会与"智能帝国主义"谨慎"共舞"[J].人民论坛·学术前沿,2013(20):40-50.

③ 吴国林,李雅丹.数字帝国主义消费殖民化的政治经济学批判[J].政治经济学研究,2023(4):62-73.

西方的数据霸权可以导致信息筛选偏差、思政课教育目标的偏离和文化理解的局限。人工智能系统可能优先推荐符合西方主流价值观的内容,学生可能逐渐接受或认同与我国主流价值观不一致的观点,忽视或弱化我国的主流意识形态和价值观。西方人工智能对我国文化、历史和社会制度的理解可能带有一定的误读和偏见,导致学生在相关内容的呈现上出现偏差或误导。

算法黑箱化与偏见嵌入给当代大学生的价值观塑造带来极大风险。深度学习模型内部决策过程复杂且不透明,可能掩盖数据训练潜藏的社会、国别和地缘政治偏见。"算法或明或暗地嵌入了设计主体的价值观和意图,设计主体若存在道德失范,往往会将主观的偏见植入算法,使得生成式人工智能推送的信息具有偏见性和歧视性,这极易误导大学生的思想观念,从而引发意识形态安全风险。"①算法黑箱化和偏见嵌入的结合,可能导致人工智能系统在不知不觉中对用户施加影响,甚至操控用户的决策。如果学生长期处于被算法操控的信息环境中,可能会对真实的社会情况产生误解,进而对思政课所传授的积极向上的价值观产生怀疑。

毋庸讳言,西方的数据独裁、算法逻辑和算力霸权对中国高校思政课教学带来严峻的挑战。硅幕霸权试图把西方托举到众神之巅的"希腊城邦",从而占领全球的价值观和意识形态高地。"生成式人工智能是目前最具革命性、引领性的科学技术之一,要尽快完善生成式人工智能发展和管理机制,推动这一重要领域的产业发展、技术进步与安全保障,做到趋利避害、安全使用。"②人工智能时代确实使全球知识话语权更加集中在西方科技巨头手中,给发展中国家的文化自主性和价值观独立性带来了严峻挑战。这种权力不平衡不仅加剧了全球地缘政治竞争,还威胁到了世界文明的多元化和多极化发展。在可以预见的将来,人工智能技术的进一步发展可能会大幅加剧人类的冲突和矛盾。如果说铁幕分割了20世纪后半叶冷战时期的世界,让全球成为若干彼此对立的阵营,那么把我们这个世界再次分割出几个

---

① 潘建红,祝玲玲.生成式人工智能赋能高校思政课的风险生成及规避[J].思想政治教育研究,2024,40(3):94-100.

② 李书磊.深化文化体制机制改革[N].人民日报,2024-08-07(06).

对立的势力范围的,可能将是由芯片和计算机代码构建的"硅幕"。"这场人工智能军备竞赛将会制造出更具破坏性的武器,于是即使只是一个小小的火花,也可能引发灾难性的大火。"①给人类这种碳基生命带来无尽伤痛的,可能不再是钢铁洪流,而是由硅基芯片堆栈出的人工智能霸主。人类生活在自己织就的密不透风的隐形算法之网中,双脚被自己制造的数据锁链紧紧锁住,又被充满意识形态偏见的看不见的高高"硅幕"围困在几个对立的"楚门的世界"里。

三、直面算法的高校思政课微观叙事教学

当前,高校思政课教师面对的是一个在快速变化的技术环境中成长起来的学生群体,他们的认知、价值观、行为方式深受技术平台和算法的影响,而这些平台的算法往往更倾向于推广以自由市场、个人主义和消费主义为核心的西方价值观。"算法总以科技的客观性自居,隐匿在其后的价值选择往往容易被人们忽略,导致人们不作任何反思,不自觉地追随算法设定的规则。如果在算法嵌入思政课学生测评的过程中,技术人员输入了错误的价值观或者掺杂了个人偏见,导致数据统计、算法模型与实际教学过程不符,而思政课教师又没有质疑的能力,那么就会得出错误的分析结论。"②与此紧密联系的是,师生对人工智能技术的认知和风险防范意识相对有限。对于西方人工智能技术的话语霸权和生成式人工智能在思政课教学中引发的意识形态风险,思政课教师需要在教学期间切实承担起防范化解风险的责任和义务,但部分高校思政课教师并未引起足够的重视,或者采取消极应对的态度。高校思政课教师和学生大都未接受系统的人工智能教育,"很多大学生并未学习过生成式人工智能相关的课程",高校教师和学生"智能知识储备匮乏,智能风险规避意识和应对能力不足"③,他们对数据隐私、算法黑箱、

---

① ［以］尤瓦尔·赫拉利.智人之上:从石器时代到 AI 时代的信息网络简史［M］.林俊宏,译.北京:中信出版社,2024:序言 XIV-XV.

② 王健崭.人工智能赋能高校思政课教学的生成、风险及对策［J］.江苏高教,2023(9):114-120.

③ 潘建红,祝玲玲.生成式人工智能赋能高校思政课的风险生成及规避［J］.思想政治教育研究,2024,40(3):94-100.

算力霸权等风险的认识相对有限，风险防范意识和能力薄弱。如果长期浸润在西方数字话语霸权之中而又不自知，传统的共产主义、社会主义和集体主义叙事逐渐成为学生生活中难以联系到的"宏大叙事"，这确实对思想政治教育提出了前所未有的挑战。

西方科技巨头通过算法不仅控制了信息的传播途径，还在无形中塑造了价值观和世界观，这使得教育工作者所传递的集体主义和社会主义价值观在这种算法主导的"话语竞争"中备受干扰。另外，国内的抖音、小红书等社交平台中娱乐化、媚俗化的算法推送也形成了巨大的信息茧房效应，国内社交媒体和数据垄断平台的意识形态风险也不容低估。在此背景下，高校思政课的日常生活叙事、个体叙事和多元叙事教学具有独特而不可替代的价值。一方面，从传统的宏大、集体和国家层面的叙事转向关注个人生活、经历与体验的微观叙事，通过真实而具体的小事例和情感体验，将抽象的社会主义核心价值观具象化、情感化，从而帮助学生在日常情境中内化理论，使得思政教育更贴近学生实际，抵御算法逻辑所带来的同质化信息输出。另一方面，教学中不再全部依赖国家或集体的宏观叙事，而是鼓励教师和学生亲自成为叙事者，主动分享个体体验和真实故事，既强化了个体在叙事过程中的主体地位，也激发了师生的参与性和批判性思维，从而在面对人工智能数据垄断、算法逻辑和算力霸权制造的单一话语环境时，能够通过多样化、个性化的微观叙事构建起既生动又具有情感共鸣的思政课堂，进而有效捍卫和建构社会主义主流意识形态，促进理论内化为个人信念与行为准则。通过日常生活叙事锚定价值根基、个人叙事重构主体意识、多元叙事解构技术霸权，高校思政课微观叙事教学策略对于应对西方数据独裁、算法偏见和算力霸权的挑战具有重要的现实意义和理论价值。

首先，人工智能时代日常生活叙事的价值意蕴。高校思政课的日常生活叙事教学策略能够从多个维度提升师生的认知和应对能力，有力地抵御西方在数据、算法和算力方面的霸权影响。在叙事主体层面，强调教师和学生都是叙事主体，能够培养师生的独立思考和判断能力。这有助于他们在面对西方的数据操控和算法偏见时，不盲目接受，而是以自身的知识和素养进行分析，辨别其中可能存在的误导和不公。从叙事内容来看，以与教材核心内容相关、受马克思主义思想理论体系指导的故事和事件为基础，能够为学生提供坚实的理论支撑和正确的价值导向。学生在面对西方凭借数据和算力优势传播的各种信息时,能够依据所学的正确观念,识别并抵制那些不符合社会主义核心价值观的内容。通过日常生活叙事,将思政教育与学生的日常生活紧密结合,帮助学生在日常情境中理解和运用所学知识。这能有效支撑大学生不被其虚假宣传和片面观点所左右,坚守自己的价值观和立场。此外,日常生活叙事教学策略注重个体差异,尊重每个学生的独特视角和思考方式。这有助于培养学生的个性和创新思维,使他们能够以多元化的方式应对西方单一化、霸权式的信息输出,打破西方的话语垄断。

其次,人工智能时代个体叙事的价值意蕴。个人叙事激发主体意识,重塑技术与人性的关系,以"人的故事"对抗工具理性。随着人工智能带来信息爆炸,个体易在海量数据中感到迷茫和困惑。个体叙事聚焦个人生活、经历和体验,能让学生在纷繁复杂的信息中找到与自身紧密相关的真实参照,增强对思政教育的认同感和接受度。人工智能算法推送可能导致观点趋同和思维固化。个体叙事强调教师和学生作为叙事主体的个人化,突出其主体地位和参与性,有助于激发学生的独立思考和创新能力,培养其批判思维,避免被单一的观点左右。通过分析学生的个人生活、经历和体验,教师可以根据每个学生的兴趣、特点和需求,制定个性化的教学计划和内容,提高教学效果。在人工智能的影响下,社交互动可能趋于虚拟和表面。个体叙事教学中教师与学生分享个人经历和体验,能够营造更真实、深入的交流氛围,促进师生之间的情感连接和思想碰撞,提升教学效果。最后,人工智能时代强调个性化服务和定制化体验。个体叙事教学的个体性和个人化特点,正契合了这一趋势,使思政教育更具针对性和适应性,满足不同学生的需求,实现对教育对象的精准定位。

再次,人工智能时代多元叙事的价值意蕴。多元叙事教学策略通过提供全面、客观的信息,培养学生的思考能力和价值认同,有效地抵御了西方的数据独裁、算法偏见和算力霸权,为培养具有坚定社会主义价值观的人才奠定了坚实基础。从教材的多元叙事阐释角度来看,丰富且贴近性强的内容能够为学生提供全面、客观的信息,打破西方可能通过数据筛选和算法推送所构建的片面认知。融入地方特色文化、普通人的奋斗故事及不同群体的历史经验,使学生能够从多元视角理解社会主义的发展,不被西方单一、偏颇的叙事误导。全球视角和跨学科融合等方式，展现社会主义发展的多元路径，让学生在对比中看清西方叙事的局限性和偏见，增强对自身价值观的自信和坚守。高校思政课教师在教学方法和话语表达上的多元叙事策略，通过不同的教学方法揭示西方数据独裁、算法偏见和算力霸权的本质，引导学生客观冷静、批判性地看待西方传播的信息。学生的多元叙事强调主体参与，使每个学生的个体叙事都得到重视。在多元叙事中找寻最大公约数和"差异共识"，能够增强学生的集体意识和价值认同，使他们在面对西方的信息霸权时，能够有共同的价值观念为支撑。

对于高校思政课教学研究者和一线教师而言，人工智能技术的话语权争夺本质是意识形态叙事权的较量。社会主义宏大叙事通常涉及国家、民族、历史等宏观层面的重大议题，如共产主义、民族复兴、社会主义核心价值观等，但这种宏大叙事对学生而言常常显得过于遥远和抽象，而微观叙事则聚焦于个体经历、日常生活的小事件，通过这些具体的情境，可以帮助学生理解宏大叙事背后的深层价值观。微观叙事提供了学生熟悉的背景，并通过具体的细节展示宏大的社会价值。在当前世界格局急速转型的大背景下，用日常生活叙事、个体叙事和多元叙事激活宏大叙事，从日常生活、个体经验、生命体验和具体社会情境中链接宏大叙事，在认知重构、价值引导和技术伦理教育等方面形成多维度的应对机制，构建起对抗西方数据霸权、算法霸权和算力话语霸权的多重防线。人工智能时代，高校思政课坚定不移维护社会主义宏大叙事和主流意识形态的使命更加坚定、任务更加艰巨、挑战前所未有。在数字资本主义全球扩张的背景下，高校思政课微观叙事教学策略通过重构认知框架、重塑价值坐标、创新实践路径，可以形成具有中国特色的思想政治教育范式。这种教育创新不仅有效抵御西方技术霸权的意识形态渗透，更重要的是培养了具有数字时代政治自觉的社会主义建设者，为构建人类数字命运共同体提供了人才支撑和理论储备。

行文至此，最后我们想追问的是：如果说人工智能时代必须要回答的一个问题是"人的用处何在？"那么在人工智能时代，高校思政课教师必须要回答的问题是"思政课教师的角色何在？"这个问题的终极表达是：人工智能时代的人究竟能干什么？人有人的用处，那人的用处究竟在哪里？算法可能是一种无奈的折中，计算机最终无法取代人，数据的制造者是人类，算法逻辑是人类逻辑,算力的物理架构由人类开发。科学的尽头是美学、哲学、人性。教育的本质是爱。当我们逐步剥离掉所有外在行为后,剩下那份能够独立选择并付诸实践的尊严,构成了人类最本质的特性之一。"若不是从社会评价的角度,而是着眼于个人修养以及气质形成,比如阅读经典的能力,洞察世界的幽微,理解人生的苦难,培养人性的高贵,人文学科还是有一些品质是 ChatGPT 所不具备的。"①尽精微而至广大,人的能力会聚焦于更核心的价值中。这种核心价值的认定,不同的地域、国别、种族可能会有不同,但人与人之间的情感交付、人与自然相处的真实体验可能是永远无法远离的,这种核心价值是人内心深处的认知体验、情感认同和意志修为,是一种价值理念和意识形态,而不是人与数据、人与机器、人与二进制之间的交互。如果因为创造了生成式人工智能,进而依靠人工智能产出比人类本身更优质的产品,人类就会放弃思考,被技术逻辑驯化。如果人类真的陷入这种境况,马克思所说的人的异化,就不再是资本的奴役和商品拜物教,而是工具理性,因为那时候人的价值必须依附于效率和正确性。但人类文明中那些最动人的创造恰恰来自"无用之用",哲学、艺术、文学等无法被人工智能量化的非功利性探索,才是人性至高的骄傲。应对西方 AI 叙事霸权的核心,在于将技术工具性与教育价值性深度融合。

进而,我们可以思考人工智能时代高校思政课的未来。作为一种态度课程,而非技术课程和知识课程,高校思政课最应该对人工智能的异化保持高度警惕的课程。高校思政课传递情感认同、价值观念和主流意识形态,其本质是立足于人的生命体验,凸显价值的温度,强调理念的同频共振,用人影响人,用生命塑造生命。思政课教师的主导叙事角色、大学生的主体叙事角色不可让渡给数据、算法和算力。通过微观叙事的重构,思政课教师能够将抽象的意识形态斗争转化为具象的生活体验、个人成长与多元对话,最终在技术浪潮中培育具有文化自觉与批判能力的时代新人。这一过程既需要技术赋能的创新,更离不开高校思政课研究者和一线教师的初心使命、人文坚守与叙事智慧。

---

① 陈平原. 中文系的使命、困境与出路[J]. 读书,2024(1):22-31.

参考文献

一、著作类

(一)译著及外文著作

[1] [澳]格雷厄姆·琼斯. 利奥塔眼中的艺术[M]. 王树良,张心童,译. 重庆:重庆大学出版社,2016.

[2] [巴西]保罗·弗莱雷. 被压迫者教育学[M]. 顾建新,等译. 上海:华东师范大学出版社,2001.

[3] [比]J. M. 布洛克曼. 结构主义:莫斯科—布拉格—巴黎[M]. 李幼蒸,译. 北京:商务印书馆,1980.

[4] [德]汉娜·阿伦特. 启迪:本雅明文选[M]. 张旭东,王斑,译. 北京:生活·读书·新知三联书店,2014.

[5] [德]胡塞尔. 逻辑研究:第2卷:第二部分[M]. 倪梁康,译. 上海:上海译文出版社,1998.

[6] [德]康德. 历史理性批判文集[M]. 何兆武,译. 北京:商务印书馆,2009.

[7] [德]克劳斯·施瓦布,[法]蒂埃里·马勒雷. 大叙事:构建韧性、公平和可持续的社会[M]. 世界经济论坛北京代表处,译. 北京:中信出版社,2022.

[8] [法]罗兰·巴特. 叙事结构分析导论[M]. 李幼蒸,译. 北京:中国人民大学出版社,2008.

[9] [法]米歇尔·福柯. 词与物:人文科学的考古学[M]. 莫伟民,译. 上海:上海三联书店,2002.

[10] [法]皮埃尔·布尔迪厄. 世界的苦难:布尔迪厄的社会调查[M]. 张祖建,译. 北京:中国人民大学出版社,2024.

［11］［法］让-弗朗索瓦·利奥塔. 非人:时间漫谈［M］.罗国祥,译. 北京:商务印书馆,2000.

［12］［法］让-弗朗索瓦·利奥塔. 后现代状态:关于知识的报告［M］.车槿山,译. 南京:南京大学出版社,2011.

［13］［法］让-弗朗索瓦·利奥塔. 后现代状况:关于知识的报告［M］.岛子,译. 长沙:湖南美术出版社,1996.

［14］［法］热拉尔·热奈特. 叙事话语　新叙事话语［M］.王文融,译. 北京:中国社会科学出版社,1990.

［15］［古希腊］柏拉图. 文艺对话集［M］.朱光潜,译. 北京:人民文学出版社,1963.

［16］［古希腊］亚里士多德. 诗学［M］.罗念生,译. 北京:人民文学出版社,1988.

［17］［美］弗雷德里克·詹姆斯. 政治无意识［M］.王逢振,译. 北京:中国人民大学出版社,2004.

［18］［美］马歇尔·伯曼.一切坚固的东西都烟消云散了［M］.周宪,张辑,译.北京:商务印书馆,2003.

［19］［美］诺曼·K.邓金.解释性交往行动主义:个人经历的叙事、倾听与理解［M］.周勇,译.重庆:重庆大学出版社,2004.

［20］［美］威廉姆·E.多尔. 后现代课程观［M］.王红宇,译. 北京:教育科学出版社,2000.

［21］［匈］阿格妮丝·赫勒.日常生活［M］.衣俊卿,译.哈尔滨:黑龙江大学出版社,2010.

［22］［匈］阿格妮丝·赫勒,费伦茨·费赫尔. 后现代政治状况［M］.王海洋,译. 哈尔滨:黑龙江大学出版社,2011.

［23］［以色列］尤瓦尔·赫拉利.人类简史:从动物到上帝［M］.林俊宏,译.北京:中信出版社,2014.

［24］［以色列］尤瓦尔·赫拉利. 智人之上:从石器时代到 AI 时代的信息网络简史［M］.林俊宏,译. 北京:中信出版社,2024.

［25］［意］但丁. 论世界帝国［M］.朱虹,译. 北京:商务印书馆,2009.

［26］［英］艾沃·古德森,等. 叙事学习［M］.方玺,译. 北京:北京师范大学出版社,2019.

［27］［英］本·海默尔. 日常生活与文化理论导论［M］. 王志宏，译. 北京：商务印书馆，2008.

［28］［英］戴维·英格利斯. 文化与日常生活［M］. 张秋月，周雷亚，译. 北京：中央编译出版社，2010.

［29］［英］罗宾·邓巴. 人类的演化［M］. 余彬，译. 上海：上海文艺出版社，2016.

［30］［英］马克·柯里. 后现代叙事理论［M］. 宁一中，译. 北京：北京大学出版社，2003.

［31］［英］西蒙·莫尔帕斯. 导读利奥塔［M］. 孔锐才，译. 重庆：重庆大学出版社，2014.

［32］［英］特里·伊格尔顿. 后现代主义的幻象［M］. 华明，译. 北京：商务印书馆，2014.

［33］［英］约翰·斯道雷. 文化理论与通俗文化导论［M］. 杨竹山，等译. 南京：南京大学出版社，2001.

［34］［英］詹姆斯·威廉斯. 利奥塔［M］. 姚大志，赵雄峰，译. 哈尔滨：黑龙江人民出版社，2002.

［35］沈志明，艾珉. 萨特文集：小说卷 I［M］. 桂裕芳，译. 北京：人民文学出版社，2000.

［36］中共中央马克思恩格斯列宁斯大林著作编译局. 马克思恩格斯全集［M］. 北京：人民出版社，1956—1985.

［37］中共中央马克思恩格斯列宁斯大林著作编译局. 马克思恩格斯选集：第 1—4 卷［M］. 2 版. 北京：人民出版社，1995.

［38］中共中央马克思恩格斯列宁斯大林著作编译局. 列宁选集：第 1—4 卷［M］. 北京：人民出版社，1995.

［39］CHANTRELL G. The Oxford Dictionary of Word Histories［M］. Oxford：Oxford University Press，2002.

［40］LYOTARD F. Instructions Paiennes［M］. Paris：Galilee，1977.

［41］RAWLS J. A Theory of Justice［M］. Cambridge：Harvard University Press，1971.

（二）国内著作

［1］本书编写组. 马克思主义基本原理［M］. 2 版. 北京：高等教育出版社，2023.

［2］本书编写组.毛泽东思想和中国特色社会主义理论体系概论［M］.8 版.北京：高等教育出版社，2023.

［3］本书编写组.思想道德与法治［M］.2 版.北京：高等教育出版社，2023.

［4］本书编写组.思想政治教育学原理［M］.2 版.北京：高等教育出版社，2018.

［5］本书编写组.习近平新时代中国特色社会主义思想概论［M］.北京：高等教育出版社，2023.

［6］本书编写组.中国近现代史纲要［M］.9 版.北京：高等教育出版社，2023.

［7］陈晓明.无边的挑战［M］.长春：时代文艺出版社，1993.

［8］陈越.哲学与政治：阿尔都塞读本［M］.长春：吉林人民出版社，2003.

［9］邓小平.邓小平文选：第 3 卷［M］.北京：人民出版社，1993.

［10］侯玉娟.高校思想政治理论课教学叙事艺术［M］.北京：北京教育出版社，2024.

［11］李明，杨广学.叙事心理治疗导论［M］.济南：山东人民出版社，2005.

［12］马忠.思想政治教育叙事话语研究［M］.北京：人民出版社，2021.

［13］潘莉，代长彬.高校思想政治理论课叙事教学法研究［M］.合肥：合肥工业大学出版社，2016.

［14］沈壮海.思想政治教育有效性研究［M］.2 版.武汉：武汉大学出版社，2008.

［15］佟立.西方后现代主义哲学思潮研究［M］.天津：天津人民出版社，2003.

［16］王强.高校思想政治教育叙事研究［M］.北京：中国社会科学出版社，2019.

［17］王岳川，尚水.后现代主义文化与美学［M］.北京：北京大学出版社，1992.

［18］习近平.高举中国特色社会主义伟大旗帜 为全面建设社会主义现代化国家而团结奋斗：在中国共产党第二十次全国代表大会上的报告［M］.北京：人民出版社，2022.

［19］习近平.论教育［M］.北京：中央文献出版社，2024.

［20］习近平.习近平谈治国理政：第 1 卷［M］.北京：外文出版社，2018.

［21］习近平.习近平谈治国理政：第 2 卷［M］.北京：外文出版社，2017.

［22］习近平.习近平谈治国理政：第 3 卷［M］.北京：外文出版社，2020.

［23］习近平.习近平谈治国理政：第 4 卷［M］.北京：外文出版社，2022.

［24］习近平.在全国党校工作会议上的讲话［M］.北京：人民出版社，2016.

［25］习近平.在文化传承发展座谈会上的讲话［M］.北京:人民出版社,2023.

［26］燕良轼.解读后现代主义教育思想［M］.广州:广东教育出版社,2008.

［27］衣俊卿.现代化与日常生活批判:人自身现代化的文化透视［M］.北京:人民出版社,2005.

［28］张焕庭.西方资产阶级教育论著选［M］.北京:人民教育出版社,1979.

［29］张耀灿,徐志远.现代思想政治教育学［M］.北京:人民出版社,2001.

［30］张寅德.叙述学研究［M］.北京:中国社会科学出版社,1989.

二、论文类

［1］安昊楠.资本、叙事与现代性:马克思与利奥塔的思想对话［J］.马克思主义哲学论丛,2020(2):94-105.

［2］鲍屡平.济慈叙事诗《伊莎贝拉》的分析研究［J］.杭州大学学报(哲学社会科学版),1980(1):60-77.

［3］曹海涛,马祥富.论后现代主义思潮对思想政治理论课教学的启示［J］.兴义民族师范学院学报,2013(2):65-67.

［4］柴焰."后理论时代"马克思主义宏大叙事的追求——伊格尔顿对"生命的意义"的思考［J］.中国中外文艺理论研究,2011(9):19-27.

［5］陈华洲,魏代文.思想政治教育叙事的价值意蕴、主要特征与构建原则［J］.教育理论与实践,2024,44(27):33-39.

［6］陈平原.中文系的使命、困境与出路［J］.读书,2024(1):22-31.

［7］陈志良,余乃忠.利奥塔后现代叙事的四大悖论［J］.江苏社会科学,2008(1):19-22.

［8］程婧.浅析阿多诺与总体性通向奥斯维辛［J］.福建论坛(社科教育版),2010(6):32-34.

［9］程群.宏大叙事的缺失与复归——当代美国史学的曲折反映［J］.史学理论研究,2005(1):51-60,158-159.

［10］邓达,熊沐清.外语教学的叙事表达:一种教学论视角［J］.外国语文,2010,26(3):105-110.

［11］丁钢.教育经验的理论方式［J］.教育研究,2003(2):22-27.

［12］丁钢.教育叙事研究的方法论[J].全球教育展望,2008(3):52-59.

［13］丁钢.教育叙事的理论探究[J].高等教育研究,2008(1):32-37,64.

［14］丁锦宏.道德叙事:当代学校道德教育方式的一种走向[J].中国教育学刊,2003(11):1-4.

［15］杜海坤.公民资格视阈下美国公民教育的历史与逻辑[J].中国地质大学学报(社会科学版),2015(1):86-92.

［16］杜启达,段惠琼.后现代主义视阈中的思想政治教育路径探析[J].教学与管理,2010(3):106-107.

［17］杜以芬.后现代主义兴起的社会背景分析[J].济南大学学报(社会科学版),2011,21(1):68-72,92.

［18］傅修延.人类是"叙事人"吗?——何谓叙事、叙事何为与叙事学向何处去[J].北京师范大学学报(社会科学版),2023(1):86-101.

［19］郭于华.回到政治世界,融入公共生活——如何重新激发底层公众的政治参与热情[J].人民论坛·学术前沿,2013(23):74-83.

［20］何树德.朋辈叙事教学:加速大学新生灰色心理白色化[J].太原城市职业技术学院学报,2007(2):80-81.

［21］何友鹏.马克思的社会主义叙事[J].马克思主义理论学科研究,2021,7(6):115-120.

［22］侯文鑫,曹歌.阿尔都塞意识形态国家机器理论的两个要点及其启示[J].马克思主义哲学研究,2022(1):337-342.

［23］侯彦杰.思想政治理论课的宏大叙事与个人言说[J].思想政治教育研究,2019,35(3):64-68.

［24］胡朝.从宏大走向平凡——论现代性困境视阈下思想政治教育叙事方式的转换[J].延安大学学报(社会科学版),2013,35(5):120-124.

［25］户晓辉.尤利西斯主题:神话与叙事的分析[J].新疆大学学报(哲学社会科学版),1991(4):76-83.

［26］黄艺羡.后现代主义思潮对思想政治教育有效性的影响及对策[J].思想教育研究,2011(6):40-43.

［27］季海群.融媒体时代高校思想政治理论课话语体系的重构[J].江苏高教,2022(7):82-86.

[28] 蒋雪莲.思想政治教育叙事的基本功能及其策略优化[J].理论导刊,
2020(9):118-122.

[29] 赖大仁.后现代主义与当代中国文化语境[J].学术界,2008(3):25-33.

[30] 雷长稳,王习胜.元宇宙视阈下思想政治教育叙事的危与机[J].重庆邮
电大学学报(社会科学版),2023,35(3):73-81.

[31] 李明宇,李寒琦.生成式人工智能赋能高校思政课的辩证分析[J].思想
政治课研究,2024(6):133-144.

[32] 李秋梅.基于人工智能的高校思政课智慧学习环境构建[J].青海师范
大学学报(社会科学版),2024,46(5):159-164.

[33] 李瑞奇.叙事疗法在大学生日常思想政治教育中的应用[J].高校辅导
员,2014(1):30-33.

[34] 李少奇.后现代主义思潮影响下的大学生思想政治教育研究[J].西南
民族大学学报(人文社会科学版),2013,34(10):211-214.

[35] 李维军.语图互文:思想政治教育叙事的二元进阶[J].思想教育研究,
2024(4):24-31.

[36] 李霞玲,李敏伦.后现代主义视野中的思想政治教育主客体关系审视
[J].学校党建与思想教育,2010(2):47-48.

[37] 李勇斌.思想政治课叙事教学研究[J].中学政治教学参考,2017(25):
25-27.

[38] 李政道.新世纪:微观和宏观的统一[J].科学世界,2000(12):1.

[39] 刘良华.什么是教育叙事[J].广东教育,2004(3):23-25.

[40] 刘旺旺,胡芳.习近平文化思想蕴含的十大关系论析[J].兰州学刊,
2025(2):1-10.

[41] 刘洋.探析思想政治教育叙事的功能[J].湖北经济学院学报(人文社会
科学版),2014,11(2):142-143.

[42] 刘永梅.网络短视频思想政治教育叙事的困境及其纾解[J].学校党建
与思想教育,2024(6):16-19.

[43] 刘郁琪.论高校文学史课堂叙事化教学中的教师个人叙事[J].牡丹江
教育学院学报,2019(10):38-41,78.

[44] 刘子曦.故事与讲故事:叙事社会学何以可能——兼谈如何讲述中国故

事[J].社会学研究,2018(2):164-188.

[45] 娄先革.后现代主义教学观及其对思想政治理论课教学的启示[J].学校党建与思想教育,2010(11):52-53.

[46] 罗骞.马克思批判理论的几个基本特征——从与现代性和后现代性理论比较的视角来看[J].教学与研究,2009(5):44-51.

[47] 骆郁廷,余焰琳.论思想政治理论课的战略定位[J].马克思主义与现实,2024(5):126-132.

[48] 吕佳翼,许雯霖."边缘的"马克思著作中的多元历史观叙事——基于对凯文·安德森著作的评析[J].社会科学论坛,2025(1):16-28.

[49] 马立明,高雨宁.从宏大叙事到个体叙事:"乌卡时代"全球赛事建构国家形象的全新维度——以2022年卡塔尔世界杯足球赛为例[J].对外传播,2023(2):33-37.

[50] 马语莲.宏大叙事与微观心理融合视阈下高校思政课实效性提升路径研究[J].佳木斯职业学院学报,2015(10):108-109.

[51] 马云志,付静伟.思想政治教育话语权威的现实困境及其超越[J].思想教育研究,2022(7):34-40.

[52] 毛高仙.突破圈层:基于个体叙事的高职思政课互动教学[J].职业技术教育,2020,41(29):65-68.

[53] 潘建红,祝玲玲.生成式人工智能赋能高校思政课的风险生成及规避[J].思想政治教育研究,2024,40(3):94-100.

[54] 潘莉,欧阳菁菁.高校思想政治理论课叙事教学法内涵、过程及实施策略[J].学校党建与思想教育,2017(19):66-69.

[55] 潘莉,王翔.道德叙事在思想政治教育中的价值和运用探析[J].学校党建与思想教育,2014(2):10-12.

[56] 任昕."后马克思主义"是马克思主义吗?——反思后现代主义者对马克思主义的解读[J].外国文学动态研究,2016(6):5-13.

[57] 上官文丹,王黎斌.人工智能驱动高校思政课教学模式创新的基本原则[J].湘潭大学学报(哲学社会科学版),2024,48(6):187-192.

[58] 邵燕君."宏大叙事"解体后如何进行"宏大的叙事"?[J].南方文坛,2006(6):32-38.

[59] 佘双好.改革开放以来思想政治教育学科发展的回溯与展望[J].社会科学辑刊,2024(3):69-75.

[60] 孙利天.马克思主义哲学在改革实践中的创新性发展[J].中国社会科学,2018(11):91-103.

[61] 孙倩,赵冰,范贝贝.积极心理学理论联合叙事干预在脑梗死恢复期患者护理中的应用[J].河南医学研究,2024,33(14):2672-2675.

[62] 唐良虎,高盛楠.延安时期毛泽东的思想政治教育叙事:场景、载体与现实启示[J].毛泽东思想研究,2022,39(5):76-84.

[63] 童世骏.关于"重叠共识"的"重叠共识"[J].中国社会科学,2008(6):55-65,205-206.

[64] 涂刚鹏,段港回.算法时代思想政治教育叙事的转向与优化[J].思想教育研究,2023(7):37-42.

[65] 汪枫,熊永红,许明耀,等.基于叙事的物理实验微课设计与实践[J].中国教育信息化,2021(16):83-85,90.

[66] 王加丰.从西方宏大叙事变迁看当代宏大叙事走向[J].世界历史,2013(1):4-14,157.

[67] 王健崭.人工智能赋能高校思政课教学的生成、风险及对策[J].江苏高教,2023(9):114-120.

[68] 王琳.宏大叙事与女性角色[J].社会科学研究,2001(3):131-136.

[69] 王宁.后现代主义论争在中国:反思与启示[J].中国文学批评,2020(3):92-98,159.

[70] 王强,张宇娜.新时代马克思主义叙事的三重向度[J].思想教育研究,2019(10):38-43.

[71] 王庆,王思文."小叙事"何以"载大道"[J].当代电视,2020(6):102-106.

[72] 王文章.后现代主义思潮的正负效应及其应对[J].人民论坛,2021(21):96-99.

[73] 王治河.后现代主义的建设性向度[J].中国社会科学,1997(1):25-35.

[74] 王治河.中国式建设性后现代主义与生态文明的建构[J].马克思主义与现实,2009(1):26-30.

[75] 魏荣,杨嘉欣.人工智能赋能高校思政课数字化建设探赜[J].思想政治

课研究,2024(5):149-156.

[76] 温小平.文本·图像·记忆:思想政治教育叙事转向与社会认同[J].思想教育研究,2017(8):26-30.

[77] 温小平,符成彦.思想政治教育叙事转向与国际传播[J].思想教育研究,2018(5):37-41.

[78] 温小平,何华珍.社会记忆与思想政治教育叙事建构、挑战及优化[J].思想教育研究,2021(8):64-69.

[79] 温小平,张末含.中国式现代化视阈下优化思想政治教育叙事的实践理路[J].学校党建与思想教育,2024(10):37-39.

[80] 吴国林,李雅丹.数字帝国主义消费殖民化的政治经济学批判[J].政治经济学研究,2023(4):62-73.

[81] 吴宏政.21世纪马克思主义世界历史观的叙事主题[J].中国社会科学,2021(5):4-25,204.

[82] 吴艳东.论美国公民教育的政治性本质及启示[J].思想教育研究,2018(1):105-109.

[83] 向绪伟.论高校思想政治工作日常叙事的结构与实践[J].南昌师范学院学报,2022,43(1):77-82,122.

[84] 向绪伟,焦遂.高校思想政治工作日常叙事之本质[J].南昌师范学院学报,2017,38(4):68-72.

[85] 信春鹰.后现代法学:为法治探索未来[J].中国社会科学,2000(5):59-70,205.

[86] 熊沐清,邓达.叙事教学法论纲[J].外国语文,2010,26(6):104-113.

[87] 徐玉祺.意识形态化的后现代主义对思想政治教育的影响和启示[J].湖北经济学院学报(人文社会科学版),2016,13(2):156-157.

[88] 燕杰.新时期的课程观及教师角色——后现代主义的观点及启示[J].教育教学论坛,2014(34):176.

[89] 杨伯溆.宏大叙事与碎片化:全球化进程中互联网传播及其意义[J].现代传播(中国传媒大学学报),2019,41(11):138-143.

[90] 杨红星,梁燕.生活化·生态化·叙事化:高校思想政治理论课教学探索的三个维度[J].河北师范大学学报(教育科学版),2017,19(1):86-90.

［91］杨生平.后现代主义与当代中国的意识形态建设［J］.中国特色社会主义研究,2001(6):50-53.

［92］杨生平.论后现代主义及其对中国文化影响［J］.贵州社会科学,2013(8):27-31.

［93］杨卫东.中国应学会与"智能帝国主义"谨慎"共舞"［J］.人民论坛·学术前沿,2013(20):40-50.

［94］杨永磊.新时代高校思政课应对后现代主义思潮研究［J］.山西高等学校社会科学学报,2020,32(2):23-26,53.

［95］姚鑫强.中学历史教学应兼重宏大叙事与微观特写——以《罗马城邦和罗马帝国》一课为例［J］.山东教育,2023(Z2):110-112.

［96］叶秀山.没有时尚的时代?——论"后现代"思潮［J］.读书,1994(2):3-11.

［97］衣俊卿.历史唯物主义与当代社会历史现实［J］.中国社会科学,2011(3):40-51.

［98］衣俊卿.论20世纪的文化状况［J］.求是学刊,2007(6):6-12.

［99］衣俊卿.论人的自然——对人与自然关系的微观透视［J］.哲学研究,1991(9):11-16,68.

［100］尹禹文,牛涛.叙事教学提升高校思政课亲和力的逻辑和策略［J］.学校党建与思想教育,2022(15):66-69.

［101］曾军.西方后现代思潮中国接受四十年:历程及其问题［J］.中国文学批评,2020(3):99-110,159.

［102］詹捷慧.新媒体环境下高校思想政治教育的话语转向［J］.学校党建与思想教育,2020(10):73-75.

［103］张法.利奥塔的后现代思想［J］.四川外语学院学报,2002(3):3-7.

［104］张隆溪.故事下面的故事——论结构主义叙事学［J］.读书,1983(11):107-118.

［105］张庆熊,孔雪梅,黄伟.合法性的危机和对"大叙事"的质疑——评利奥塔的后现代主义［J］.浙江社会科学,2001(3):94-98.

［106］赵一凡.利奥塔与后现代主义论争［J］.读书,1990(6):54-63.

［107］赵铁峰.明清史宏观研究的问题意识［J］.社会科学战线,2022(7):98-

107,282.

[108] 郑戈.人工智能不应成为资本的"独角戏"[J].文化纵横,2024(2):34-42.

[109] 郑海友,韩秀秀.马克思主义经典著作融入高校思政课教学的当代问题研究[J].思想政治课研究,2024(4):153-160.

[110] 郑信军.从"听"故事到"说"故事——道德叙事的心理解构和建构[J].课程·教材·教法,2007(9):43-48.

[111] 钟启东.历史唯物主义的思想政治教育叙事[J].北京社会科学,2023(12):18-28.

[112] 祝克懿."叙事"概念的现代意义[J].复旦学报(社会科学版),2007(4):96-104.

[113] 邹慧,徐志远.新媒体时代公民道德教育的三个维度创新[J].学校党建与思想教育,2016(15):47-50.

三、学位论文

[1] 冯磊磊.后现代主义思潮对高校思想政治教育的消极影响及对策研究[D].长春:吉林大学,2015.

[2] 揭育霞.高中优秀生物教师专业发展叙事研究[D].长沙:湖南农业大学,2021.

[3] 刘宏宇.网络思想政治教育叙事方式问题研究[D].成都:电子科技大学,2015.

[4] 刘杨.思想政治课叙事教学研究[D].南京:南京师范大学,2013.

[5] 唐锦琳.延安时期思想政治教育叙事模式研究[D].西安:西北大学,2017.

[6] 王洁.思想政治教育日常生活化叙事研究[D].上海:华东师范大学,2022.

[7] 王晓晶.建设性后现代主义对现代思想政治教育的启示研究[D].天津:天津师范大学,2014.

[8] 王玉婷.高校思想政治教育叙事及其实现路径[D].西安:西北大学,2015.

[9] 曾红.基于叙事的高中化学跨学科主题学习研究[D].上海:华东师范大学,2023.

[10] 张丽静.毛泽东思想政治教育叙事研究[D].西安:西北大学,2017.

[11] 张凌南.叙事教学及其实现方式研究[D].金华:浙江师范大学,2011.

[12] 张宇帆.新媒体视阈下高校思想政治教育叙事研究[D].西安:西北大学,2020.

[13] 周丽.新时代思想政治教育话语体系创新研究[D].徐州:中国矿业大学,2022.

四、报纸

[1] 陈曙光.历史和人民选择了马克思主义[N].人民日报,2019-06-05(13).

[2] 韩旭.高校要坚持思政课建设与党的创新理论武装同步推进[N].中国社会科学报,2025-01-15(01).

[3] 李书磊.深化文化体制机制改革[N].人民日报,2024-08-07(06).

[4] 刘川生.切实加强和改进高校思想政治理论课[N].光明日报,2015-02-14(03).

[5] 刘云山.认真落实责任,积极改进创新,切实做好高校党的建设和思想政治工作[N].中国教育报,2015-03-29(01).

[6] 王婷.利奥塔对现代知识论的解构[N].社会科学报,2019-10-15(02).

[7] 习近平.把培育和弘扬社会主义核心价值观作为凝魂聚气强基固本的基础工程[N].人民日报,2014-2-26(01).

[8] 习近平.高举中国特色社会主义伟大旗帜 为全面建设社会主义现代化国家而团结奋斗[N].人民日报,2022-10-26 (01).

[9] 习近平.举旗帜 聚民心 育新人 兴文化 展形象 更好完成新形势下宣传思想工作使命任务[N].人民日报,2018-08-23(01).

[10] 习近平.在纪念马克思诞辰 200 周年大会上的讲话[N].人民日报,2018-05-05(02).

[11] 习近平对新时代马克思主义理论研究和建设工程作出重要指示强调扎根中国大地赓续中华文脉厚植学术根基为推进马克思主义中国化时代化作出更大贡献[N].人民日报,2024-11-30(01).

[12] 习近平在全国高校思想政治工作会议上强调:把思想政治工作贯穿教育教学全过程 开创我国高等教育事业发展新局面[N].人民日报,

2016-12-09(01).

［13］习近平在中国人民大学考察时强调坚持党的领导传承红色基因扎根中国大地走出一条建设中国特色世界一流大学新路[N].人民日报,2022-04-26(01).

［14］习近平主持召开学校思想政治理论课教师座谈会强调:用新时代中国特色社会主义思想铸魂育人 贯彻党的教育方针落实立德树人根本任务[N].人民日报,2019-03-19(01).

［15］姚宏志.回答并指导解决问题是理论的根本任务[N].中国社会科学报2025-01-21(01).

［16］姚丽娟,尹晓军.推动高校思政教育与人工智能融合发展[N].中国教育报,2025-02-08(04).

［17］俞吾金."宏大的叙事"会消失吗？[N].中国社会科学报,2010-4-27(06).

［18］中共中央关于进一步全面深化改革 推进中国式现代化的决定[N].人民日报,2024-07-22(01).

后　记

　　此刻,在母校浙江理工大学的图书馆里完成书稿的校订时,我不禁回首这些年走过的路,内心百感交集……这部书稿起源于此,也成稿于此。本书主要论题之一"微观叙事话语转换"的第一篇论文就发表于《浙江理工大学学报(社会科学版)》。想起十年前我开始构思这部书稿的雏形,提出微观叙事教学策略的时候,初心就是如何能把母校老师教给我的知识和技能更好地回馈给自己的学生。1994年,我被固始师范学校录取,"学高为师,身正为范"的标语遍布这个中师校园的角角落落,也烙印在我们的心里,从此和教师这个幸福的职业结缘。我曾当过一年的小学老师,十年的中学老师,在研究生毕业重新择业时,又幸运地站在了大学的讲台上。

　　在高校思政课的教学和研究中,有感于教材内容话语体系与学生的接受体系之间的张力,我一直持续聚焦思想政治教育有效性问题。从2011年开始,我在任教的旅游规划系和烹饪系开始微观叙事教学模式的尝试,教学活动重视对教材体系的转化和重组,强调教材主题与学生现实生活的互动和联系,这种微观叙事的教学模式产生了很好的反响,也获得了学生的认可,一个学生曾经在我的个人公众号下留言说:"我是19届北校区的学生,当初所有科目里,您的课我听得最认真。"我看后特别感动。用微观叙事的教学方法去建构宏大叙事的教学内容,是我在大学思政课讲台上的深切体会,也是近三十年教学经验的总结,更是从我的老师们那里受到的启发。

　　2016年我主持的课题"'微观叙事'视阈下高校思政理论课有效性研究"获得了教育部人文社会科学研究专项任务项目(高校思想政治工作)(16JDSZ2015)立项。2017年,在全国高校思想政治理论课教学展示活动中获得"全国高校思想政治理论课教学骨干"荣誉称号。2019年,主持浙江省高等教育"十三五"第二批教学改革研究项目"微观叙事视阈下高职课程思政有效性研究"(JG20190750)。2021 年,主持了当年浙江省社科规划高校思想政治工作研究专项课题"新时代高校思政理论课'微观叙事'话语转换研究"(21GXSZ050YB)。在 2021 年和 2023 年浙江省高职院校教学能力比赛中,我所在的团队两次获得公共基础课程组一等奖。

在这里不是要罗列取得的成绩,而是想回溯本书写作和思考的过程,更是要向我的老师们致敬。习近平总书记说:一个人遇到好老师是人生的幸运,一个学校拥有好老师是学校的光荣,一个民族源源不断涌现出一批又一批好老师则是民族的希望。(《做党和人民满意的好老师——同北京师范大学师生代表座谈的讲话》,《人民日报》2014 年 9 月 10 日)在这些年的求学生涯中,我得到了特别多好老师的帮助。2008 年 9 月,我来到浙江理工大学读研,很庆幸地遇到了导师高丽静教授。我是高老师带的第一个学生,而她仅仅比我大七岁。见我一边读书一边还要照顾孩子,学业、经济和就业压力大,高老师从不催促,总说来得及。2024 年暑假高老师还帮我指导了一篇论文,我毕业后十余年,依然能得到老师的帮助,这何其有幸,又何其温暖!

虽然母校既不是 985 也不是 211 院校,但理工马院卧虎藏龙。院长谭劲松教授是浙江省教学名师、浙江省功勋教师、全国优秀教师,曾在《求是》《红旗文摘》等刊物上发表文章。他的课深入浅出,又浅入深出,把理论讲透彻,学生们都喜欢听。渠长根教授博学多才,著作等身,主讲的"西湖文化漫谈"成校园爆款,在其教学的阶梯教室里座无虚席。渠老师"行走的思政课"打造沉浸式课堂,摒弃生硬说教,趣味无穷。就本书的论题而言,将他教学范式冠名为"微观叙事教学"可能是最贴切的。

教育的本质是爱,是一棵树摇动另一棵树,一朵云推动另一朵云,一个灵魂唤醒另一个灵魂。2023 年 1 月 29 日,我在微信群里看到韩振亮老师逝世的消息,心里瞬间像被什么东西击中了一样难受。读研期间有幸上过韩老师的课,韩老师备课极其认真,他的课件一直在更新,甚至在上课的前一天晚上他还在补充学界对这个问题的最新研究。读书时,我们学生之间有一句调侃:世界上怕就怕认真二字,韩老师就最讲认真。韩老师在讲台上光芒四射,毕业多年我们依然记得他带着手势讲出的"试看将来的环球,必是赤旗的世界"!毕业找工作要试讲说课,我抱着试试看的态度给已退休的韩老师发了一条请教短信,没想到韩老师很快发来一个"关于说课"的文档,还有附言："你收到后，给我再电话联系一下。韩振亮。"读书时我只知道韩老师是一个深受学生喜爱的好老师，工作后才知道他身上有很多光环，他是享誉全国的马克思主义理论教育界的著名学者，是全国高校思想政治理论课教学大纲编写课题组首席专家之一，在教育教学、学科建设和学术研究方面殚精竭虑，作出过重要贡献。韩老师一生都在践行"给"的哲学，他总是给人帮助、给人鼓励、给人希望。他来过这个世界，受人尊敬和爱戴，现在他走了，世间的我们依然记得他的好，只要有人记着并且传承着，他就没有离开。

母校老师杜兰晓教授、郑显理教授等对课堂的敬畏、对讲台的热爱值得我终身学习，他们对微观叙事教学的实践使我终身受益。成长路上，周顺洋、胡应学、孙永全等师长的培育终生难忘，赵明、刘建明、石群、胡洪彬、洪登海、花卉等旅院同事们的关照一路相随，刘义安、高凯东、洪赞、于洋、侯培玲等同门和同学的友谊一直温暖着我。和先生结婚二十几年来，从豫南农村辗转重庆、上海、杭州、美国克莱姆森等地，一起看到更大的世界，一直相互帮助相互鼓励，这份情弥足珍贵。一双儿女既让我尝到了为人父母的喜悦，也体会到为母则刚的含义。父母在大别山脚下那片贫瘠的土地上劳作，养育我长大成人，老父亲缠绵病榻却依然牵挂我的工作和生活。这本书算作我对他们养育之恩的部分报答。

本书的部分章节曾发表在《黑龙江高教研究》《长春大学学报》《思想政治课研究》《黑龙江教育》等期刊上，在此对王艳娟、杜小平、刘琳、吴太胜、胡巍洋等责任编辑老师致以谢忱。本书还被学校科研处立项为2024年度高层次培育项目，在此对学校的支持和帮助表示感谢。最后，衷心感谢浙江大学出版社蔡帆编辑，正是蔡老师的辛苦付出让本书得以顺利付梓。

桑华月

2025 年 4 月 28 日于杭州

图书在版编目(CIP)数据

高校思政课微观叙事教学研究 / 桑华月著. -- 杭州：
浙江大学出版社，2025.7. -- ISBN 978-7-308-26549-2

Ⅰ. G641

中国国家版本馆 CIP 数据核字第 20252F99H1 号

高校思政课微观叙事教学研究

GAOXIAO SIZHENGKE WEIGUAN XUSHI JIAOXUE YANJIU

桑华月 著

责任编辑	蔡　帆
责任校对	吕倩岚
封面设计	周　灵
出版发行	浙江大学出版社
	（杭州市天目山路 148 号　邮政编码 310007）
	（网址：http://www.zjupress.com）
排　　版	杭州朝曦图文设计有限公司
印　　刷	杭州钱江彩色印务有限公司
开　　本	710mm×1000mm　1/16
印　　张	17.75
字　　数	272 千
版 印 次	2025 年 7 月第 1 版　2025 年 7 月第 1 次印刷
书　　号	ISBN 978-7-308-26549-2
定　　价	78.00 元